LE TSUNAMI ARABE

DU MÊME AUTEUR

L'Arabie saoudite en guerre, Paris, Perrin, 2004.

L'Arabie saoudite en question, Paris, Perrin, 2002.

L'Islamisme, une révolution avortée ?, Paris, Hachette Littératures, 2000.

Guerre secrète au Liban (avec Annie Laurent), Paris, Gallimard, 1987.

Antoine Basbous

LE TSUNAMI ARABE

Fayard

Ouvrage édité sous la direction d'Anthony Rowley

ISBN : 978-2-213-66620-4
© Librairie Arthème Fayard, 2011.

Cela a un très beau nom, cela s'appelle l'aurore.

Jean Giraudoux, *Électre*

À tous ces jeunes Arabes
qui ont affronté la prison, la torture et la mort,
pour la liberté de leurs patries.

Pour qualifier les bouleversements que connaissent les pays arabes depuis décembre 2010, le terme de « printemps » a été très vite utilisé. On conçoit que le nom de la saison du renouveau et de l'espoir ait pu séduire les peuples en cause et tous ceux, hors de leurs frontières, qui leur portent intérêt et sympathie. Ils n'ont pourtant pas oublié que d'autres « printemps des peuples » à Paris et Varsovie (1848), Prague (1968), Damas (2001) ou Beyrouth (2005) ont prouvé que les fruits ne tiennent pas toujours les promesses des fleurs.

Quel mot s'adapte le mieux à cette réalité complexe, déferlement d'une irrésistible lame de fond, éruption fulgurante d'une frustration et d'une colère longtemps refoulées ? « Révolte » ne rend pas entièrement compte du phénomène, et « révolution » lui attribuerait une dimension idéologique qu'elle n'a pas, ou pas encore, revêtue. Une explosion de la colère n'est ni doctrinale ni partisane, mais naît d'un « ras-le-bol » généralisé, motivé par des raisons éthiques et sociales, de même que les jacqueries naissaient jadis de l'insupportable condition des paysans. Mais l'émeute peut avoir un effet boule de neige et changer de nature si une révolte locale se transforme en une authentique révolution générale provoquée par le rejet de la répression, de l'absence de liberté, du népotisme, de la corruption mafieuse, du mépris des dictateurs à l'égard de leurs sujets.

Les peuples insurgés passeront-ils de la révolte à la révolution ? Même si, comme l'avait bien vu Aristote, « le commencement est la moitié du tout », le chemin à parcourir est encore long et semé d'obstacles. Il peut même s'achever de façon décevante par la remise en selle de régimes semblables à ceux qui s'effondrèrent, une catastrophique guerre civile, une théocratie islamiste ou, plus vraisemblablement, des modes de gouvernement que l'on dit pudiquement « pré-démocratiques ».

Dans les cas qui nous occupent ici, l'explosion n'a été programmée par aucune organisation structurée, et la vitesse à laquelle des régimes se sont effondrés a dépassé les espoirs les plus fous des auteurs de leur chute. Au bout du compte, le terme qui cerne au plus près la réalité me semble être le « tsunami » que j'ai donné pour titre à ce livre. Semblable au phénomène naturel dont le monde entier a pu constater, il y a peu, la soudaineté et sa prodigieuse violence, le « tsunami arabe » est tout le contraire d'un désastre. Mais il est né, comme l'autre, d'un séisme longuement préparé hors des regards, qui, soudain, a déchaîné une déferlante d'une puissance inégalée, emporté plusieurs dictateurs et qui, après avoir fait place nette, laissera le paysage profondément modifié pour des constructions nouvelles quand on aura déblayé les ruines de l'ordre ancien.

Dans quels délais et de quelle manière ? C'est là toute la question. Le « tsunami arabe » a entraîné, selon les pays sur lesquels il se déchaînait, des réactions très disparates. Certains régimes ont cédé la place au bout de quelques semaines, au prix de quelques centaines de morts ; d'autres résistent en utilisant les recettes périmées d'une répression aveugle et scellent, ce faisant, le divorce définitif entre le tyran et des citoyens qui refusent de rester des sujets. Les monarchies, pour le moment du moins, sont globalement épargnées. Le Maroc a emprunté une voie réformatrice qui désamorce partiellement la contestation, alors que les pétromonarchies du Golfe tentent soit de la réprimer et de déployer leurs forces pour la contenir, comme à Bahreïn et en Oman, soit d'acheter la paix sociale par une généreuse distribution de la manne pétrolière, sans rien céder sur le plan politique, comme dans les autres monarchies du Golfe.

Si diverses que soient les situations, une chose est certaine : les Arabes ont enfin retrouvé leur dignité et ne s'abaisseront plus à scander le slogan qu'on leur faisait entonner à la gloire des tyrans qui les dirigeaient : « *Bir-rouh biddam nafdika ya !* » (« Nous sommes prêts à sacrifier notre âme et notre sang pour toi »). Ils ont rejoint les peuples qui exigent d'être respectés. Il en était plus que temps : l'image de soumission, sinon de servilité, qu'ils donnaient s'était à tel point imposée à l'extérieur qu'on pouvait désespérer de les voir un jour agir en citoyens ne supportant plus le mépris et décidés à y mettre un terme. *Hogra* : ce mot était sur toutes les lèvres des manifestants en Afrique du Nord exigeant « que cesse le mépris des dirigeants pour leur peuple ». La revendication n'est pas nouvelle ; déjà, la campagne présidentielle algérienne de 1999 s'était articulée autour de ce thème. Saisie au vol par le président Bouteflika, la promesse d'en finir avec le mépris des puissants contribua alors à son élection programmée. On connaît la suite…

Le monde entier a pu admirer la résolution et le courage de ceux qui, au péril de leur vie, ont décidé de mettre un terme au temps du mépris. Quels que soient les régimes qui naîtront de leur rébellion, leurs futurs dirigeants seront obligés de tenir compte désormais de cette « opinion publique agissante » et de son exigence de dignité. Le conseil militaire qui gère la transition en Égypte en a d'ailleurs déjà fait plusieurs fois l'expérience à ses dépens. Hélas, la libération de la parole ne garantit pas celle de la société. On se rappellera à ce propos que dans diverses tentatives libérales du XXe siècle, l'idée laïque fut adoptée, de la Tunisie à l'Irak, sans pour autant y prendre racine.

À l'heure où j'écris ces lignes, la liberté des peuples rebelles n'est encore qu'une promesse. Mais leur aspiration générale n'est ni l'application de la charia islamique ni la mobilisation contre Israël, le sionisme ou « l'impérialisme occidental[1] ». Les jeunesses révoltées sont à mille lieues des valeurs et des revendications islamistes. Mais quand elles ont démontré qu'elles allaient l'emporter, les islamistes les ont rejointes par opportunisme pour pouvoir participer à la victoire ou faire main basse sur elle.

---

1. À partir du 3 juin, les manifestants syriens ont brûlé les drapeaux de l'Iran, du Hezbollah, de la Chine et de la Russie, pays coupables de soutenir le régime.

Cette jeunesse a également ignoré le slogan de Gamal Abdel Nasser, lancé au lendemain de la défaite de 1967 : « *La saouta yaalou faouka saout el-maaraka !* » (« Aucune voix ne doit s'élever au-dessus de celle de la bataille ») ; autrement dit : les Arabes doivent tout sacrifier pour défendre leur « cause centrale », celle de la Palestine. La nouvelle demande repose sur des principes simples : liberté, respect des citoyens dans un État de droit, partage de la prospérité économique. Elle a cherché à l'imposer par des moyens pacifiques. « *Silmiya !* » scandaient les manifestants qui exigeaient la rupture avec des régimes mafieux se perpétuant sans contre-pouvoir et dans l'impunité la plus totale. Cette troisième voie, qui promet de conduire à la démocratie, sera-t-elle au rendez-vous à l'issue du mouvement qui bouleverse le monde arabe ? L'expérience nous a démontré que la réalité se plie rarement aux promesses dispensées et aux programmes annoncés. Rien ne nous assure que cette troisième voie va prévaloir, que ces pays garderont leur unité géographique, dans l'harmonie et sans répression des courants centrifuges, que les mouvements islamistes ne s'imposeront pas comme l'inévitable structure possible du pouvoir et l'unique alternative aux dictatures. En tout état de cause, leur chute révèle des problèmes dissimulés jusque-là derrière le granit d'un discours univoque et d'une censure féroce.

S'il est vraisemblable qu'après le temps des insurrections, les équilibres intérieurs seront, au mieux, précaires, il apparaît d'ores et déjà que l'équilibre régional est doublement menacé. Contraints à contempler de leurs balcons le déferlement en cours, l'Iran, la Turquie et

Israël ne peuvent échapper à ses conséquences. Les riverains européens de la Méditerranée et, plus généralement, l'Occident ne peuvent ni s'abstraire de ses effets démographiques, ni rester indifférents au contrôle des centaines de millions de tonnes de pétrole et de gaz enfouies dans les sables et à la sécurité du canal de Suez et du détroit d'Ormuz.

Les Arabes et, plus généralement, les musulmans doivent surmonter une histoire marquée par la tyrannie. L'intellectuel égyptien le plus brillant de sa génération, Alaa al-Aswani[1], auteur de *L'Immeuble Yacobian*[2], a retracé l'histoire de quatorze siècles d'islam politique pour constater que seules les trente et une premières années de l'ère islamique ont connu une « bonne gouvernance », la suite étant souvent marquée par le népotisme, la violence et la cruauté. Entre autres épisodes de ce type, le troisième calife Osman ben Affan (644-656), deux fois gendre du Prophète, avait si scandaleusement privilégié sa parentèle[3] qu'il avait suscité la colère de la population et avait été assassiné[4]. Sa dépouille, abandonnée aux vautours, avait été profanée lors des funérailles. Al-Aswani rappelle également que le calife omeyyade

---

1. *As-Safir*, le 31/05/2011.
2. Arles, Actes Sud, 2007.
3. Osman avait exercé une gouvernance clientéliste et népotique, confisquant le butin ramené d'expéditions en Afrique, Asie Mineure et Perse au profit de son clan, confiant à certains membres de sa famille des postes clés dans l'administration, et bannissant des populations, comme celle de Koufa, en Irak.
4. À l'issue d'un siège de quarante jours, le calife, privé de ravitaillement et de contacts extérieurs, est tué par les insurgés à l'intérieur de sa maison.

Abdelmalek ben Marwan (646-705) avait dépêché une armée pour soumettre son adversaire, Abdallah ben Zubeïr, réfugié à l'intérieur de La Mecque. Le sanctuaire avait été investi et partiellement détruit et Ben Zubeïr assassiné à l'intérieur de la sacro-sainte Kaaba. C'est le même diagnostic que porte le grand poète syrien Adonis : « Politiquement, les Arabes n'ont jamais connu la démocratie, dans les temps modernes et encore moins dans les temps anciens [...]. Car comment la démocratie peut-elle voir le jour dans un climat où la liberté individuelle et l'expérience humaine n'ont aucune valeur, et où on rejette l'autre quand il est différent, en l'assassinant ou en le condamnant à mort pour apostasie [...]. Chaque groupe prétend monopoliser la vérité et se comporte de façon raciste, tel le parti Baas, qui s'est comporté de la sorte avec l'ethnie kurde. Cette idéologie n'a pas seulement étouffé la pensée, mais aussi l'homme et la société[1]. » Le jour même où l'article énonçant ces cruelles vérités paraissait dans un quotidien de Beyrouth, le gouvernement syrien, par une ironie cruelle de l'histoire, donnait raison à l'auteur par la voix du président de la commission de révision de la loi sur les partis politiques : « Il n'y a pas de culture politique en Syrie qui permette au citoyen de participer à la vie politique du pays[2]. » Effectivement, le Baas, au pouvoir depuis 1963, a stérilisé toute pensée libre à force de persécuter et de tuer ses opposants. Aujourd'hui encore, il s'acharne à monopoliser la représentation politique.

---

1. *As-Safir*, le 14/06/2011.
2. *Asharq Al-Awsat*, le 14/06/2011.

Le tsunami arabe a déferlé sur un système de contrôle idéologique, social et policier qui avait partout échoué à développer le pays où il s'exerçait, mais qui avait poussé au désespoir une jeunesse toujours plus nombreuse. Comment ne pas se révolter quand un avenir sans la moindre perspective vous semble plus terrifiant encore que la mort, la torture ou la prison promises aux rebelles ?

Les sociétés arabes, jusqu'au tournant de 2010-2011, étaient incapables de se libérer de leurs trois tabous : le social, *aïb* (ça ne se fait pas), l'institutionnel, *mamnou'* (les interdits traditionnels), et le religieux, *haram* (l'illégitime). Les ravages humains de ce blocage donnent le vertige. Il est révélateur que la révolte ait été lancée par le suicide d'un petit vendeur de rue réduit à la misère. En dépit de toutes les falsifications de la propagande, il proclamait avec une tragique éloquence la vérité profonde d'une Tunisie de dix millions d'habitants où sept cent mille jeunes, dont cent soixante dix mille diplômés de l'université, étaient au chômage, privés d'espoir, dont la colère allait enfin exploser.

Les tyrannies avaient profondément marqué leurs victimes dans leur esprit et dans leur corps. Pour ne prendre que cet exemple, 25 à 30 % des hommes âgés de 25 à 70 ans souffriraient d'impuissance en Arabie saoudite[1]. Au Caire, l'ambassadeur Abdallah Al-Achaal, qui compte se porter candidat à l'élection présidentielle dans son pays, nous a assuré que le tiers des Égyptiens rencon-

---

1. *Al-Quds Al-Arabi*, le 24/06/2011, qui cite le docteur Nader Qalaaji.

traient le même problème, et que les achats de Viagra
dans son pays s'élèvaient à 3 milliards de dollars par an[1] !
Cette dépression générale engendre un nombre croissant
de suicides de jeunes, et notamment de filles qui ont
perdu l'espoir de trouver un mari. Le désespoir prend
diverses formes. Des jeunes hommes rejoignent le maquis
pour combattre les régimes en place, d'autres embrassent
une nouvelle religion, à la recherche d'une dignité
bafouée, ou prennent le risque de jouer les *harragas,* en
soldant tout ce qu'ils possèdent, et parfois en s'endettant
pour tenter de traverser la Méditerranée et de gagner
clandestinement un pays européen. Ce phénomène ne
cesse de croître, y compris à partir de pays qui, comme
l'Algérie, ne manquent pas de moyens. Selon les ONG
Forteresse Europe et United for Intercultural Action, on
a compté entre mille cinq cents et mille huit cents dis-
paritions en mer au cours des cinq premiers mois de
2011 ! Si différentes que soient les situations locales, le
désespoir a partout les mêmes causes. C'est elles que
nous allons maintenant passer en revue.

---

1. Entretien du 1er mai 2011.

I

LES RAISONS DE LA COLÈRE

.

Un pouvoir familial, clanique et mafieux

Avant de vendanger les raisins de la colère, il importe d'en étudier les raisons. Le vice fondamental des pays que balaie le tsunami arabe s'est installé dans la foulée des indépendances, lorsque les dirigeants des nouveaux régimes se sont comportés non en hommes d'État conscients de leur immense et neuve responsabilité, mais en « colons de l'intérieur ». Parvenus presque tous au pouvoir grâce à un putsch militaire ou à une élection truquée, leur premier souci a été d'aménager les conditions propices à leur maintien indéfini à la tête de l'État. Ils se sont donc constitués un clan de fidèles souvent issus de leur famille, ont agrégé au noyau central des opportunistes cooptés, issus de la haute administration, et des serviteurs zélés recrutés en fonction de critères régionaux – Yémen et Libye – ou communautaires – Syrie.

« L'APICULTEUR SE LÈCHE LES DOIGTS »

Le premier cercle illustre ce que le grand Ibn Khaldun appelait, dès le XIVe siècle, l'*assabiyat* : une solidarité fondée sur les liens du sang et de parenté, au nom de laquelle un groupe est censé partager les mêmes intérêts, adopter les mêmes réflexes, et suivre les mêmes objectifs. Ce cercle englobe la famille, la belle-famille, voire les nombreuses belles-familles qu'autorisent la polygamie ou, comme ce fut le cas chez les Ben Ali tunisiens, le jeu des divorces et des remariages. Quand l'opposition égyptienne reprocha au président Moubarak de confier des pouvoirs trop étendus à son fils Gamal et de laisser vacant le poste de vice-président de la République pour le lui attribuer le moment venu, Moubarak répliqua : « Et alors ? Claude Chirac aide bien son père, et personne ne conteste cela ! » Il aura gouverné trente années durant avec l'aide de deux clans, l'un issu des proches de sa famille, l'autre des officiers supérieurs de l'armée de l'air qu'il avait commandée. Quand Gamal a été placé sur une orbite présidentielle dans la perspective de succéder à son père, il a promu dans son sillage ses amis et une « *assabiyat* d'affaires » s'est constituée, les hommes d'affaires devenus ministres créant à l'envi des monopoles pour mettre la main sur des secteurs entiers de l'économie.

Au Maroc, les postes stratégiques sont dévolus aux anciens camarades de Mohamed VI au Collège royal. En outre, certains secteurs économiques sont confiés à des représentants de corps constitués, par exemple certains chefs militaires qui s'enrichissent en fermant les yeux sur les trafics au Sahara occidental, ou d'autres qui exploitent les ressources halieutiques du littoral. Dans l'Algérie voisine, le président Boumediene, qui se targuait d'être incorruptible, avouait son impuissance à moraliser la vie publique en termes imagés : « Il n'y a pas d'apiculteur qui ne lèche ses doigts quand il extrait le miel. » Devenue sport national sous la présidence de Chadli, la corruption clanique a atteint une échelle jamais égalée sous celle de Bouteflika. Dès son accession au pouvoir, ce dernier a en effet installé sa mère, décédée en 2009, sa sœur et ses frères au palais. Les deux premières étaient chargées de superviser les cuisines, notamment en raison de la méfiance que Bouteflika nourrissait à l'égard des militaires soupçonnés de vouloir l'empoisonner. Ses frères, eux, ont tous été placés à des fonctions dans la haute chaîne de commandement de l'État.

L'illustration la plus éclatante de ce népotisme est la place faite à Saïd, l'un des frères du président, véritable vice-roi, qui s'était notamment associé avec le ministre du Pétrole, Chakib Khelil, pour traire, au prétexte de la diriger, la mirifique vache à millions qu'était la Sonatrach. Plus largement, Bouteflika a recruté ses fidèles au sein de deux clans, celui de Nadroma, localité de l'Ouest dont il est issu, à proximité de Tlemcen dans l'Oranais, et celui de ses relations qui remontent à l'époque où il était ministre des Affaires étrangères.

Quant au clan de Ben Ali, chacun connaît désormais l'influence de sa famille et de ses belles-familles, notamment les Trabelsi, et la mise en coupe réglée par ses gendres de l'économie nationale. Aucune société prometteuse, quelle qu'en fût la nature, ne pouvait voir le jour sans qu'une partie de son capital ne fût attribuée à titre gracieux à un membre du clan présidentiel. En échange, cet « actionnaire » promettait au propriétaire de l'entreprise d'intercéder en sa faveur sur le plan politique, en lui faisant miroiter l'avantage de remporter des appels d'offres étatiques, un soutien des pouvoirs publics, ou encore des privilèges d'initiés par rapport à la concurrence.

Le cas de la Libye est, là comme ailleurs, particulier : le clan Kadhafi est constitué des fils du Guide, de ses cousins et de ses neveux. Il illustre la hiérarchie entre les trois cercles claniques, ce qui permet de comprendre certaines volte-face politiques. Ainsi, les premiers camarades du coup d'État du « Guide » (1969), membres du Conseil de la révolution, ont quasiment tous été écartés des instances décisionnelles au fil des années. Son fils Mohamed, fruit de son premier mariage, était le patron des télécommunications, ce qui assurait la mainmise sur les réseaux de téléphonie mobile et Internet. Ses autres fils étaient à la tête d'entreprises florissantes mises en place par un système de ponctions sur les deniers publics et avaient diverses missions précises. Saïf al-Islam, chargé des relations avec l'Occident, avait pour mission de restaurer l'image du régime après les conflits dus au long soutien de Kadhafi au terrorisme. Les autres fils commandaient des unités spéciales de l'armée et peuvent ainsi être considérés comme les gardiens du pouvoir du Guide, lequel a su jouer des rivalités au sein de sa progéniture pour y empêcher l'émergence d'un successeur incontestable. Enfin, la société était contrôlée par les comités révolutionnaires, meutes de chiens de garde du régime, comme ils aiment à se présenter. Les principaux postes y allaient aux membres de la tribu de Kadhafi en qui il avait confiance. La logique clanique n'empêchant pas la paranoïa, Kadhafi avait interdit à sa fille unique Aïcha d'épouser l'homme qu'elle aimait et qui était le fils d'un baron du régime. Le Guide avait peur qu'elle transmette à son mari des secrets ou imite les filles de Saddam Hussein qui trahirent leur père en suivant leurs époux dans leur exil jordanien. Par la suite, Aïcha n'a eu d'autre choix que de se plier au désir de son père, qui lui a finalement donné pour époux Hamid Bouméniar Kadhafi, l'un de ses gardes de corps en qui il avait confiance car il était issu de sa propre tribu. Auparavant, il avait supprimé la mixité de la faculté de droit de Tripoli, dès lors que sa fille s'y était inscrite, pour la rétablir quand elle fut diplômée ! Les étudiants, eux, devaient suivre les cours à Tarhouna, à 80 km de la capitale.

Au Yémen, la gouvernance clanique est portée à son paroxysme. Dans ce simili-État de la péninsule Arabique, le pouvoir est encore plus qu'ailleurs une affaire de famille, même si les décideurs ne portent pas tous le même patronyme. Au travers de multiples alliances, le président Saleh s'est longtemps appuyé sur des familles représentant l'ensemble des régions et la diversité de son pays. Dans les monarchies du Golfe, rois ou princes se sont eux aussi illustrés par la multiplication des mariages, donnant naissance à des dizaines de princes et de princesses qui participent à l'exercice du pouvoir et se partagent la rente pétro-gazière.

LES RAVAGES DU VIRUS DYNASTIQUE

Le virus dynastique, qui tend à transformer les républiques en monarchies, s'était attaqué au président irakien Saddam Hussein, lorsqu'il avait cherché à confier sa succession à l'un de ses fils, Qoussaï, qui, comme son frère Oudaï, était soigné pour troubles psychiatriques et hors d'état de gouverner un pays. À la veille de l'invasion de l'Irak, en mars 2003, Saddam avait nommé Qoussaï, qui n'avait pas fréquenté d'académie militaire, commandant en chef des forces chargées de défendre la capitale. Il n'est pas étonnant que placés sous ses ordres, les officiers irakiens qui s'étaient illustrés dans la guerre contre l'Iran n'aient pas vraiment tenté de défendre la ville !

En Arabie saoudite, le premier cercle est celui des Soudeiri, du nom de Hossa, l'épouse préférée du roi fondateur Abdelaziz al-Saud, qui a reconquis et unifié l'Arabie et régné de 1902 à 1953. Hossa lui a donné sept fils qui, malgré la disparition du roi Fahd en 2005, continuent d'occuper les principales fonctions du pays : Sultan, prince héritier, est ministre de la Défense depuis 1962, Nayef, ministre de l'Intérieur, Salman, gouverneur de Riyad... Leurs fils héritent des fonctions les plus juteuses et les plus prestigieuses : ils sont gouverneurs de province ou vice-ministres en attendant de succéder à leur père. Les deuxième et troisième cercles sont l'apanage des Saud. Ils accaparent les postes et les portefeuilles les plus importants du royaume (Défense, Intérieur, Affaires étrangères...), et les gouvernorats. Seules exceptions à la règle, les ministères du Pétrole et des Finances ne sont pas confiés aux membres de la famille royale mais placés sous les ordres directs du roi, du fait du caractère stratégique des dossiers dont ils traitent. Les princes sont toutefois très présents dans les coulisses, notamment le vice-ministre du Pétrole, Abdelaziz ben Salman, qui est un Soudeiri. Aux Émirats arabes unis, les enfants de l'émir fondateur Zayed ben Sultan Aal Nahyian occupent aujourd'hui l'essentiel des postes à responsabilités et contrôlent la sécurité, les finances, les affaires étrangères et les investissements.

En Syrie, le clan au pouvoir est celui de la minorité alaouite qui contrôle le pays depuis le coup d'État de 1970 et le début du règne de Hafez el-Assad, auquel son fils Bachar a succédé en 2000. Cette minorité – environ 10 % de la population – contrôle l'essentiel du pouvoir, notamment la sécurité et les finances, ne laissant aux sunnites majoritaires que des postes honorifiques ou sans réel pouvoir de décision. Toutefois, pour donner l'illusion du pluralisme, des sunnites sont nommés à la tête de certains ministères dirigés en sous-main par des Alaouites. Ce fut le cas du ministère de la Défense, longtemps dévolu à Mustapha Tlass, et de la vice-présidence de la République, confiée à Abdelhalim Khaddam, sunnite asservi au régime, jusqu'à sa rupture en 2006. Cet accaparement du pouvoir réel par le clan dominant est pratiqué également au sein de l'appareil militaire, où des capitaines ont parfois plus de pouvoir que le général sunnite commandant leur division.

Gare, toutefois, à l'audacieux qui oserait dénoncer la « monarchisation » des républiques ! Tel, en 2000, le sociologue égyptien Saadedine Ibrahim, dans un article intitulé *Al-joumloukiat,* une contraction des termes arabes de « république » et de « monarchie », suggérant un glissement du premier terme vers le second. Cette tribune trop libre a suscité une colère noire de Moubarak, dont l'épouse et les deux fils avaient été les élèves d'Ibrahim à l'université américaine du Caire. L'universitaire fut jeté en prison pendant trois ans, sous des prétextes fallacieux, et ne dut sa libération avant le terme qu'au lobbying entrepris par son épouse, d'origine américaine. Une rencontre, en 2007, avec George W. Bush à Prague raviva la colère de Moubarak, persuadé qu'Ibrahim « complotait » contre lui avec le président américain. Vingt-huit procès furent alors intentés au « traître » par des dirigeants du parti au pouvoir, le PND, et instruits par le procureur de la République dans le cadre de l'état d'urgence. Fort heureusement, Ibrahim avait choisi l'exil pour échapper à la persécution du clan Moubarak. En plusieurs occasions, au Caire, à Montréal et à Doha, Saadedine Ibrahim m'a révélé que le régime avait tenté de l'assassiner dans un « accident de la route » auquel il a échappé par miracle.

Dans des pays où la loi appartient aux plus forts qui l'écrivent, l'interprètent et l'appliquent, il n'est pas étonnant que les richesses de l'État soient confisquées par les dictateurs, leur famille, leur clan et leurs séides. Leurs fortunes colossales amassées en un temps record hors de toute légalité et, plus encore, leur étalage éhonté à l'intérieur du pays comme à l'étranger ont fini par soulever l'indignation, la haine et la révolte des peuples asservis. La chute de certains dictateurs, suivie de l'introduction des caméras de télévision dans le ruineux mauvais goût de leurs palais et de leurs salles de bains, a montré l'extra-ordinaire ampleur de leurs détournements. Les informations disponibles sur leur mode de vie et leur corruption ont suffi à alimenter la frustration et les réquisitoires dans le procès avec ou sans tribunal que l'opinion a intenté à ces élites mafieuses.

LA CONTESTATION DES INTELLECTUELS

Au fil des années, quelques intellectuels arabes ont osé réclamer des réformes à leurs gouvernements. La première de ces revendications remonte à 1983, quand quelques-uns d'entre eux, déjà animés par Saddeddine Ibrahim, se sont réunis à Chypre, faute de trouver une capitale arabe qui acceptât de les accueillir, et ont suggéré une série de mesures censées permettre à la nation arabe de se relever de la défaite subie lors de l'invasion du Liban l'année précédente. Ils avaient placé en tête de liste la fin des liaisons incestueuses entre les clans mafieux et le gouvernement. L'initiative n'eut aucune conséquence sur les pouvoirs en place et l'exode des intellectuels fuyant tracasseries et brimades se poursuivit tandis que certains, plus dociles, acceptaient de constituer « l'élite bien-pensante » des régimes.

Dans son éditorial du 12 avril 2011, le rédacteur en chef du quotidien de Londres *Al-Quds Al-Arabi*, Abdel Bari Atwane, a évoqué la « malédiction » que constitue la privatisation des républiques au profit de familles dont le chef cherche à installer progéniture et parentèle à la tête de l'État. Le seul à y être parvenu fut Hafez el-Assad, qui, après trois décennies de règne absolu à Damas, réussit à imposer son fils Bachar comme successeur, alors que celui-ci n'avait pas atteint l'âge minimum de 40 ans exigé par la Constitution pour accéder à la présidence de la République. Tout était préparé par Hafez bien avant sa mort, nous raconte le vice-président de la République de l'époque, Abdelhalim Khaddam : « Ce jour-là, je suis rentré de Banias pour honorer un rendez-vous avec le président. En arrivant à la maison pour me changer, j'apprends que le palais m'a appelé. Je rappelle et c'est le gendre du président, le général Assef Chaoukat, qui m'annonce la nouvelle et me dit que le commandement était réuni autour de la dépouille et qu'on m'attendait. À mon arrivée, on m'a informé que le Baas a déjà pris deux décisions : la réforme de la Constitution et la présentation de la candidature de Bachar à la présidentielle. Tout était déjà réglé et je n'avais pas mon mot à dire. » La chambre d'enregistrement qu'est le Parlement syrien a modifié la Constitution pour introniser Monsieur fils.

GAMAL MOUBARAK, SUCCESSEUR MANQUÉ

En Égypte, la question n'était plus de savoir comment modifier la Constitution pour prolonger les mandats de Moubarak, mais plutôt comment l'amender pour bloquer toute possibilité de compétition et permettre à son fils Gamal d'être élu d'office à la présidence. À cet effet, un « amendement constitutionnel » fut soumis à référendum en mars 2007. Ses trente-quatre innovations visaient à restreindre les libertés, à faire barrage aux partis religieux et à préparer la succession de Moubarak au profit de Gamal[1]. Les « indépendants » n'avaient pas le droit de se présenter, les candidats ayant obligation d'appartenir à un parti politique détenant 3 % des sièges du Parlement. Ainsi considérés comme « indépendants », les Frères musulmans ne pouvaient donc pas parrainer un candidat. Enfin, le risque de voir des juges superviser le déroulement du scrutin était écarté, cette tâche étant confiée à une commission *ad hoc* composée de fonctionnaires aux ordres du pouvoir ! Pour sa part, l'armée était hostile à une succession dynastique et voulait garder la présidence entre les mains d'un militaire. Grâce aux révélations de Wikileaks, nous savons que le maréchal Tantawi refusait cette perspective et songeait même à renverser Gamal, dont il détestait l'affairisme.

En tentant de léguer à son fils le pouvoir suprême, Moubarak obéissait au vœu le plus cher de son épouse Suzanne, qui, telle Agrippine, brûlait de l'ambition d'être à la fois femme et mère d'empereur, et écartait tous les ministres qui auraient pu faire de l'ombre à sa personne ou à sa progéniture. Ainsi, le maréchal Abdelhamid Abou Ghazala, ministre de la Défense, par trop populaire, dut quitter son poste parce qu'il commençait à s'imposer sur la scène politique. Il fut suivi, quelques années plus tard, par le ministre des Affaires étrangères, Amr Moussa, qui pour faire retentir avec quelque démagogie la voix de l'Égypte devenait plus populaire peu-être que le pré-

---

1. Le porte-parole du Département d'État américain avait refusé de commenter ces amendements.

sident de la République. Lorsque le chanteur Chaabane Abdelrahim tressa les louanges de ce rival potentiel dans une chanson intitulée « J'aime Amr Moussa et je déteste Israël », le président décida de s'en débarrasser. Moussa fut rétrogradé au poste de secrétaire général de la Ligue des États arabes et, par un abaissement qui n'était pas seulement symbolique, relégué dans un bâtiment d'à peine dix étages, alors qu'au bord du Nil la tour des Affaires étrangères en a plus de trente. Pour plus de sûreté, il fut affecté à une mission impossible, les États de la Ligue tirant à hue et à dia et n'offrant au secrétaire général que la perspective de coups à prendre. Mis en position favorable, Gamal Moubarak, « vice-pharaon » non couronné, put comme on le verra plus loin, prendre progressivement en charge l'essentiel des affaires de l'État avec ses amis à partir de l'an 2000. Leur comportement leur a valu de se retrouver dans la prison de Torra où, aux côtés des fils de Moubarak, ils ont toute licence, pour tuer le temps, de tenir un conseil des ministres derrière les barreaux !

En Libye, les fils de Kadhafi n'avaient pas besoin de recourir à des amendements constitutionnels pour préparer la relève. Le peuple libyen ne disposant pas de la moindre liberté d'expression, ils n'avaient rien à redouter de l'opinion publique. Ils se comportaient ouvertement en propriétaires d'un domaine privé, de ses ressources et de ses habitants traités en sujets. Ils voulaient, à ce titre, accaparer toutes les décisions. Que de fois les ministres des Affaires étrangères et les ambassadeurs ont-ils dû avaler leur colère et exécuter, séance tenante, les instructions de l'un de ces enfants gâtés du dictateur « éduqués » par des soudards incultes de la tribu des Kadadfa. Or leurs exigences n'étaient pas faciles à satisfaire : ils débarquaient avec leurs amis dans une capitale pour des rendez-vous amoureux, d'affaires ou de « détente » sans avoir pris la peine d'en informer l'ambassadeur. Celui-ci devait se démener pour prévenir le protocole, afin que ces messieurs puissent être reçus avec les égards dus à leur rang dans les aéroports, trouver prêtes les suites les plus confortables des palaces et disposer d'un cortège de limousines et d'un personnel de service digne d'eux. Les diplomates libyens chargés des démarches et de la logistique étaient d'ailleurs le plus souvent exclus des contacts que nouaient les fils Kadhafi avec les dirigeants politiques, les chefs des services de renseignements et les représentants des grandes entreprises. En revanche, ils recevaient les factures générées par la coûteuse *dolce vita* de leurs visiteurs.

Au Yémen, la situation est quelque peu différente. Le président Ali Abdallah Saleh a lui aussi œuvré pour promouvoir son fils Ahmad comme successeur, et multiplié les alliances matrimoniales afin de placer ses beaux-frères et ses neveux comme ministres, patrons des entreprises les plus juteuses du pays et, surtout, des précieux services de renseignements qui garantissent la survie du clan. Ainsi, Ahmad a gravi au galop les échelons de l'armée pour devenir général à un âge où ses camarades sont encore capitaines ou commandants. Envoyé dans les écoles de guerre occidentales, il s'est vu confier par son père une mission de contact avec les responsables américains de la lutte contre le terrorisme, moyen commode de lui ménager des protecteurs à l'avenir.

De retour au pays, ce fils choyé est entré dans les affaires, ses associés étant assurés de ne pas se heurter à des concurrents. Il a occupé une place si importante sur l'échiquier militaire, politique et économique qu'il est entré en conflit avec son oncle, le général Ali Mohsen al-Ahmar, commandant de la première division blindée et autre homme fort du Yémen. Le président Saleh a saisi l'occasion de la guerre opposant les Houthis du Nord-Yémen et l'Arabie, à la fin de 2009 et au début de 2010, pour se débarrasser de son demi-frère, et dégager au profit de son fils la voie de la succession. Il n'a pas hésité pour ce faire à communiquer les coordonnées du QG du gêneur aux Saoudiens, dans l'espoir qu'ils le bombarderaient. Les pilotes saoudiens, trouvant le procédé peu élégant, ont épargné le général Ali Mohsen al-Ahmar, mais l'entreprise de succession dynastique et les moyens utilisés ont heurté les chefs de clan de la tribu présidentielle, qui avaient toléré qu'un membre d'une branche marginale accédât à la présidence de la République et s'y maintienne pendant trente-trois ans. Le jour où Saleh a dévoilé ses intentions, les « aristocrates » des Hached, les fils du cheikh Abdallah el-Ahmar, ont organisé la résistance. L'image du président et le capital de sympathie dont il disposait auprès de ses concitoyens se sont davantage effondrés dès lors que sa propre tribu se dressait contre lui.

AU POUVOIR POUR L'ÉTERNITÉ !

Pour ne jamais perdre le pouvoir absolu et ses avantages, il est capital d'écarter toute possibilité de le quitter pour des motifs tenant à la constitution ou à la suite d'une élection. Jusqu'à ce jour, à l'exception du Liban et de rares autres pays de façon épisodique, aucune nation de l'aire culturelle arabe n'a vu un chef d'État se retirer au terme de son mandat. La règle est qu'on ne renonce pas au pouvoir de son plein gré et qu'on se doit de le conserver jusqu'à ce que la mort vous l'arrache. Chaque succession est donc, sauf décès naturel, le fruit d'un assassinat, d'un putsch ou d'un coup de force contraignant le détenteur du pouvoir à l'exil intérieur ou à l'étranger.

Dans cette logique monarchique, l'intérêt premier du clan est de maintenir sa cohésion afin de conserver le pouvoir. Il lui faut donc couvrir crimes et délits commis dans cette intention. C'est pourquoi la constitution est constamment adaptée, les lois révisées et leur application très sélective, de sorte que le régime et son clan restent à l'abri de toute poursuite judiciaire dans ce qui est devenu au sens propre du terme un État de non-droit. C'est ainsi que Bouteflika a fait changer la Constitution algérienne pour renforcer le pouvoir de la présidence et réduire le poids du parlement et du gouvernement, puis pour s'accorder le droit de se présenter à un troisième mandat. Il en est allé de même pour son ex-voisin tunisien Ben Ali, qui, malgré ses promesses de ne jamais être président à vie ou d'exercer plus de deux mandats, avait systématiquement amendé la Constitution pour rester au pouvoir au grand bénéfice de sa belle-famille et de son clan.

Au Yémen, le président Saleh, arrivé au pouvoir à la suite d'un coup de force, s'est toujours « arrangé » avec la Constitution pour s'offrir de nouveaux mandats, et ce, malgré les promesses répétées que chacun d'eux serait le dernier. Ainsi, en 2011, face à une contestation massive, il a promis qu'il ne se représenterait plus à l'expiration de son mandat en 2013. Lors de l'avant-dernière présidentielle, il s'était déjà engagé à ne pas se représenter. Mais, cédant à la « pression populaire » qu'il orchestrait, il était revenu sur sa décision.

En Libye, la situation est, une fois de plus, différente de toutes les autres. Sous Kadhafi, le pays ne s'est en effet jamais doté d'une constitution, permettant ainsi au Guide de rester à sa tête, sans être officiellement titulaire de la moindre fonction, pour une durée indéterminée.

En Syrie, Hafez el-Assad ne s'est pas encombré de stratagèmes pseudo-juridiques. Pour n'être jamais confronté à une quelconque véritable échéance électorale, le président, qui se souciait peu de la constitution, se bornait à invoquer la cohésion nationale face à « l'ennemi israélien » et sa qualité d'unique garant de la stabilité du pays. Aussi, à la disparition du dictateur, aucun de ses vice-présidents ne put hériter de son poste, et les députés furent convoqués pour réformer la constitution afin que son fils Bachar, qui avait alors 35 ans, puisse succéder à son père.

Enfin, dans l'Iran voisin des pays arabes, le caractère autoritaire du régime se dissimule derrière un paravent démocratique qui lui confère un semblant de légitimité. À l'instar d'autres pays de la région, les résultats des élections, législatives ou présidentielles, ont souvent été arrêtés à l'avance. Le Conseil des Gardiens joue le rôle de filtre structurel et détermine si les candidats sont compatibles avec les valeurs de la République islamique et donc autorisés à se présenter. Ainsi, en 2004, 200 députés sortants du Majlis ont vu leurs candidatures invalidées car ils incarnaient une menace pour le régime. En réalité, le Guide de la Révolution a cherché à verrouiller le champ politique en ordonnant de bloquer la candidature des réformateurs au lendemain des succès militaires américains en Afghanistan (2001) puis en Irak (2003), de peur que cette mouvance jugée trop libérale ne soit tentée par une coopération avec les États-Unis.

Palais bunkers et élections truquées

La peur d'un peuple méprisé ne peut que provoquer une « sanctuarisation matérielle » du régime. C'est pourquoi on a vu partout se bâtir des palais bunkers munis de systèmes sophistiqués d'armements et pouvant faire échec à toute tentative de prise d'assaut par des guérilleros ou des insurgés. Révélé au public occidental par la télévision, le palais forteresse de Kadhafi n'est pas unique. Celui du président Saleh, à Sanaa, dispose de trois périmètres de défense derrière le premier mur d'enceinte. Quand un ministre franchit celui-ci, sa voiture est garée dans un périmètre confié à la garde républicaine et un véhicule de la présidence lui fait traverser le deuxième périmètre, confié à la Brigade spéciale de protection, avant de le déposer devant le troisième périmètre auquel seuls les membres de la famille peuvent accéder librement. Le ministre doit parcourir à pied la dernière partie qui le conduit aux portes du palais. La présidence est donc devenue un camp militaire retranché, inspiré du dispositif mis en place par Saddam Hussein, lequel avait envoyé des officiers irakiens conseiller en la matière son ami Saleh. Un entrepreneur yéménite de BTP nous a confié que deux cents tranchées ont été creusées pour y abriter des chars à l'intérieur même de l'enceinte du palais. Une société de BTP a fourni une autre partie des retranchements destinée à un nombre de chars sans doute équivalent. En temps de paix, la capitale abrite plus de cent mille soldats, auxquels il faut ajouter les policiers et les agents secrets. Mais l'efficacité de ces unités est très inégale. À la différence des formations « traditionnelles », celles dont le commandement est confié à la famille du président sont suréquipées et bien entraînées. Elles ont même été perfectionnées au contact des armées occidentales et formées à la lutte antiterroriste. Ce sont ces unités qui ont servi à la répression intérieure lors des événements du printemps 2011. Mais la triple enceinte du bunker présidentiel n'a pas empêché la quasi-décapitation du régime après l'explosion d'une bombe à l'intérieur de la mosquée du palais : onze militaires ont été tués et les six plus hauts responsables de l'État ainsi qu'une cinquantaine d'officiers et de ministres ont été blessés et transportés en Arabie pour y recevoir des soins.

Les institutions, elles aussi, relèvent de la logique du bunker. Ainsi, dans la plupart des pays arabes, les élections n'ont qu'un intérêt anecdotique et leur résultat est arrêté quelques semaines ou quelques mois à l'avance au terme d'une réunion des dirigeants du régime. Grâce à un Parlement docile, la Constitution n'est qu'un jouet aux mains du raïs. On en modifie les termes en dépit des engagements pris, et le chef de l'État se voit systématiquement confier les pleins pouvoirs : il s'accorde les mandats et le pouvoir qu'il souhaite. Les parlementaires choisis dans un tel contexte ne sauraient jouer le moindre rôle de censeurs de l'exécutif ou de représentants du peuple soucieux de l'intérêt général.

« TANT QUE BATTRA MON CŒUR ! »

Dans un bel élan de dévouement et d'abnégation, le président Moubarak avait promis que « tant que son cœur continuerait à battre », il resterait au service de l'Égypte ! Ce dévouement au bien public est très largement partagé : Kadhafi a régné pendant quarante-deux ans, le sultan Qabous d'Oman vient de fêter ses quarante ans de règne et le président yéménite Ali Abdallah Saleh sévit depuis trente-trois ans. La « garde qui veille aux barrières du Louvre » ne préservait pas les rois de France de la mort. Les autocrates arabes refusent l'idée de quitter leurs fonctions avant cette échéance, fussent-ils gâteux ou grabataires. Les présidents Boumediene, Bourguiba et Hafez el-Assad, tout comme l'émir du Koweït ou le roi Fahd d'Arabie et Hassan II au Maroc se sont accrochés au pouvoir jusqu'à leur dernier souffle. Le roi Fahd a ainsi survécu neuf ans à l'état de légume, laissant ses fils et sa belle-famille cogérer les affaires du royaume, confiées officiellement à son prince héritier. Quelques mois avant sa déposition par Ben Ali, le président Bourguiba avait quant à lui reçu Jean-Bernard Raimond, ministre français des Affaires étrangères, et lui avait tenu des propos incohérents nécessitant l'intervention systématique de ses conseillers pour expliciter la pensée présidentielle. Au cours du déjeuner auquel il avait convié le ministre, Bourguiba était équipé d'un grand bavoir destiné à protéger sa cravate.

Le président Bouteflika s'est attribué un troisième mandat, en modifiant la Constitution, alors qu'il était gravement malade. On se souvient qu'il avait été transporté d'urgence et soigné six semaines au Val-de-Grâce à Paris, en 2005. Quoique fortement diminué, il s'est attribué en 2009 un nouveau mandat avec la complicité de l'armée, dont le budget a brutalement connu une forte croissance tandis que députés et sénateurs voyaient leurs émoluments tripler ! Le président étant de plus en plus « fatigué », il assure très partiellement ses fonctions et s'est replié sur le « pavillon de chasse » de Zeralda, dans la banlieue ouest d'Alger, où il passe le plus clair de son temps, en faisant de très rares apparitions au palais présidentiel d'Al-Mouradia. Ici comme ailleurs, tout est organisé pour convaincre les peuples que les régimes sont à la fois « invincibles » et « immortels ».

UNE VIE POLITIQUE ASSÉCHÉE

Le maintien en fonctions *in aeternum* du chef suprême suppose l'assèchement de la vie politique. Créer un parti suppose donc une négociation préalable avec les services de renseignements. Longtemps, ceux-ci ont justifié leur refus au motif qu'il ne fallait pas entretenir la *fitna* (discorde conduisant à la guerre civile). L'idéal pour l'éviter étant le parti unique, ils n'accordent aujourd'hui les autorisations nécessaires à la fondation d'un parti que dès lors qu'ils sont assurés que celui-ci n'aura aucun écho au sein de la population, qu'il restera une coquille vide et s'alignera sur le gouvernement le jour où ce dernier aura besoin de prouver que la société civile est à ses côtés en exhibant un pluralisme de façade. Au bout du compte, le paradoxe arabe se résume à « des partis sans masses et des masses sans partis ».

La preuve de l'inexistence de partis vraiment représentatifs et non de complaisance a été fournie de façon éclatante par le tsunami arabe. Aucune des révoltes populaires n'a été initiée par un parti politique. Elles ont été déclenchées par des jeunes « branchés sur Internet » qui partagent des valeurs de liberté et recherchent un niveau de vie acceptable, compatible avec les moyens de leur pays et les possibilités offertes à leur génération au sein de la mondialisation. Au demeurant, quand bien même certains partis politiques seraient-ils parvenus, avec le temps, à remporter l'adhésion populaire, les gouvernements et leurs services de renseignements sont systématiquement intervenus pour déstabiliser ces partis et révéler des pratiques frauduleuses vraies ou supposées afin de détruire la réputation de leurs chefs et salir leur image. Au besoin, ils suscitaient des scissions pour détourner l'attention des militants des enjeux qui avaient présidé à leur engagement politique : défendre leurs convictions et préparer une alternance par les urnes. Dès lors que, dans ces conditions, un homme commence à avoir une certaine audience et envisage de structurer une formation politique, il en est aussitôt empêché. Le président Bouteflika, malgré ses promesses d'ouverture politique, a ainsi pris peur de deux demandes présentées l'une par son « ami de trente ans », l'aristocrate et ancien ministre Ahmed Taleb Ibrahimi, qui avait servi Boumediene au même titre que lui, et l'autre par l'ancien Premier ministre Sid Ahmad Ghozali, issu de l'Ouest comme lui. Il leur a interdit de créer un parti dont le chef pourrait lui faire de l'ombre et offrir une alternative présidentielle. Pour ce qui concerne les formations islamistes, les « services » entretiennent en leur sein des agents infiltrés. Dès qu'elles commencent à gagner une certaine audience, les « taupes » se hâtent d'y fomenter une scission. Il en va ainsi des partis algériens, la Nahda et le MSP Hamas. Les régimes veillent à ce que les partis et les syndicats soient noyautés par leurs services de renseignements, de peur de les voir échapper à leur autorité et devenir une force de contestation.

On est allé plus loin encore dans la surréaliste Libye de Kadhafi : la création d'un parti politique y était considérée comme un acte de haute trahison et passible de la peine capitale. Le Guide avait conçu un système unique au monde de « Jamahiriya », les partis étant considérés comme des instruments au service d'ambitieux mus par l'intérêt personnel et, par définition, sans aucun souci du bien public. Sur cette base, Kadhafi pouvait détenir tous les pouvoirs sans jamais être ni responsable ni coupable de quoi que ce fût. L'interdiction des partis politiques en Libye a été compensée par la création de milices, les « comités révolutionnaires », qui avaient pour vocation de terroriser la population et d'affaiblir l'armée grâce à laquelle Kadhafi a conquis le pouvoir, et dont il a longtemps redouté de devenir un jour la victime.

Dans les États de non-droit, des partis politiques ont toutefois été créés, mais à seule fin de servir les intérêts de dirigeants désireux de s'assurer un instrument de pouvoir docile et de retrouver un semblant de légitimité. Liamine Zeroual, ancien président de la République algérienne (1994-1999), après s'être brouillé avec le FLN passé à ses adversaires au sein du régime, avait demandé à l'ancien Premier ministre Ghozali de lui tailler sur mesure un nouveau parti politique qui concurrencerait le FLN lors des élections prévues trois mois plus tard et remporterait la majorité des sièges. Ghozali lui avait répliqué qu'il pourrait monter un parti politique, mais qu'il faudrait attendre trois ans avant que celui-ci puisse espérer remporter les élections[1]. Zeroual se tourna alors vers Ahmed Ouyahia, son directeur de cabinet de l'époque, qui forma le RND. Ce parfait clone du FLN obtint la majorité aux élections législatives trois mois plus tard, permettant à Zeroual de s'émanciper de la tutelle

---

1. Confidence faite par Ghozali à l'auteur.

de celui-ci. On devine que la représentativité de la copie n'était pas supérieure à celle de l'original !

Autre situation du même ordre : lors des élections législatives au Maroc de 2009, Fouad Aali el-Himma, ancien camarade du souverain au Collège royal, avait créé avec deux députés de sa circonscription un nouveau mouvement politique baptisé « Authenticité et Modernité ». Son amitié avec le roi et sa proximité avec le palais attirèrent dans cette nouvelle formation de nombreux députés élus sur d'autres listes, si bien que son parti devint rapidement la formation parlementaire la plus imposante dans un paysage politique éclaté.

Dans la Tunisie de Ben Ali, le parti du régime, le RCD, était installé dans l'une des plus belles tours de la capitale, à deux pas de l'avenue Bourguiba, les Champs-Élysées de Tunis. À l'instar des partis Baas – syrien des Assad ou irakien de Saddam Hussein –, son influence était telle qu'un tiers des Tunisiens majeurs en étaient membres. On y adhérait en effet, avant toute chose, pour s'ouvrir des portes, faciliter des procédures, accéder à la fonction publique, bref pour avoir une chance de participer au « partage du gâteau ». À cet égard, la Tunisie n'était nullement une exception. Sur le papier, le Baas syrien compte 160 000 membres dans la seule province de Deraa, berceau de la contestation ! Si la famille de chacun des « encartés » compte trois membres sensibles à son influence, on parvient à un nombre de sympathisants du régime double de la population totale de la ville d'où est partie la révolte syrienne ! Ces chiffres donnent la mesure de la solidité des convictions qui amènent à adhérer à des partis potiches, à la fois courroies de transmission et passages obligés de toute carrière.

Dans tout régime dictatorial, il importe au pouvoir de se protéger par tous les moyens des citoyens et, à cet effet, de les espionner sans relâche. Ben Ali s'en est vanté un jour devant Romano Prodi : « Vous ne savez rien de ce qui se passe chez vous. Moi, rien ne peut m'échapper ici. Je suis au courant de tout[1]. » Les services de sécurité ont pour mission de connaître le moindre détail des faits et gestes des citoyens. C'est *La Vie des autres*, mais cette fois la réalité dépasse la fiction. Outre les écoutes téléphoniques, procédé éprouvé mais toujours efficace, les communications via Internet et les SMS sont interceptés. L'accès aux sites jugés subversifs, parce qu'ils s'intéressent à la vie du pays, est systématiquement contrôlé, au prétexte que ceux-ci, malveillants par nature, pourraient prêter de fictives turpitudes au régime, stratagème connu qui permet de censurer ou de réprimer en invoquant vertueusement l'ordre public. D'où une situation paradoxale : bien que ces pays soient sous-équipés et disposent d'infrastructures défectueuses, ils sont dotés des dernières technologies d'écoutes pour le « flicage » systématique de leurs sujets et des expatriés qui vivent sur leur sol. Lors de l'occupation du Liban par l'armée syrienne (1976-2005), cette dernière retarda le lancement de la téléphonie mobile jusqu'à l'installation de ses tables d'écoute et au succès de ses tests d'interception des communications.

---

1. Confidence de Romano Prodi à l'auteur le 10/05/2011.

PRESSE ET TÉLÉVISION MUSELÉES

Enfin, le rôle dévolu à la presse et à la télévision complète le dispositif : à la fois instrument de propagande et arme diplomatique, elles sont étroitement contrôlées et doivent donner du régime l'image qu'il souhaite présenter. Dans les pays du Golfe, la presse est aux ordres du monarque et de la famille royale. Pour assurer la « stabilité sociale », toute allusion à certains sujets ou thèmes est interdite par les familles régnantes et par leurs soutiens dans les sphères religieuses. Il en va ainsi des wahhabites ou de la famille royale en Arabie, ou encore du traitement subi par les expatriés-esclaves asiatiques dans l'ensemble des pays du Golfe. Toute critique à l'égard d'un membre de la famille princière ou royale dans ces monarchies, toute mise en cause du comportement de l'institution wahhabite en Arabie ne saurait être tolérée. Le journaliste Jamal Khashokji en a fait les frais à maintes reprises alors qu'il dirigeait le quotidien *Al-Watan*, qui appartient pourtant au prince Khaled ben Faysal, fils du roi Faysal et gouverneur de la prestigieuse province de La Mecque.

En Jordanie, le régime se montre en apparence plus souple à l'égard des médias, bien que tout commentaire sur la famille royale, l'avenir du royaume et son unité soit tabou. La diffusion par le bureau jordanien de l'AFP d'une pétition signée par une quarantaine de dirigeants tribaux mettant en cause la reine Rania et sa famille pour des faits de corruption a valu à la directrice de l'agence à Amman, Randa Habib, d'être mise en cause par le palais, qui a même réclamé à Paris sa mutation. Le régime a récidivé quand l'AFP a révélé que le convoi du roi a été caillassé à Tfila, en juin 2011. Quelque trois cents manifestants se sont rassemblés devant les bureaux de l'agence à Amman, réclamant leur fermeture, puis une dizaine de personnes ont pris d'assaut ces bureaux et les ont saccagés.

Toutefois, la chaîne qatarie Al Jazeera a introduit une révolution médiatique dans le paysage audiovisuel arabe, où régnait la langue de bois. Dès sa naissance, en 1996, elle a inauguré un style inconnu dans cette région, grâce à la diffusion des événements en direct, à des débats, souvent animés, et à des journalistes professionnels qui avaient fait leurs premières armes auprès du service arabe de la BBC à Londres, jusqu'à sa fermeture. Le succès d'Al Jazeera concourt à la légitimité du plus petit des États arabes qui est aussi l'un des plus riches, grâce à ses réserves de gaz. La chaîne, qui se garde bien d'aborder les problèmes qataris, traite sans pitié des crises qui surgissent chez les adversaires de l'émirat et permet à Doha de mener des offensives médiatiques contre eux. Elle a démontré l'étendue de ses « capacités de nuisance » lors des révoltes qui ont provoqué la chute des régimes tunisien et égyptien et pendant la couverture des *intifada* en Syrie, en Libye et au Yémen. Mais Al Jazeera a aussi montré sa partialité en se bornant à ne fustiger que des régimes détestés et en ménageant le Qatar où elle est installée et ses alliés du moment. Lors des rencontres entre l'émir et les chefs d'État que la chaîne prend pour cibles, le premier thème à l'ordre du jour est souvent sa ligne éditoriale. Ces discussions peuvent parfois déboucher sur une modération dans la couverture de l'actualité des pays en question, mais elle reste temporaire et sujette à l'évolution des relations bilatérales. Le meilleur exemple de cette versatilité est le traitement réservé à l'Égypte, longtemps brocardée par la chaîne qatarie avant que les relations entre Doha et Le Caire ne se normalisent à la suite de la rencontre entre l'émir Hamad et Hosni Moubarak à Doha, le 25 novembre 2010. Néanmoins, la trêve ne fut que de courte durée et Al Jazeera a joué un rôle décisif dans la chute du régime égyptien.

Al Jazeera – et derrière elle Doha – a assuré la couverture islamique de l'engagement de l'OTAN contre Kadhafi. Dès lors que le secrétaire général de la Ligue arabe, Amr Moussa, avait béni l'initiative de Nicolas Sarkozy, le mufti de la chaîne, cheikh Youssef el-Karadaoui, a qualifié Kadhafi de « criminel » et rappelé que l'OTAN est intervenue à la demande des musulmans et pour sauver leur vie menacée par l'offensive des loyalistes. Ce tir d'artillerie lourde a marginalisé les contestataires, son auteur étant à la tête de « l'Union internationale des savants musulmans ». Reste que la ligne éditoriale de cette chaîne peut parfois lui faire perdre sa crédibilité. Fin mars 2011, elle a annoncé la défection d'une dizaine de Libyens appartenant au premier cercle de Kadhafi, en mentionnant leurs noms et le poste par lequel ils venaient de franchir la frontière tunisienne. Il n'en était rien, et on ignore toujours si la chaîne a été induite en erreur, a cherché à provoquer ces défections, ou encore à semer le trouble entre les personnalités citées et Kadhafi.

Après avoir dirigé pendant vingt-trois ans Reporters sans frontières (RSF), Robert Ménard avait rejoint le Qatar en septembre 2008 pour prendre la tête du Doha Center for Media Freedom (DCMF), créé sous le patronage de cheikha Mozah, l'épouse préférée de l'émir Hamad. L'ouverture du Centre en présence d'un parterre d'invités de prestige – dont Dominique de Villepin, Patrick Poivre d'Arvor, Paulo Coelho, ou encore l'actrice Mia Farrow – masquait à peine les réelles intentions des autorités qataries, voyant dans la création du DCMF une opération de marketing plutôt qu'une initiative visant à protéger les journalistes opprimés. L'action de Ménard à la tête du DCMF aura été éphémère. En juin 2009, il quitte ses fonctions et publie un livre intitulé *Mirages et cheikhs en blanc – Enquête sur la face cachée du Qatar, le coffre-fort de la France.* Il y porte un coup sévère à l'image de l'émirat, en écrivant que « la définition d'un Qatari est de faire travailler les autres à sa place », ou encore que « le Qatar, c'est 200 000 habitants pour deux millions d'esclaves ». Si Ménard a épargné Mozah, il a violemment attaqué cheikh Hamad bin Thamer al-Thani, le président d'Al Jazeera chargé de superviser le DCMF. Il l'accuse de rejeter toute libéralisation du statut de la presse, alors que l'émirat possède une loi plus archaïque encore que celles de ses voisins du Golfe. Il n'en reste pas moins qu'Al Jazzera a permis une plus grande visibilité du petit émirat sur la mappemonde. On est loin du temps où lorsque le jeune émir voyageait, douaniers et policiers regardaient avec étonnement son passeport en se demandant si le pays nommé Qatar existait vraiment et sur quel continent il pouvait bien être situé.

Aujourd'hui, grâce notamment à Al Jazzera, l'émirat conservateur à l'intérieur de ses frontières et « révolutionnaire » à l'étranger exerce une capacité d'influence, voire de nuisance connue de ses amis et redoutée de ses adversaires. De plus, ses succès économiques font de lui La Mecque du GNL (Gaz naturel liquéfié), avec une production de 77 millions de tonnes/an, et il détient de gigantesques réserves qui lui assurent une rente sur deux cent cinquante ans ! Ce petit État de près de 200 000 autochtones, placés par leurs 80 000 dollars de revenu annuel par tête au premier rang mondial, est situé dans une zone de fortes turbulences. Il cherche à protéger son existence en se plaçant sous le parapluie américain et en offrant à Washington les bases militaires de Oudeid, les plus importantes en dehors des États-Unis. Mais le Qatar peut avoir aussi des alliances conjoncturelles, parfois contre nature, tels le soutien à Ben Laden après 2001 ou l'alliance, jusqu'en 2011, avec le « croissant chiite », alors que cet émirat est de culture wahhabite (sunnite). Cette stratégie à géométrie variable constitue à ce jour la tentative la plus aboutie de sanctuarisation.

Une « justice » à la botte

Pour domestiquer la presse, rien ne vaut une justice aux ordres. Or, dans les pays que nous passons ici en revue, celle-ci fait partie intégrante des prérogatives du chef de l'État. Bouteflika l'a dit crûment à son garde des Sceaux, Ali Benflis, qui lui demandait de lui accorder plus de poids et d'indépendance. Le président l'interrompit pour lui notifier que « la justice est l'un des instruments du pouvoir qui permettent à un président de gouverner ». Cette mainmise revendiquée sur le pouvoir judiciaire lui a permis de persécuter ses opposants, à commencer par Benflis, qui avait osé se présenter contre lui à la présidentielle de 2004. D'autres ont été jetés en prison, dépossédés de leurs biens, après avoir été poursuivis et condamnés pour des délits qu'ils n'avaient pas commis. Les juges d'instruction ainsi que les magistrats reçoivent en effet leurs ordres directement du palais ou par le biais du ministre de la Justice. Les plus chanceux parmi les victimes du système ont pu se réfugier à l'étranger pour éviter de croupir dans les geôles du président. *A contrario*, si les amis ou la famille de celui-ci sont susceptibles d'être poursuivis, ils en sont dispensés par le parquet alors même que leur culpabilité est établie, et ils peuvent poursuivre leurs activités illicites en toute impunité.

En Tunisie, le président Bourguiba avait fait de la justice un « domaine réservé ». Cette dérive a été aggravée par Ben Ali, qui a instrumentalisé le pouvoir judiciaire pour en tirer bénéfice à titre personnel ou au profit de ses proches. Ainsi, ses amis ne rencontraient aucune difficulté pour divorcer, alors que le citoyen tunisien lambda se perdait dans les méandres d'une justice lente et contradictoire. D'une manière générale, la justice a été soumise de façon drastique à l'administration, plus particulièrement aux fonctionnaires du ministère de l'Intérieur. Les avocats n'avaient plus les moyens d'exercer leur métier. En 2002, Ben Ali avait fait modifier la Constitution pour qu'un article 41 rédigé sur mesure lui garantisse une immunité à vie. La confusion volontaire des pouvoirs visait à soumettre la justice à l'appareil politique et administratif. On songe à la célèbre formule de Montesquieu : « Il n'y a pire dictature que celle qui s'exerce au nom des lois, et sous les couleurs de la justice. » L'envoyé spécial de l'ONU, chargé des droits de l'homme, avait constaté, à l'issue de sa mission de janvier 2010, qu'il existait un grand écart entre les textes de lois et leur application. L'arsenal législatif soumettait la justice au personnel politique et sécuritaire, et privait les magistrats de toute indépendance. Le ministre pouvait leur adresser un avertissement ou les suspendre, sans devoir justifier cette décision. Les détenus ne pouvaient que très rarement choisir eux-mêmes leur avocat et c'est la police qui leur attribuait, moyennant finances, le défenseur de son choix. Omnipotente, elle interdisait aux magistrats de soumettre les inculpés à des examens médicaux s'ils se plaignaient d'avoir été torturés. On remarquera que les hauts fonctionnaires du ministère de l'Intérieur ne figurent dans aucun organigramme puisque, depuis 1987, Ben Ali a interdit la publication de leurs noms au *Journal officiel*.

En Égypte, le système reposait sur une justice à deux vitesses : l'une pour les riches et les puissants ; l'autre pour le commun des mortels. Cette inégalité a donné lieu à des scandales dans lesquels des centaines de vies ont été sacrifiées sans que cela prête à conséquence. Des assassins ont pu échapper à la peine capitale parce qu'ils étaient proches des Moubarak ou leurs associés en affaires, alors que leur culpabilité ne faisait aucun doute.

Le sort de Hicham Talaat Moustapha, roi de l'immobilier en Égypte qui avait commandité l'assassinat à Dubai d'une belle chanteuse ayant eu l'audace de rompre avec lui, en est la parfaite illustration. Sans la menace expresse d'Abu Dhabi de retirer ses investissements d'Égypte, ce milliardaire membre de la direction du PND et proche de Gamal Moubarak n'aurait jamais été inquiété. Et bien que condamné en première instance, il continue, aux dernières nouvelles, de jouir du confort d'une prison où ses repas lui arrivent directement de la chaîne hôtelière Four Seasons dont il est propriétaire et où il peut continuer de diriger ses affaires.

DEUX SCANDALES EXEMPLAIRES

Mépris de la justice et corruption se donnent en quelque sorte la main. Parfois, cette dernière est si arrogante qu'elle choque même au-delà des cercles initiés de la capitale. L'exemple de la belle-famille de Ben Ali est l'un des plus éloquents tant elle a pratiqué la corruption au vu et au su de tous, et bien entendu tout particulièrement des milieux d'affaires tunisiens et étrangers. L'audace de « Monsieur gendre », Sakhr el-Materi, s'est exercée aux dépens du premier groupe international de fabrication et de distribution de produits alimentaires, le Suisse Nestlé, et ce, malgré la résistance courageuse du patron exécutif du groupe pour le continent.

Par définition, le niveau de corruption est proportionnel à la richesse des pays pillés et à l'arrogance du régime qui y sévit. En Algérie, où la rente pétro-gazière est immense, la corruption s'exerce dans les plus hautes sphères de l'État et se chiffre par centaines de millions de dollars par an. Nous avons pu le constater lors du procès Khalifa, au cours duquel les vrais coupables ont été blanchis par un système judiciaire aux ordres de l'exécutif en raison de leur proximité avec des dignitaires du régime ou, si tel n'était pas le cas, en échange de leur allégeance. Les citoyens refusant celle-ci ont été accusés de corruption et condamnés sans fondement à de lourdes peines. Ainsi, les anciens ministres Abdelnour et Abdelouahab Keramane ont été déclarés coupables dans cette affaire, alors que leur seul tort avait été de ne pas soutenir le président lors de sa réélection de 2004.

À la mise en place du système Bouteflika, au début des années 2000, le fondateur de la banque Khalifa, créée quelques années plus tôt, perçoit vite les possibilités qui s'ouvrent devant lui. Prenant le frère du président, avocat peu connu, pour principal conseiller, il noue des liens étroits avec les proches de Bouteflika et les membres du staff présidentiel, qu'il inonde de ses prodigalités ; il importe des Mercedes blindées pour le président, finance des campagnes de lobbying aux États-Unis, remet à sa demande une enveloppe cossue à une chanteuse en vogue, achète pour sa famille un appartement à Paris[1], vire des millions de dollars sur le compte aux États-Unis

---

1. Un appartement a été acheté par Khalifa pour Abdelghani Bouteflika, situé rue Saint-Honoré ou rue du Faubourg-Saint-Honoré. Il a été évoqué lors du procès sans que le nom du président soit prononcé. C'est l'avocat du liquidateur (public) de la banque Khalifa qui a annoncé fièrement que l'appartement avait été remboursé au profit de la liquidation (sans dire par qui, ni comment).

d'un mystérieux « Chakib »… En sens inverse, sous la pression de certains responsables, les fonds des entreprises publiques, surtout ceux des retraites, affluent dans cette petite banque privée qui, grossissant à la vitesse d'un champignon sous la pluie, finit par faire en 2003 une retentissante banqueroute ; des listes de cartes bancaires et de crédits de complaisance distribués aux membres de la famille Bouteflika ou du clan présidentiel circulent sous le manteau et le responsable d'un parti d'opposition déclare publiquement les tenir à la disposition de la justice, qui ne se hâte pas de les réclamer. Embarrassé, le président – jusque-là occupé à assurer sa réélection de 2004 – prépare le montage d'un procès qui mettrait un terme à l'affaire. Comme il n'entend pas y faire citer les vrais coupables de la faillite, membres de son proche entourage, et qu'il ne peut limiter l'accusation aux divers cadres de la banque Khalifa inculpés à tort ou à raison, il décide d'impliquer Abdelouahab Keramane, ancien gouverneur de la Banque d'Algérie. Pourquoi lui, qui n'était plus en fonction lorsque la banque Khalifa a commencé sa dérive ? Parce qu'il avait soutenu la candidature à la présidentielle de l'ancien premier ministre Benflis et participé à la préparation de son programme économique.

Une cellule comprenant les ministres de la Justice et des Finances est chargée de la mise en scène. On recherche en vain un prétexte à l'ouverture d'une poursuite : il n'y a pas l'ombre d'une carte de crédit abusive ou d'un prêt de complaisance que l'on puisse reprocher à Keramane. Faute de mieux, on se rabat sur un virement de Khalifa Airways à Abdelnour Keramane, frère d'Abdelhouahab, pour payer des abonnements à la revue *Medenergie* dont il est l'éditeur, et dont les exemplaires sont distribués dans les avions de la compagnie. Abdelnour Keramane, ancien ministre de l'Industrie, n'avait pas, depuis l'arrivée de Bouteflika, donné les marques d'allégeance dont le président était friand, et il ne l'avait pas soutenu lors de la campagne électorale.

On impute donc aux deux frères des chefs d'accusation surréalistes et, au lendemain de leur inculpation, le procureur général fournit à un quotidien tous les détails de l'audition. On mène une instruction aussi légère que le sont les charges, mais on confectionne pour le procès un dossier des plus lourds. Refusant le rôle qu'on leur a préparé dans la pièce destinée à tirer le clan présidentiel de l'affaire Khalifa, les deux frères Keramane se réfugient alors en Europe ; ils se défendent pendant le procès par des communiqués publiés, en dépit des pressions, par ce qui reste de presse indépendante en Algérie.

Un autre exemple du bon usage des scandales et de l'ampleur de la corruption qui sévit dans la riche Algérie est fourni par « l'affaire de la Sonatrach ». Soudain, le pays apprend que le ministre qui en a la charge a confisqué tous les pouvoirs et installé un clan à la tête de l'entreprise pour faciliter son emprise sur le secteur. Ce scandale est révélé à grand fracas par les soins du DRS à seule fin de discréditer le président et de faire pièce à un plan de succession dynastique. Au final, trois vice-présidents de la Sonatrach seront emprisonnés, le P-DG du groupe placé sous contrôle judiciaire et ses deux fils mis en prison. L'affaire illustre parfaitement le fonctionnement d'un exécutif algérien qui peut être qualifié de bicéphale : au bout du compte, on a donné aux Algériens le sentiment que leur justice fonctionne alors qu'elle n'a fait que se mettre au service des luttes au sommet de l'État qui se traduisent par des règlements de comptes alternés, les scandales n'étant révélés par l'un des clans que pour torpiller les projets de l'autre. L'origine de l'affaire est révélatrice. Le « scandale » a éclaté quand le président a fait savoir à Washington qu'il voulait présenter son frère Saïd à l'Administration américaine pour le préparer à lui succéder. À cette fin, il a fait jouer les relations de Chakib Khélil, ministre de l'Énergie et des Mines et détenteur d'un passeport américain, ainsi que celles de son ex-ministre de l'Intérieur, Yazid Zerhouni[1], qui fut ambassadeur à Washington et y garde des amitiés. À la fin de l'été 2009, Bouteflika organise donc dans le plus grand secret le voyage de son frère aux États-Unis. Mais les Services algériens ne soutiennent pas ce projet et ils font en sorte que les Américains ne donnent pas leur accord à une éventuelle candidature de Saïd. Alors, le bras de fer s'engage ; les dossiers de corruption accumulés sur le clan Bouteflika pendant des années sortent des tiroirs. Si Saïd laisse Washington indifférent, ce n'est pas le cas de Khélil, qui est apprécié aux États-Unis. Pour torpiller son éventuelle candidature et anéantir la stratégie successorale du président, le DRS se sert du dossier Sonatrach. Khélil devient « le chef des voleurs », ce qui lui barre l'accès aux fonctions de chef de gouvernement ou de chef de l'État.

---

1. Originaire de l'Ouest, Zerhouni fut un pilier du clan présidentiel.

Refusant d'abandonner la partie, et s'accrochant à son pouvoir, Bouteflika contre-attaque et cherche à mettre les Services au pas en accusant le chef du DRS d'avoir déclenché le scandale. Il met en place une commission d'enquête chargée de relancer les investigations concernant l'assassinat de l'ancien président Mohamed Boudiaf (juin 1992), et la mort suspecte du général Fadhil Saïdi (juin 1996) dans un accident de la route. Ce faisant, le président s'est retourné contre ceux qui l'ont fait roi ! Sa décision aura l'effet d'un coup d'épée dans l'eau, le DRS refusant de coopérer à l'enquête et d'ouvrir ses archives.

ARABIE : LES MILLIARDS DES « COMMISSIONS »

Force est de constater qu'aucun pays de la zone n'échappe au fléau de la corruption étatique. En Libye, nul projet ne pouvait voir le jour sans le « parrainage » de l'un des fils de Kadhafi qui étaient parfois eux-mêmes en compétition pour favoriser telle ou telle entreprise et toucher des commissions substantielles. Ce mode de fonctionnement était également valable en Égypte, où la longévité des ministres dépendait des « services » rendus. Ainsi, tel ministre accordait à son homologue des terrains du domaine public à un prix symbolique, qui pouvait atteindre jusqu'à 0,5 % du prix réel. Les bénéficiaires de ces largesses construisaient alors sur ces terrains bradés des complexes touristiques ou immobiliers qui leur rapportaient des milliards par la suite et ils ne manquaient pas d'offrir à leurs précieux bienfaiteurs, collègues ou protecteurs une part du butin.

Au Yémen, à chaque virement d'une compagnie pétrolière étrangère au Trésor public, le président Saleh envoie par fax le montant de la part à transférer sur son compte personnel, celle-ci atteignant jusqu'à 35 % du montant de l'opération. Pour se protéger de toute mise en cause dans l'éventualité où le régime viendrait à s'effondrer, la personne chargée des virements nous a confié qu'elle faisait des photocopies de ces instructions écrites et en déposait une « chez chacune de ses épouses ». L'Arabie saoudite voisine n'est pas en reste. La plupart des postes importants y sont détenus par les princes de la famille royale. La mise en cause de leurs pratiques a été balayée par une réplique du prince Bandar ben Sultan, fils du ministre de la Défense et prince héritier du royaume, lorsqu'il était ambassadeur à Washington : « Quoi de plus normal si la dynastie se réserve 20 % des recettes du pays au titre de commission ? » Il sera épinglé dans le cas du contrat du siècle, Al Yamamah, signé avec BEA Systems (plus de 2 milliards de dollars de commissions payés sur vingt-deux ans). Rien ne dit si le vieux roi Abdallah (88 ans) parviendra à imposer à ses demi-frères une règle inconnue à ce jour : soumettre les projets de leurs ministères à des appels d'offres pour les attribuer au moins-disant.

L'Irak connaît aujourd'hui un niveau de corruption beaucoup plus élevé que sous son défunt dictateur, lorsque les moyens financiers de l'État irakien étaient réduits par les guerres et l'embargo international. Depuis cette époque, la corruption s'est aggravée, et les institutions qui avaient pour mission de la réduire ont été totalement dépassées du fait des fonctions des corrompus, de leur nombre impressionnant et des menaces proférées contre la vie des enquêteurs chargés de ces dossiers plus que sensibles.

La Syrie des Assad n'est pas mieux lotie que son voisin irakien, puisque le pouvoir politique contrôle l'économie et attribue à ses proches tous les avantages et les passe-droits. Une nouvelle aristocratie financière alaouite peut désormais rivaliser ou pactiser avec l'aristocratie sunnite installée depuis des générations à Damas et dans les grandes villes. En outre, durant un quart de siècle, le régime a littéralement colonisé le Liban et pillé ses richesses, à l'instar de Rami Makhlouf, le cousin germain du président, son associé en affaires et le gestionnaire de sa fortune. Celui-ci a accumulé des milliards de dollars, en tant que propriétaire de Syriatel, le réseau de téléphonie mobile, des plus grands centres commerciaux de Syrie et des zones franches. Cet argent facile a un emploi : il profite à certains obligés du régime selon leur grade dans l'armée ou leur fonction dans le parti Baas ou le gouvernement.

Les dirigeants politiques libanais ont, en quelque sorte, encouragé cette pratique en faisant de la surenchère pour « acheter leur charge » auprès de Damas. Un tarif s'était alors imposé pour devenir député, ministre, magistrat, préfet, voire mufti. Dans les années 1970, les cadeaux d'usage que faisaient les dirigeants libanais à leurs homologues syriens, à l'occasion de leurs visites, étaient des fusils de chasse. L'arrivée du milliardaire Hariri sur la scène politique a brutalement changé la donne : il a construit le palais présidentiel d'Assad – partiellement avec l'argent du roi Fahd d'Arabie – et offert aux diri-geants des villas suréquipées de 2 000 à 5 000 m². Les

autres prétendants ne pouvaient pas suivre : ils se satis-
faisaient de voitures de grand luxe, de chèques substan-
tiels, ou de cinquante lingots d'or pour une famille de
collaborateurs voulant être de tous les gouvernements...
La «générosité» légendaire d'Hariri s'est exercée sous
d'autres cieux et auprès d'autres décideurs, mais... sans
aucune transparence.

LE « NATIONALISME ARABE »,
ALIBI DES DISCRIMINATIONS

Confiscation d'un pouvoir absolu par des dictateurs
à vie, transformation de républiques théoriques en
monarchies de fait, corruption pratiquée à des degrés à
peine croyables, justice aux ordres assurant l'impunité
aux criminels haut placés... les raisons de la colère populaire sont multiples, et il n'est pas étonnant qu'une jeunesse née et élevée dans ce climat étouffant ait fini par
se révolter contre une réalité insupportable. Pourtant, les
dirigeants en place avaient allumé un contre-feu pour
dissimuler leurs pratiques véreuses et leur clanisme institutionnel sous un habillage idéologique plus honorable.
Le rôle fut dévolu au nationalisme arabe dont, dans les
années 1950, les États du Moyen-Orient avaient adopté
la doctrine et les slogans, et dont Nasser en Égypte, puis
les dirigeants du Baas en Irak et en Syrie furent les
chantres les plus inconditionnels. Il offrait l'avantage de
proscrire l'expression de diversités culturelles et ethniques
susceptibles de nourrir une opposition. Or, dans les pays
arabes comme en Iran, la discrimination est une règle

non écrite mais omniprésente. Lorsqu'elle stigmatise des groupes structurés, elle peut s'avérer extrêmement dangereuse pour le pouvoir. Ainsi, au début des troubles au Yémen, nous avons constaté que les Yéménites du Sud, victimes d'une violente discrimination depuis l'annexion *de facto* par le Nord à l'issue d'une guerre acharnée en 1994, ont joué un rôle prépondérant dans la cohésion de l'opposition.

Encouragé par les pouvoirs en place, un nationalisme chauvin et étriqué a proscrit l'expression de toute diversité, tant culturelle qu'ethnique, qu'il s'agisse des Kurdes en Irak et en Syrie, des Berbères en Afrique du Nord (Libye, Algérie, Maroc) ou des chrétiens et animistes au Soudan, sans parler des habitants du Darfour... Les populations qui ont continué de revendiquer leur identité et leur particularisme, en contradiction avec la politique d'arabisation, ont été méthodiquement stigmatisées, voire persécutées. Ainsi, il aura fallu l'invasion de l'Irak (2003) pour que les Kurdes accèdent à l'égalité citoyenne et que l'un des leurs préside aux destinées du pays.

Le chemin à parcourir en Syrie semble être plus long encore puisque la première conférence de l'opposition syrienne, réunie fin mai 2011 à Antalya, en Turquie, a donné lieu à des débats houleux sur la reconnaissance de l'égalité de droits des ethnies et communautés religieuses.

La discrimination qui prévaut à Bahreïn est peut-être la plus spectaculaire de toutes. En effet, la majorité chiite – soit près de 70 % de la population – s'y trouve écartée des hautes fonctions de l'administration, particulièrement dans l'armée et les forces de l'ordre, la magistrature et la diplomatie. Cet état de fait est aggravé par une naturalisation massive de sunnites d'origine étrangère, destinée à compenser ce déséquilibre confessionnel et pourvoir les postes stratégiques. C'est cette discrimination qui est à l'origine des manifestations de Manama. Le roi Hamad a fait un discours qui s'apparente à un mea culpa, en recevant une délégation de citoyens à la veille des élections législatives de septembre 2011 : « Nous avons tiré les leçons des expériences vécues, et l'homme juste ne répète pas ses erreurs. » La monarchie des Khalifa, installée depuis la fin du XVIIᵉ siècle, estime que ses citoyens chiites cherchent à instaurer une république islamique sur le modèle du wilayet el-Faghih iranien[1] et en s'inspirant des précédents chiites en Irak et au Liban qui, bien que défaits dans les urnes, ont manœuvré pour exercer le pouvoir. En effet, la formation du Premier ministre irakien Maliki est arrivée en deuxième position dans les élections de mars 2010, derrière le mouvement Irakiya du laïc Iyad Allaoui. Mais les ingérences de l'Iran et son influence sur ses alliés irakiens ont empêché le parti majoritaire de former une coalition gouvernementale. Le même phénomène s'est produit au Liban, quand la majorité issue des urnes de 2010 a été dépouillée de son succès électoral par les manœuvres du Hezbollah, appuyé par ses alliés régionaux, pour inverser le résultat des urnes et renverser le gouvernement de Saad Hariri.

Les risques de propagation de l'agitation chiite du Bahreïn à l'Arabie voisine sont grands, car les chiites

---

1. Concept introduit par l'Ayatollah Khomeiny en 1979 et qui fait du guide de la Révolution le représentant du Prophète sur terre, en lui octroyant tous les pouvoirs, tant civils que religieux.

saoudiens sont eux aussi discriminés non seulement par un pouvoir politique qui les laisse à l'écart de la haute fonction publique et sécuritaire, mais aussi par une caste de muftis wahhabites qui voient en eux des « hérétiques », désignés sous l'appellation de « secte égarée » *(fia'a da'alla)*, et donc des citoyens de troisième zone qu'ils appellent régulièrement à se convertir au « bon islam ». Les tentatives de rapprochement des deux communautés entreprises par le roi Abdallah n'ont jamais pu porter leurs fruits en raison du raidissement wahhabite, soutenu en sous-main par une partie de la famille royale.

Devenu l'alibi idéologique de la dictature, le « nationalisme arabe » a dégénéré en un populisme qu'expriment les slogans de soutien aux dirigeants entonnés par leurs sujets de façon automatique, au mépris de tout esprit critique et de toute dignité. Une illustration de ce chauvinisme exacerbé a été récemment fournie à la conférence d'Antalya. Les hommes envoyés par Assad pour manifester leur soutien au président ont déployé ses portraits et les ont utilisés comme tapis de prière en lançant : « Président Assad : nous adorons le sol que vous foulez ! » Cette soumission autoproclamée est à l'opposé de l'aspiration à la liberté et à la dignité qui motive la jeunesse syrienne, dont chaque représentant prend des risques majeurs pour sa vie dans la rue en manifestant contre la dictature.

Toutefois, le réflexe national-populiste exploité par les divers régimes a perdu de son efficacité. On l'a vu en Syrie lorsque, voulant faire diversion pour détourner l'attention de la crise intérieure qui ravage son régime, Assad a poussé les Palestiniens à franchir la ligne de cessez-le-feu sur le Golan, tout en sachant pertinemment qu'Israël allait répliquer par les armes. Plusieurs victimes sont donc tombées le 15 mai 2011, mais il a récidivé en ordonnant à son agent palestinien Ahmed Jibril, le chef du FPLP-QG, d'envoyer se faire tuer une autre fournée de Palestiniens au prétexte de commémorer la guerre des Six Jours : cette fois, vingt-trois d'entre eux ont été fauchés par les balles israéliennes. Mais lors des obsèques de ces victimes, leurs parents, ayant appris que le massacre avait été programmé par Assad et Jibril, ont attaqué le siège de ce dernier au camp de Yarmouk à proximité de Damas. La riposte des gardes a fait, de nouveau, quatorze morts, le 6 juin 2011, avant que le siège soit pris d'assaut et incendié. La vieille recette de l'appel au nationalisme a en effet perdu de son efficacité grâce au profond changement des mentalités qui accompagne le tsunami arabe : les citoyens ne se perçoivent plus comme de la chair à canon bonne à servir la propagande des tyrans.

Après avoir vécu, depuis les indépendances, sous la bannière de régimes nationalistes ou islamistes totalitaires[1], la plupart des peuples arabes aspirent aujourd'hui à la modernité, aux valeurs universelles et à un individualisme n'excluant pas la solidarité. Le souhait de liberté individuelle et de bien-être économique rompt avec le sacrifice exigé des individus au nom d'une « cause » qui leur serait supérieure. La Palestine restera présente dans leurs préoccupations, mais elle cessera de servir d'alibi au maintien au pouvoir des dictateurs et à leur obscurantisme.

---

1. Le politologue libanais Monah Solh répète souvent que les élites sont nationalistes et que les peuples ont la fibre islamique.

LA FAILLITE DE LA LIGUE ARABE

Le tsunami arabe a balayé un paysage diplomatique d'ores et déjà ravagé. Le nationalisme et l'islamisme possédaient dans la Ligue des États arabes, créée en 1945, bien avant l'indépendance de certains États, une demeure commune. Ils s'y réunissaient pour débattre et s'entendre, mais aussi et surtout pour s'invectiver. La Ligue ne jouait plus son rôle théorique : représenter les aspirations des peuples, souvent contradictoires, et conduire une action commune. La maison commune, qui chancelait depuis longtemps, avait été plus qu'ébranlée par le séisme de l'audacieuse visite de Sadate à Jérusalem (1977), suivie de la signature des accords de Camp David (1979) et le transfert du siège historique de la Ligue du Caire vers Tunis. Une décennie plus tard, le monde arabe s'est à nouveau divisé autour de l'invasion du Koweït par Saddam Hussein : la Ligue est devenue une chambre d'enregistrement des querelles interarabes.

Les mécomptes de la Ligue ne font que refléter un phénomène plus général : les relations entre les États arabes depuis les indépendances apparaissent comme un gigantesque fiasco. Les multiples tentatives de fusion et d'association avortées ont consolidé les glaciations locales. Que dire par exemple de l'Union du Maghreb arabe (UMA), qui a vu le jour à Marrakech en 1989 autour des cinq États arabes d'Afrique du Nord – la Libye, la Tunisie, l'Algérie, le Maroc et la Mauritanie ?

L'UMA est entrée dans le coma, dès 1994, à la suite de l'attentat commis à l'hôtel Atlas Asni de Marrakech,

dans lequel Rabat avait impliqué Alger puis pris la
décision de restreindre les déplacements entre les deux
pays en fermant les frontières. Aujourd'hui, le Maroc
se mord les doigts d'avoir pris cette décision injustifiée
qui le pénalise énormément sur les plans économique
et financier. La discorde a été si intense entre Alger
et Rabat qu'elle bloque encore toute coopération
régionale et maintient les frontières fermées entre ces
deux pays. Un Algérien peut rentrer au Maroc avec
un passeport européen, alors qu'il ne peut s'y rendre
avec son passeport algérien qu'après l'obtention d'un
visa !

L'un des derniers grands épisodes des discordes arabes
s'est joué entre le colonel Kadhafi et le prince héritier
d'Arabie, quand un islamiste yéménite naturalisé américain, Abderrahmane al-Amoudi, a été arrêté aux États-
Unis à son retour de Londres. Les Britanniques l'avaient
appréhendé en possession de 350 000 £ ramenées de
Libye où il venait de se rendre[1]. Les autorités américaines
l'ont arrêté pour avoir enfreint les lois interdisant à un
citoyen américain de voyager en Libye. Al-Amoudi est
également connu pour avoir voulu financer la campagne
sénatoriale d'Hillary Clinton en 2002. Mais un spot
publicitaire de son opposant Rick Lazio le montrant lors

---

1. Fondateur de plusieurs organisations musulmanes américaines,
Al-Amoudi a été reçu plusieurs fois à la Maison-Blanche et a préparé
plusieurs programmes militaires pour le Pentagone destinés aux
musulmans résidant aux États-Unis, dont le American Islamic
Armed Forces et le Conseil des anciens combattants musulmans.
Sa maison à Virginia a été perquisitionnée en mars 2002 après les
attentats du 11-Septembre.

d'une manifestation devant la Maison-Blanche en train de scander « Tous pour le Hamas et le Hezbollah ! » a fait reculer Hillary, qui lui a renvoyé aimablement sa contribution. Il aurait en vain tenté de financer la campagne présidentielle de George Bush. Les Libyens l'ont financé via la « société du fonds islamique pour le djihad », créée par Kadhafi pour « soutenir la lutte des Palestiniens contre Israël ». Il a également reçu des dons de la Fondation libyenne Al-Da'wa. Au cours de son interrogatoire, il a avoué un complot ourdi par les Libyens pour assassiner le prince héritier saoudien Abdallah. Celui-ci avait insulté Kadhafi, en direct sur les chaînes de télévision arabes, lors du sommet de Charm el-Cheikh en mars 2003. Vindicatifs, les Libyens avaient demandé à Al-Amoudi de recruter des dissidents saoudiens afin d'attaquer le convoi d'Abdallah à La Mecque, contre 2 millions de dollars.

Un mois après l'arrestation d'Amoudi, les autorités saoudiennes ont révélé la capture de Mohammad Ismaïl, un colonel de l'Organisation de sécurité de la Jamahyria (OSJ), alors qu'il s'apprêtait à financer le commando saoudien chargé de l'assassinat[1]. En 2005, à l'occasion de son accession au trône, le roi Abdallah a gracié les

---

1. Fils d'un major de l'armée royale, muté dans le corps diplomatique par Kadhafi après son coup d'État, Mohammad Ismaïl a connu Saïf al-Islam et Mohammad al-Kadhafi à l'université Al-Fatih, où, comme ce dernier, il suivait des études d'ingénierie nucléaire. Mais c'est de Saïf al-Islam qu'il va se rapprocher et dont il va devenir un collaborateur au sein de la Fondation Kadhafi. Il a ainsi participé à la libération des otages allemands aux Philippines en tant que porte-parole de la Fondation, puis il a dirigé les négo-

deux officiers de l'OSJ, Mohammad Ismaïl et Abdelfattah al-Ghosh, ainsi que trois agents arrêtés à l'automne 2003[1]. L'initiative d'Abdallah a été précédée par un geste de Kadhafi, qui a profité du décès du roi Fahd (1er août 2005) pour faire part de son souhait de participer aux obsèques. Les Saud en ont pris acte tout en demandant au Guide de ne pas venir personnellement et de se faire représenter. Il a envoyé son cousin, Ahmad Kadhafeddam, l'homme qui allait faire défection au printemps 2011.

L'existence et la gravité des désaccords interarabes ont cessé d'être ignorées des opinions publiques à partir du milieu des années 1990 en raison de la multiplication des chaînes satellitaires. Assistant en direct aux séances de la Ligue et voyant leurs dirigeants à la tribune, les spectateurs arabes ont pu constater *de visu* la médiocrité des échanges et la fréquence des invectives. Il leur est apparu que la Ligue arabe était devenue l'incarnation de l'échec de leurs nations. Elle fermait les yeux sur les violations des droits de l'homme dans les pays membres et sur les discriminations des minorités en cultivant un chauvinisme insupportable, que ce soit à l'égard des Kurdes

---

ciations avec les Américains et les Pakistanais pour le rapatriement des « Afghans libyens » capturés après la chute du régime des talibans. Il était le porte-parole de la Fondation en Afghanistan et au Pakistan. Selon l'accusation saoudienne, Mohammad Ismaïl ne se sert des causes humanitaires et caritatives que pour pouvoir mener des activités secrètes pour le compte de l'OSJ.

1. Ghosh a été arrêté à La Mecque début novembre 2003, et Ismaïl a été livré par l'Égypte quelques jours plus tard – il s'était enfui après l'arrestation de Ghosh.

d'Irak, des Berbères d'Afrique du Nord ou des minorités religieuses. Surtout, aucun pays n'assumait la responsabilité de la stratégie commune, tout en imputant les échecs à la Ligue arabe. À l'instar d'une ONU impuissante, cette organisation ne pouvait nullement agir à bon escient, mais dispensait chaque État d'un véritable effort intérieur. La nature inefficace et inadaptée de la Ligue arabe fait qu'au moment où les six monarchies du Golfe accueillent près de trois millions d'Égyptiens et plus de dix millions de travailleurs asiatiques, traités en esclaves et encadrés par des Occidentaux, le chômage sévit dans les pays arabes du Maghreb, poussant les jeunes à devenir des « hittistes[1] » ou à émigrer légalement ou clandestinement en Occident.

L'absence d'une conscience de solidarité et de proximité entre les deux ailes orientale et maghrébine du monde arabe, tout comme les disparités culturelles entre ces deux branches – l'une anglophone et centrée sur sa culture traditionnelle, l'autre francophone et tournée davantage vers l'Europe – font que l'arabité reste un slogan creux, sentimental et vaguement identitaire. Hormis la langue, et très souvent la religion, le « monde arabe » ou la « nation arabe » demeurent des concepts sans beaucoup de contenu. On ne s'étonnera pas, dans ces conditions, que la coopération économique soit restée embryonnaire. Les dirigeants, les États et leurs ressortissants fortunés fuient leurs propres pays et cherchent à investir en Occident ou en Asie. Plus de 1 500 milliards

---

1. Des oisifs, qui passent leurs journées adossés aux murs, *Haït* en arabe.

de dollars sont ainsi placés à l'étranger par les ressortissants arabes, preuve d'une confiance très limitée dans leurs propres gouvernements...

LA VICTOIRE D'INTERNET ET DES SMARTPHONES

Au lendemain de leurs indépendances et de leurs défaites successives face à Israël, les dirigeants arabes s'étaient fixé pour objectif de laver leur honneur bafoué, de retrouver leurs droits et de soutenir les Palestiniens dans leur quête d'un État indépendant. Ils ont cru ou feint de croire que des régimes autoritaires permettraient d'arriver à leurs fins. Quand les échecs à répétition eurent dévoilé la supercherie consistant à échanger l'absence de démocratie contre la mobilisation au service d'une « cause sacrée », les États arabes ont eu la chance – en l'occurrence fâcheuse ! – de refonder leur légitimité sur le rôle utile à l'Occident qu'ils pouvaient remplir comme remparts contre l'islamisme terroriste. Après les attentats qui avaient ravagé l'Égypte, puis la guerre civile qui avait frappé l'Algérie dans les années 1990, l'attentat du 11 septembre 2001 a paru les conforter dans ce rôle. Enhardis, ils y ont vu l'occasion de réprimer encore davantage leur opposition au nom de la lutte contre l'islamisme armé et son exportation. Mais, obnubilés par ces périls, ils n'ont pas vu la « menace numérique » dont était porteuse la génération montante, celle des jeunes des classes moyennes et supérieures urbanisées qui ne supportaient plus la soumission de leurs parents aux dictatures en place.

Cette génération, empêchée de descendre dans la rue par les lois d'urgence, était éduquée et disposait des moyens modernes de communication. Avec leur aide, elle a su se regrouper et constituer des réseaux largement soustraits à la surveillance des pouvoirs grâce à Internet et aux smartphones, qui ont fait merveille lors des révoltes arabes. C'est elle qui a inspiré et conduit les changements de régime, même s'il n'est pas dit – on y reviendra – que cette jeunesse libérale puisse garder son leadership.

En février 1982, le président Hafez el-Assad, le père de Bachar, avait écrasé la révolte de la ville de Hama, faisant 30 000 morts et 12 000 disparus en cinq jours. Presque trente ans plus tard, nous ne disposons pas d'une seule photo ou image de ce massacre. Aujourd'hui, les Syriens osent encore sortir dans la rue munis de leurs téléphones portables, de leurs caméscopes et, grâce à Internet et au numérique, ils ont placé sur orbite internationale les violences répétées du régime. Que pèsent, face à cet étalage universel de sa barbarie, les fanfaronnades d'un Bachar el-Assad félicitant son armée de « résister aux plans agressifs qui nous visent » alors que les images des meurtriers et des victimes sont sur Facebook et Twitter ? Si j'ose emprunter cette formule, le clic a eu raison du flic ! Aujourd'hui, 80 % des jeunes Arabes utilisent Internet et 60 % parmi eux font partie d'un réseau social[1]. L'armée égyptienne, qui assure la transition politique au Caire, n'a d'ailleurs pas tardé à

---

1. Selon une étude d'*Arab Youth Survey*, Asda'a Burson-Marsteller, mars 2011 ; *Voices of Young Arabs*, novembre 2010.

ouvrir «sa» page Facebook après la «révolution» du 25 janvier.

LE SOUTIEN AMÉRICAIN À LA «BONNE GOUVERNANCE»

Il ne faut pas sous-estimer de ce point de vue «l'effet Wikileaks». En découvrant les dépêches jusque-là secrètes qu'il révélait, les opprimés ont compris que les diplomates américains en poste chez eux, donc Washington, ne soutenaient pas, quand ils croyaient que nul n'était à l'écoute, les régimes dont ils subissaient les exactions. En cas de révolte, il apparaissait clairement que les États-Unis n'en seraient pas solidaires. Wikileaks démontait la fiction entretenue par les dirigeants arabes depuis trente ans et modifiait également le rapport de force intérieur en montrant que le sentiment des opprimés était corroboré par des sources diplomatiques fiables. C'était une indication précieuse dans des pays où le regard de l'étranger, surtout s'il est occidental, a une valeur que continue à nourrir – qu'on le veuille ou non – un reste de ce complexe d'infériorité à l'égard des puissances occidentales souvent masqué par des postures de fierté nationale. Ce que Wikileaks révélait accentuait la colère et réveillait les courages en faisant paraître rois et présidents comme nus sous le regard sans complaisance des diplomates américains. Ainsi informé, Washington se montrerait au moins «bienveillant» à l'égard de la contestation. Ce discret soutien était en effet d'ores et déjà à l'œuvre : les dépêches émanant de l'ambassade américaine du Caire révèlent la participation de plusieurs activistes égyptiens au sommet de « l'Alliance des mouvements de la jeunesse », réuni à New York en avril 2008. Les jeunes Arabes y ont alors rencontré des hommes politiques américains et assisté à plusieurs formations sur les réseaux sociaux et les technologies portables. Les entreprises Facebook, Google, MTV, ainsi que le Département d'État figuraient parmi les sponsors. En sens inverse, le plaidoyer américain pour la démocratie a été lourdement handicapé par les scandales du pénitencier de Guantanamo et de la prison d'Abu Ghraib en Irak. La révélation de ces sévices discréditait les appels à la démocratie et au respect des droits de l'homme. Simultanément, la « résistance » des États arabes[1] et les succès électoraux des islamistes lors de chaque scrutin organisé dans les pays de la région, au milieu de la décennie écoulée, freinaient l'enthousiasme réformateur de l'Occident. Il donna la priorité à la stabilité que promettaient les régimes autoritaires en place,

---

1. Après beaucoup de difficultés, le sommet arabe consacré aux réformes a fini par se tenir à Tunis, en mai 2004, précédé par l'adoption du « Document d'Alexandrie ». Il s'agissait d'un plan de démocratisation et de développement, passé presque inaperçu dans les capitales arabes. Les susceptibilités interarabes et le peu d'empressement des dirigeants à réformer ont débouché sur un plan tenant compte des « spécificités culturelles » arabes. Pour ce type de « cause », les dirigeants arabes sont capables de surmonter leurs désaccords. À partir de la fin 2004 et la confirmation de l'enlisement américain sur les différents théâtres militaires, les régimes ont très vite retrouvé leur pugnacité tout en faisant davantage attention au « marketing politique » pour vendre le même contenu avec un emballage plus attrayant.

au détriment de l'issue incertaine, voire aventureuse d'éventuelles réformes. Néanmoins, plusieurs programmes américains furent mis en place pour introduire la démocratie « par le bas » à l'intérieur des sociétés arabes. Selon un câble révélé par Wikileaks, le montant des subventions allouées à la promotion de la démocratie en Égypte était de 54,8 millions de dollars en 2008 et de 20 millions en 2009. Selon un rapport du *think thank* « Project on Middle East Democracy », les sommes allouées sont vouées à diminuer tendanciellement. La plupart des programmes ont été menés par l'International Republican Institute (IRI) et le National Democratic Institute, organisations liées aux deux partis politiques américains, ainsi que par l'International Foundation for Electoral Systems (IFES) et la Freedom House. Outre le financement de ces instituts, une quarantaine d'ONG égyptiennes a également fait l'objet de subventions directes via l'United States Agency for International Development (USAID). Cependant, la décision prise en 2009 de soutenir uniquement les ONG reconnues officiellement par le gouvernement égyptien a fortement restreint les possibilités d'aide.

Le Caire a toujours cherché à contrôler ces activités américaines de promotion de la démocratie. Selon les câbles de Wikileaks, Hosni Moubarak se disait très irrité par la présence des groupes « pro-démocratie » et les tentatives d'ingérence du gouvernement américain. Les autorités égyptiennes avaient décidé d'agir en restreignant les activités des organisations américaines. Des hôtels où devaient se dérouler les sessions de formation ont été fermés, les membres des organisations ont été suivis et les activistes locaux intimidés, voire emprisonnés.

Ils étaient accusés de trahison et/ou d'être des agents recrutés par le renseignement américain.

La situation est comparable au Yémen, où les programmes de promotion de la démocratie et de « bonne gouvernance », Community Livelihoods Project et le Responsive Governance Project, financés à hauteur de 11 millions de dollars pour 2010 et 10 millions pour 2011, restent sous le contrôle sourcilleux des autorités yéménites. Néanmoins, l'une des jeunes activistes les plus influentes au Yémen, Entissar Qadhi, a pu assister à une session de formation. Elle y a notamment appris les techniques d'organisation des manifestations pacifiques et autres actions non violentes. La politique américaine à l'étranger s'avère toutefois contradictoire, au Yémen comme ailleurs, lorsque les programmes d'assistance militaire financent des forces destinées, en principe, à la lutte antiterroriste et utilisées, en fait, pour réprimer les activistes de la démocratie soutenus par Washington.

En Jordanie, l'assistance américaine n'a cessé d'augmenter jusqu'en 2010. Toutefois, à l'heure où le royaume est appelé à entreprendre de nombreuses réformes, les allocations aux programmes de promotion de la démocratie ont chuté de 26 % (de 22 millions de dollars en 2010 à 16,3 millions prévus pour 2011). Compte tenu de la manière dont ministres et fonctionnaires respectent les droits de l'homme, des critiques se sont d'ailleurs élevées contre le soutien, généralement appuyé, du Congrès américain au roi Abdallah. Le constat vaut également pour le Maroc. Malgré des rapports faisant état du peu de progrès concernant les droits de l'homme et la démocratie, le royaume chérifien jouit d'une assistance de 697,5 millions de dollars sur cinq ans depuis son adhésion, en 2007, au Millenium Challenge Compact (MCC). Le budget consacré à la promotion de la démocratie a plus que doublé, passant de 4,5 millions de dollars en 2008 à 10,6 millions pour 2011. D'où la réaction mitigée de Washington au lendemain des révolutions arabes et des manifestations régulières dans le royaume jusqu'à l'été 2011.

La cause de la démocratie mobilise plus les États-Unis en Iran que dans les « pays amis », où ils la prônent avec une modération toute diplomatique. Washington finance de nombreuses organisations iraniennes[1], notamment à travers le National Endowment for Democracy (NED), une association privée créée en 1983 mais financée presque entièrement par le Congrès (115 millions de dollars pour 2009 et 2010, 105 millions requis pour 2011). De 2005 à 2007, le NED a alloué de maigres ressources à la Abdorrahman Boroumand Foundation (ABF) et, de 2002 à 2006, au National Iranian American Council (NIAC), des groupes d'opposition au régime des mollahs. En revanche, l'USAID a reçu en 2006, sous l'administration Bush, 66 millions de dollars du Congrès pour « promouvoir la démocratie, l'État de droit et la liberté d'expression ».

---

1. American Center for International Labor Solidarity, Civic Education and Human Rights, International Republican Institute, Institute of World Affairs, Iran Teachers Association, Foundation for Democracy in Iran, National Iranian American Council, Women's Learning Partnership, Abdorrahman Boroumand Foundation, Center for the International Private Enterprise, Vital Voices Global Partnership.

Malgré la volonté affichée par Obama au début de son mandat de ne pas interférer dans les affaires internes iraniennes, 20 millions de dollars ont été octroyés, en 2009, à des dissidents iraniens. Selon Wikileaks, le Département d'État aurait exporté en Iran des technologies média et software, pourtant sous le coup des sanctions, afin d'aider à la création de sites Internet subversifs. Les agissements de la NEC s'apparentent parfois aux actions de couverture de la CIA. Nous présumons que Washington ne révèle pas la totalité de ses financements, dont une grande partie est confiée aux agences de renseignements impliquées en Iran et implantées dans les pays voisins. Une antenne très fournie, dédiée à l'Iran, a été installée à Dubai, émirat qui constitue le poumon économique de l'Iran et qui héberge d'importants investissements de la mollarchie. En Syrie, le Département d'État aurait financé secrètement des groupes d'opposition et des projets en faveur de la démocratie, tels que la création de la chaîne satellitaire Barada TV lancée depuis Londres en avril 2009 et affiliée au Mouvement pour la Justice et le Développement. Ce dernier aurait été financé à hauteur de 6 millions de dollars depuis 2006, selon un câble révélé par Wikileaks.

Un « bras de fer avec l'Arabie »

Le tsunami arabe a réveillé les consciences des Occidentaux, qui ne croyaient plus à un changement de régime dans cette région. La situation est donc largement favorable à une forte politique américaine de promotion de la démocratie. Bien loin de la vision « bushiste » de l'imposition des urnes par les armes, Barack Obama, dans son discours du 19 mai 2011, a évoqué un « changement d'approche » vis-à-vis du monde arabe, c'est-à-dire la fin des concessions aux dictateurs et du soutien aux régimes autoritaires. Il souhaite instaurer un nouveau « plan Marshall » de plusieurs milliards de dollars afin d'assurer des transitions démocratiques sereines. Washington évoque un plan initialement destiné à l'Égypte et à la Tunisie, qui pourra être élargi pour encourager les autres États de la zone à emboîter le pas des réformes démocratiques. Associé à la Banque européenne pour la reconstruction et le développement (BERD), la Banque mondiale, le Fonds monétaire international (FMI) et la Banque africaine de développement (BAD), le plan offrirait notamment des garanties de prêts et procèderait à des rachats de dettes. Cette démarche a été confirmée lors du sommet du G8 réuni à Deauville fin mai 2011.

Les intentions affichées par le président américain cachent mal son désaccord latent avec l'un de ses plus proches alliés dans la région, l'Arabie saoudite. Un séminaire organisé à Rome par le Collège de défense de l'OTAN, les 16 et 17 juin 2011, conclut ainsi : « Cette crise a incité les États-Unis à définir une nouvelle posture vis-à-vis de la région, qui les contraint à un bras de fer politique avec l'Arabie. » Il est vrai que le roi Abdallah était intervenu auprès d'Obama pour l'inciter à soutenir le premier pilier de l'influence américaine dans la région, Hosni Moubarak. On imagine sa surprise quand il a vu le cas que faisait Obama de ce conseil. Aussi, quand il a envoyé ses troupes à Bahreïn pour rétablir l'ordre et soutenir la monarchie voisine et cousine, il l'a fait sans concertation avec les États-Unis, alors que Washington ne soutenait pas cette démarche. Désormais, Riyad ne prend plus de gants pour s'opposer de façon ouverte à Washington et le sommer de choisir son camp. Chacun sait que les Saoudiens ont horreur de tout ce qui peut s'apparenter à une réforme politique, tandis que les Américains poussent leurs alliés à se réformer par étapes pour éviter que des crises majeures ne les submergent.

Si celles-ci surviennent, Washington ne s'interdit d'ailleurs pas de traiter avec l'ensemble des acteurs en présence, à commencer par les opposants.

Les États-Unis ne sont restés en arrière dans la campagne de l'OTAN en Libye que parce qu'ils veulent se consacrer à leur priorité régionale, qui concerne la région du Golfe. En effet, quand le pétrole libyen a disparu du marché, le prix du baril a augmenté sensiblement, bien que l'apport libyen soit modeste par rapport à celui de Riyad. Mais au cas où l'Arabie devrait affronter les mêmes problèmes, quel autre producteur serait susceptible de prendre sa relève ? Évidemment aucun. D'autant que, dans le Golfe, il n'est pas aisé d'intervenir à proximité des gisements majeurs de pétrole, du détroit d'Ormuz, et surtout de l'Iran, au moment où le conflit en Irak n'est pas totalement clos.

Parti de Tunis, le vent de tempête de la liberté et de la dignité a aussitôt soufflé sur Le Caire. Dès la chute de Moubarak, le royaume du Bahreïn et le Yémen se sont à leur tour soulevés contre le règne absolu de la dynastie Khalifa et la pseudo-monarchie installée à Sanaa trente-trois ans plus tôt par le président Ali Abdallah Saleh et sa parentèle. Dans la foulée, la Libye, étouffée par les quarante-deux années de délire hystérique du « Guide » et de sa tribu, a lancé la contestation. Quatre semaines plus tard, c'est la ville de Deraa qui a réveillé la Syrie, secouant le joug de la dictature héréditaire de la minorité alaouite des Assad. L'étincelle tunisienne a mis le feu à des poudrières arabes prêtes à s'embraser depuis longtemps, mais les régimes ne pouvaient pas combattre l'incendie de la même façon. Le style de leur riposte dépendait avant tout du rapport qu'ils entretenaient avec leur appareil répressif. S'il n'était pas suffisamment étroit, grâce surtout à des solidarités familiales, il pouvait en effet leur faire défaut au moment critique. Il convient donc d'examiner pays par pays la façon dont les peuples ont affronté leurs régimes et dont ceux-ci, avec des fortunes diverses, ont mené leur contre-offensive

II
SIX PEUPLES EN QUÊTE D'AVENIR

Tunisie

LES PIONNIERS DE LA LIBERTÉ

Foyer initial du séisme, patrie des pionniers de la liberté, terre natale de l'espoir arabe, la Tunisie nouvelle a deux figures de proue. La première est celle de Mohamed Bouazizi, qui s'immola par le feu comme Jan Palach lors du « printemps de Prague » en 1968 pour protester contre un ordre intolérable. La seconde, moins dramatique, est Ahmed al-Hafanaoui, qui, dans une artère de Tunis, au lendemain de la fuite du dictateur, cria dans une explosion de joie et d'émotion : « Nous avons vieilli dans l'attente de ce jour historique ! », en montrant aux passants ses cheveux blanchis avant l'âge. Al Jazeera a transformé la scène en un spot qui a fait de son héros une célébrité panarabe. Le jeune homme aux cheveux blancs n'était pas le seul surpris par le succès du mouvement. La déferlante qui a mis le dictateur en fuite en a surpris plus d'un, à commencer par les principaux acteurs du tsunami. L'opposant de toujours, le juriste

Yadh ben Achour, actuel président de la « Haute instance pour la réalisation des objectifs de la révolution, de la réforme politique et de la transition démocratique », s'attendait si peu à l'événement qu'il avait prévu de marier sa fille le vendredi 14 janvier, jour de la fuite de Ben Ali !

Mohamed Bouazizi n'était pas le premier à crier son désespoir face à l'arbitraire du régime, mais son geste l'a transformé en icône de cette jeunesse condamnée à l'absence de perspectives d'avenir[1]. Des contestations sociales violentes avaient déjà affecté la Tunisie en 2008, dans le bassin minier de Gafsa, mais c'est dans la province voisine de Sidi Bouzid, économiquement délaissée par l'État, que le désespoir de ce jeune chômeur, vendeur ambulant humilié par la police locale, a suscité la colère de milliers de personnes qui se sont identifiées à lui.

Comme un faible bruit déclenche une avalanche, un humble vendeur ambulant a déchaîné les forces qui sommeillaient au cœur de la douleur et de la frustration d'un peuple. En vain, le président s'est efforcé de calmer la contestation en promettant des aides à la famille du jeune homme, auquel il a rendu visite à l'hôpital, une semaine avant sa mort. Les manifestations qui ont suivi cet acte de désespoir ont surpris par leur ampleur. Car elles ont rapidement embrasé le pays, jusqu'à atteindre Tunis le 27 décembre.

---

1. Les moins de 25 ans représentent 40 % de la population, qui compte officiellement 14 % de chômeurs. Dans la province de Sidi Bouzid, on en recenserait plus d'un tiers – dont une grande proportion de diplômés.

Après avoir épuisé les ressources de la police, la plus nombreuse au monde par tête d'habitants, Ben Ali se devait d'appeler l'armée en renfort, en dépit de ses maigres effectifs (35 000 hommes). Cet enfant pauvre du régime, resté à l'abri de la répression et qui bénéficiait d'une image intacte auprès de la population, a désobéi à l'ordre de bombarder le quartier Zouhour (« fleurs ») de Gasrine. Le général Rachid Ammar, chef de l'armée de terre, a fini par convaincre Ben Ali de « dégager », comme l'exigeaient les calicots brandis dans la rue, vingt-huit jours après le début du tsunami. Puis, l'armée a pris position dans les centres névralgiques du pouvoir tandis que la police désertait les rues. La réputation de chacune de ces forces est illustrée par un fait : au siège du ministère de l'Intérieur, les policiers de garde ont été sauvés du lynchage par la protection symbolique des militaires !

LA FIN D'UN POUVOIR DÉTESTÉ

À la surprise générale, au début de 2011, les Tunisiens, à qui l'on attribuait une « soumission » à leur dictateur, se sont réveillés d'un long sommeil et ont mis à bas de façon fulgurante un régime qui a longtemps fait figure de parangon de tranquillité et de stabilité dans la région. L'enthousiasme et la fierté d'un peuple renversant son dictateur en appelant à la démocratie ont provoqué deux réactions contradictoires : l'envie de les imiter chez les peuples arabes, et la rage des régimes arabes. Seuls le Qatar, le Koweït et les Émirats arabes unis ont adressé des messages de félicitations aux dirigeants de la Tunisie nouvelle. Hélas, quand le Premier ministre tunisien a visité ces monarchies en juillet, elles ne lui ont pas offert la moindre aide financière. L'Arabie, qui héberge le dictateur déchu, a refusé de recevoir Essebsi et, six mois après la chute de Ben Ali, les autres dirigeants n'ont pas répondu aux télégrammes de courtoisie échangés traditionnellement entre les chefs d'État ou de gouvernement. L'Arabie dépêchera son ministre des Affaires étrangères à Tunis neuf mois après le séisme. Rappel utile d'une évidence : ce qui attend les Tunisiens ne sera pas facile.

En effet, bien que détestés et discrédités, les cadres de la police de Ben Ali sont encore très présents, car il n'y a pas eu de « purge ». Les barons de l'ancien régime sont solidaires, notamment avec ceux du RCD dont les réseaux restent efficaces. L'un des piliers du parti dissous, Mohamed Pharès, a été nommé ministre de l'Équipement le 10 juillet, alors qu'il avait exercé ses talents répressifs en 2010 et causé l'emprisonnement d'un blogueur, Wissam el-Tastouri, pendant quatre mois. Les hommes de Ben Ali ont eu plus d'un mois pour détruire les archives compromettantes. Le commissaire Lasmar Trabelsi (à ne pas confondre avec la belle-famille), chef de la Brigade criminelle de Tunis, qui fut chargé des basses œuvres du régime, a été retrouvé « suicidé » dans son bureau des hauteurs de Tunis, le 26 février. Mais son corps a révélé des traces de coups et de menottes. Il a été enterré dans la précipitation. Le 31 janvier, le ministère de l'Intérieur a été pris d'assaut par plus de deux mille de ses fonctionnaires, dont les représentants ont agressé et menacé le ministre, Farhat Rajhi, ainsi que le général Rachid Ammar, chef de l'armée en visite au

ministère. Le 1ᵉʳ février, Rajhi a qualifié cette manifestation de « complot contre le gouvernement, menée par
une horde d'ivrognes et de drogués ». Il serait plus juste
de dire que les fonctionnaires en cause n'ont rien perdu
de leur arrogance et de leur certitude de bénéficier de
l'impunité. D'ailleurs, beaucoup d'observateurs s'interro-
gent encore sur l'organigramme de ce ministère qui n'est
jamais publié dans le *Journal officiel*.

Le jour se lève sur la liberté retrouvée, l'enthousiasme
révolutionnaire est encore vif et la société civile trop
consciente de l'opportunité formidable qui se présente
pour décevoir les espoirs mis en elle. Malgré les turbulences inévitables et les manœuvres des nostalgiques de
l'ancien régime, la Tunisie possède d'importants atouts.
En dépit d'une certaine stagnation de la qualité de son
enseignement, elle est l'un des pays arabes dont la population est la plus éduquée, ce qui devrait l'aider grandement à établir un régime démocratique. En outre, la rue
comme le pouvoir ont su faire montre de maturité en
refusant la confrontation. Si cette attitude subsiste sous
la « seconde République », le nouveau régime pourra éviter les crises graves et restaurer une économie saine.

UN ÉTOUFFANT RÉGIME POLICIER

Pour comprendre la situation actuelle, il importe de
rappeler d'abord qu'en plus d'un demi-siècle d'indépendance, la Tunisie n'a connu que deux chefs d'État. Le
président Bourguiba a dirigé le pays jusqu'à son éviction
par le « coup d'État médical » de 1987. Fort de sa légi-

timité de « père fondateur » de la nation, il a profondément modernisé la société au point de dépasser de loin les autres pays arabes. En novembre 1987, le Premier ministre qu'il venait de nommer, le général Ben Ali, l'a renversé. Bourguiba était alors devenu sénile et son entourage était largement discrédité.

Vingt-trois ans plus tard, la Tunisie retrouvait la même situation : flanqué d'une épouse insatiable, un chef d'État malade et mégalomane éditait des médailles en or à son effigie et faisait confectionner des coffrets en bois précieux contenant ses discours pour les adresser à ses homologues. Sa maladie l'avait rendu quelque peu dépressif. Une loi, adoptée par le Parlement en 2005, a fixé les conditions de sa retraite ainsi que les avantages dont pourraient bénéficier les membres de sa famille, dont son épouse, assurée s'il disparaissait de recevoir une rente à vie. Cette loi parachevait le dévoiement de l'État marqué par le rétablissement d'une présidence à vie et d'une immunité judiciaire totale. Le régime pratiquait une répression ne reculant devant rien. Ce spectacle affligeant était offert par un pays qui reçoit chaque année près de six millions de touristes et dont la population est à la fois l'une des plus jeunes du monde et celle qui connaît le plus faible indice de fécondité au sein des pays arabes.

Comment en est-on arrivé là ? Au début de son ascension, Ben Ali avait créé et dirigé la direction de la sécurité militaire dans les années 1960. Lorsque Kadhafi et Bourguiba lancèrent un projet d'union entre leurs deux pays en 1974, ce dernier fut surpris de voir le Guide libyen lui remettre une liste des ministres du gouvernement d'union dans laquelle il confiait la sécurité militaire des deux pays à Ben Ali. Inquiet, il lui avait retiré la direction de la sécurité militaire et l'avait éloigné en le nommant attaché militaire à Rabat. Cela n'empêcha nullement le Libyen de maintenir ses contacts avec Ben Ali, et c'est avec satisfaction qu'il le vit prendre la succession de Bourguiba en 1987.

Le président n'avait pas tort de se méfier du général : grâce aux révélations d'un repenti libyen, Abdelrahman Chalgam, nous avons appris que le Guide versait un salaire à Ben Ali, pratique niée par son avocat. Par la suite, tout au long de la période de sanctions internationales (1991-2003), la Tunisie a joué le rôle de poumon du régime libyen : vols internationaux, transactions bancaires et traitements médicaux étaient assurés par son entremise.

Ben Ali, ancien ministre de l'Intérieur avant d'être Premier ministre et président de la République, était obsédé par les « complots » et cherchait à tout prix à verrouiller le pays en s'appuyant sur une police omnipotente et omniprésente. Il gérait personnellement le dossier sécuritaire dans tous ses détails. Comme dans la plupart des autres pays arabes, les élections étaient systématiquement truquées, lui assurant entre 99,27 % et un « minimum » de 89,67 % des suffrages exprimés entre 1989 et 2009. L'amendement constitutionnel de mai 2002 avait ouvert la voie à une présidence à vie, en supprimant la limitation à trois mandats successifs. Pour mieux contrôler une société civile bâillonnée, les effectifs de la police avaient été multipliés par cinq depuis l'arrivée de Ben Ali à la présidence et comptaient

130 000 hommes appuyés par des milliers de mouchards et des comités de quartier. Elle intervenait jusque dans les lycées et à l'université. Le ministre de l'Intérieur recevait les résultats des examens et concours de l'enseignement supérieur afin de pouvoir les modifier à sa guise avant leur proclamation. Deux institutions bénéficiaient de fonds spéciaux illimités exemptés du contrôle de la Cour des comptes : le ministère de l'Intérieur et l'Agence tunisienne de communication extérieure (ATCE). Cette dernière a vu une partie de ses archives partir en fumée, au grand soulagement de quelques journalistes, lobbyistes et hommes politiques français et internationaux. L'ATCE avait pour fonction de rendre séduisante l'image du régime à l'étranger. Sous l'autorité d'Abdelouhab Abdallah, elle disposait de grands moyens et se montrait très généreuse en commandes d'ouvrages et d'articles de presse à la gloire du dictateur et de son régime, organisation de rencontres avec des dirigeants et invitations en Tunisie, tous frais payés.

L'ÉPOUSE INSATIABLE ET LES GENDRES AFFAIRISTES

La famille du président et ses belles-familles ont mis le pays en coupe réglée. Plusieurs clans se disputaient le butin : les frères et neveux du président, ses gendres issus de son premier mariage, les Chiboub, et surtout les beaux-frères du deuxième, les Trabelsi. Ceux-ci avaient fait main basse sur les secteurs les plus rentables de l'économie et, dans leur cupidité, auraient été jusqu'à faire truquer à leur profit les compteurs du gaz algérien destiné à la production nationale d'électricité.

Au début de son premier mandat, Ben Ali semblait avoir choisi pour devise inavouée : « Enrichissez-vous, mais taisez-vous ! » Quand son épouse eut déployé son étonnante vocation de prédatrice, la formule devint : « Nous nous enrichissons, mais taisez-vous toujours ! » Leïla Trabelsi, shampouineuse promue par sa bonne étoile au rang de coiffeuse du ministre de l'Intérieur, son aîné de vingt et un ans, était devenue sa maîtresse avant de l'épouser en troisième noces. Sans études autres que primaires et venant d'un quartier pauvre, elle rêvait d'un destin à la Hillary Clinton et fit venir d'Europe pour l'aider à le conquérir un professeur de droit. De temps à autre, elle faisait poser par ses affidés la question qui la hantait : « Pourquoi la Tunisie ne serait-elle pas un jour gouvernée par une femme ? » Prenant au fil des ans l'ascendant sur son mari vieillissant, elle prononça le discours de clôture de sa « campagne présidentielle » de 2004 et se mit à le représenter lors des manifestations officielles. Disposant de son propre réseau au sein du gouvernement, du RCD, de la police et de la haute administration, elle gérait une large partie des activités mafieuses du régime. Selon Weakileaks, elle était la femme la plus détestée du pays. En raison de son poids politique, Nicolas Sarkozy s'est senti obligé de déplorer avec chaleur son absence au dîner d'État donné par Ben Ali au palais de Carthage, en mars 2008, alors que Madame la Présidente venait d'être « cruellement endeuillée » par la disparition de sa vieille mère. Supportant mal la chute, Leïla Trabelsi a tenté, en juillet 2011, de mettre fin à ses jours en ingurgitant du poison, à proximité d'Abha, au cœur du désert saoudien. En septembre, elle s'est séparée de son mari pour s'installer à Dubai.

Quand, en 2004, elle épouse Sakhr el-Matri, la fille aînée de la « présidente » apporte en dot à l'heureux élu, lui-même issu d'une riche famille, la représentation d'une grande marque automobile européenne et « l'association » avec des investisseurs du Golfe pour construire un port de plaisance et un complexe touristique, ce qui fait de son compte bancaire un passage obligé pour obtenir les autorisations afférentes à ces divers projets. Dès 2005, Monsieur gendre est convaincu d'avoir commis un très fructueux délit d'initié, lors de la privatisation de la Banque du Sud. En 2007, il lance la radio Zitouna FM, première radio islamique, qui couvre l'ensemble des ondes nationales. Deux ans plus tard, il crée la banque commerciale Zitouna, spécialisée dans la finance islamique et n'autorisant la commercialisation que de produits financiers respectueux de la charia. En avril 2010, il crée une association caritative islamique, « Association Zitouna », qui a pour but de fournir de l'aide aux familles nécessiteuses, via la construction et la rénovation de logements. Il envisageait de créer Zitouna TV, mais cette station n'était toujours pas lancée en décembre 2010.

LA RÉPRESSION RELANCÉE PAR LE 11 SEPTEMBRE

La Tunisie n'était nullement vouée par nature à la dictature. Sa bourgeoisie, formée au collège bilingue

Es-Sadiqi, est résolument tournée vers l'Occident, ce qui a permis à Bourguiba de prendre certaines libertés avec l'islam au cours des premières années de sa présidence : code du statut personnel (1956) le plus libéral et le plus avancé du monde arabe, limitation à l'observance du ramadan, interdiction de la polygamie, de la répudiation, de la tutelle pour le mariage et de la contrainte familiale. Le divorce judiciaire est institué, mais l'inégalité successorale sera maintenue. Ultérieurement, d'autres textes sont venus renforcer les droits des femmes au sein de la famille, tel le droit à l'adoption, à l'avortement, à l'enseignement gratuit, au travail. En cas de divorce, la loi stipule que la tutelle parentale est celle de la femme, malgré les résistances patriarcales qui ont pu s'exprimer. Suivant cet exemple, Ben Ali a aboli le devoir d'obéissance de la femme vis-à-vis de son mari.

À la fin des années 1990 et jusqu'en septembre 2001, une société civile renaissait et commençait à s'organiser face à la dérive autoritaire du régime. Elle prenait l'opinion internationale à témoin, en dénonçant la réalité d'une dictature que les Occidentaux feignaient de ne pas apercevoir, préférant aux portes de l'Europe une Tunisie stable à une Algérie en guerre civile.

Donnant une priorité absolue à la « lutte contre le terrorisme international », le 11 septembre 2001 n'a fait qu'emballer la machine répressive de Ben Ali et porter un coup d'arrêt au processus de renaissance de la société civile. Moins d'un mois après l'effondrement des tours jumelles, Tunis présente à ses partenaires occidentaux une liste de réfugiés politiques dont elle demandait l'extradition. Les tribunaux militaires retrouvent leur élan répressif, les procès se succèdent, la Constitution est amendée, la répression s'étend aux « cyber-terroristes ». Les animateurs de sites Web dissidents sont désormais condamnés à de la prison ferme, les journalistes muselés avec brutalité. L'alibi antiterroriste efface en quelques semaines les maigres acquis de la société civile. La justice, victime de la confusion des pouvoirs dans un État de non-droit, se met au service de la police, chargée de répandre la terreur. À la mi-mars 2007, six jeunes qui conversent à la sortie d'une mosquée de Tunis sont arrêtés et condamnés à de lourdes peines de prison pour « réunion subversive sans autorisation préalable ».

Les défenseurs des droits de l'homme sont contrôlés à leur domicile, ainsi que leurs visiteurs et leurs invités. Leur ligne de téléphone est coupée par intermittence et placée sur écoute en permanence, la liberté de circulation est entravée, les passeports sont régulièrement confisqués, de même que la correspondance. Les sites Internet sont bloqués ou fermés et, dans tous les cas, rendus inaccessibles depuis le territoire national. Les internautes ont alors recours à des *proxy* pour contourner la censure, mais des virus ont été infiltrés dans ces sites afin de contaminer ceux qui s'y connectaient. La journaliste et militante des droits de l'homme Sihem Bensedrine est persécutée, jetée en prison, diffamée et forcée à l'exil.

Une information manipulée

La répression n'épargne pas les représentations étrangères. Une diplomate hollandaise doit annuler une rencontre avec des associations indépendantes, après avoir été mise en garde par le ministère de l'Intérieur contre toute aide à la société civile hors des canaux officiels. Les représentations de l'Union européenne et de la Suisse subissent les mêmes tracasseries. En mai 2006, des diplomates sont empêchés d'accéder au siège de l'Association tunisienne de défense des droits de l'homme, après avoir reçu un avertissement du ministère de l'Intérieur. Les Américains n'échappent pas à ce traitement. En visite à Tunis, en novembre 2006, Frank-Walter Steinmeier, ministre allemand des Affaires étrangères, est « sanctionné » pour avoir appelé la Tunisie à pratiquer des réformes en matière de libertés et de droits de l'homme devant un parterre d'académiciens tunisiens et allemands. On l'informe sur-le-champ que son rendez-vous avec Ben Ali est annulé. Quand Al Jazeera donne la parole à un opposant, en octobre 2006, l'ambassadeur tunisien au Qatar est rappelé de Doha. La mise au pas des diplomates étrangers par la dissuasion ou la persuasion n'est pas toujours un échec. Il arrive souvent que de charmantes professeurs d'arabe qui leur sont recommandées tombent très vite sous le charme de leurs « élèves » et deviennent, entre deux sourires, leur principale source d'information sur ce qui se passe dans le pays. On ne s'étonne donc pas de voir tant de diplomates accrédités à Tunis assurer leurs gouvernements de la solidité du régime jusqu'à la chute et la fuite de son chef. Soigneusement préservés par les autorités des mauvaises influences, les plus conciliants ont remisé leurs antennes et cessé de prendre le vent pour ne pas heurter un régime très susceptible. Il semble bien que les agents des services de renseignements occidentaux, manipulés par leurs sources locales, n'aient pas été plus lucides.

Lors de la visite de Ben Ali à Washington au début de 2004, des critiques soigneusement occultées par les médias tunisiens avaient été habilement formulées par le président américain, son secrétaire d'État et le porte-parole de la Maison-Blanche. Ce climat s'est vite dissipé avec les difficultés irakiennes et l'affaiblissement de la position des États-Unis dans le monde. Le dictateur tunisien en a tiré un sentiment d'impunité qui lui a permis de revenir à la répression la plus brutale. Si violente et systématique qu'elle ait été, elle n'a pas permis d'éviter les affrontements qui ont fait une vingtaine de morts entre Noël 2006 et le 3 janvier 2007 à Slimane, à 30 km au sud de Tunis. Il s'avère que la cellule salafiste en cause était affiliée aux islamistes algériens, qui venaient de faire allégeance à al-Qaïda.

Libérés par Internet !

À l'heure d'Internet, des chaînes satellitaires, des réseaux sociaux et de la téléphonie mobile, la propagation instantanée des informations et des images a rapidement débordé les forces de sécurité. Avec Bouazizi, puis les mots d'ordre de manifestation et les images de la répression, la population a inconsciemment brisé le mur du silence et de la peur. Usant d'un logiciel périmé face au mouvement insurrectionnel, le régime a rapidement perdu la bataille de l'image et de la communication[1]. À la veille du départ de Ben Ali, les Tunisiens auraient été près de trois millions sur les réseaux sociaux à s'informer minute par minute de la situation !

La Tunisie a été le premier pays africain et arabe intensément raccordé à Internet (1991). En quelques années, de nouveaux espaces d'échanges et de débats contournant la censure officielle ont profondément changé les modes de vie et de pensée de la population. En plus des moyens de répression classiques, le pouvoir tunisien en était réduit à accuser les médias étrangers – particulièrement Al Jazeera – d'être responsables de l'extension des troubles. Ils ont en effet permis aux hésitants et à la diaspora de s'impliquer dans la contestation, provoquant une mobilisation massive et la politisation des revendications. Elles ont attaqué de front le népotisme et la corruption, érigés en système de gouvernance par l'entourage du président. Les symboles les plus visibles de leur opulence (propriétés, magasins, sièges d'entreprises...) ont été les cibles prioritaires de la foule en colère. Les discours successifs de Ben Ali et les concessions croissantes, promesses de création d'emplois et de « renforcement » des libertés publiques, n'ont semblé être

---

1. *Ammar 404* (en référence à l'omniprésent message d'erreur HTTP 404) était le surnom donné au personnage imaginaire qui contrôlait la censure en ligne et que les internautes tunisiens ont très vite appris à contourner.

qu'autant d'aveux de faiblesse. La peur avait changé de camp. Et partout affiché, le familier « Dégage ! » français a eu pour avantage de plaire aux médias étrangers et de rassembler les manifestants autour d'une exigence simple. Il a été repris par les Égyptiens, pourtant anglophones.

LA CONTRE-OFFENSIVE DES NOSTALGIQUES DU BENALISME

Après le succès de la rue, la gestion de « l'après-Ben Ali » a visé à éviter le vide politique et à assurer la nécessaire continuité de l'État. Théoriquement, tous les anciens dirigeants compromis par les pratiques de l'ancien régime devaient quitter leurs fonctions sous la pression populaire, laissant place à des technocrates chargés de mener à bien la transition en dehors des querelles partisanes. Mais les bastions du bénalisme, notamment aux ministères de l'Intérieur et de la Justice, sont toujours occupés par des hauts fonctionnaires fidèles à l'ancien régime et qui rêvent de restaurer leur pouvoir. Le préfet de police Samir el-Feriani a été arrêté pour avoir réclamé au gouvernement d'écarter les symboles et les piliers de l'ancien ministère de l'Intérieur liés à la corruption, à la torture, et qui avaient organisé la destruction des archives du ministère.

Les nostalgiques de la dictature multiplient les manœuvres pour freiner le changement. Ainsi, les directeurs et gardiens des prisons n'ont pas empêché l'évasion de onze mille détenus au lendemain de la fuite de Ben Ali, et de huit cents autres à la fin avril 2011. Certains anciens cadres du ministère de l'Intérieur pourraient être liés au meurtre d'un prêtre polonais, le père Marek Rybinski, retrouvé égorgé dans une école religieuse le 18 février 2011. Le gouvernement et Ennadha ont violemment condamné ce crime. Tandis que les résultats de l'enquête concluent à la culpabilité d'un « groupe de terroristes », de nombreux Tunisiens soupçonnent les anciens membres du parti d'avoir perpétré ce crime, afin de prouver par un effet de contraste que Ben Ali, lui, garantissait la sécurité et la coexistence des religions.

Il en va de même pour le sit-in organisé devant la synagogue de Tunis par des partisans d'Hezb el-Tahrir qui scandaient des slogans antisémites et menaçaient de brûler l'édifice. Selon la militante Sihem Bensedrine, il y avait parmi les meneurs trois membres de l'ancien parti au pouvoir qui avaient fait pousser leur barbe et revêtu les robes chères aux islamistes. Un autre assaut a été lancé contre la rue Abdaalah Guech, réputée pour abriter une maison close, au cri : « Non aux lieux de prostitution dans un pays musulman ! »

Pour faire peur aux Tunisiens, les anciens agents de l'Intérieur et membres du RCD disposent d'hommes de main qu'ils chargent de perturber l'installation d'un ordre nouveau. À son retour d'exil, le chef d'Ennahda, Rached Ghannouchi, a été accueilli à l'aéroport par d'étranges « ultra-islamistes » qui hurlaient leur « Allah Akbar ! » d'une voie avinée. Ces pieux ivrognes étaient, de toute évidence, en mission commandée. La peur d'un complot mené par d'ex-RCD ou de salafistes se répand ici et là. Certaines figures politiques en profitent pour agiter le spectre d'un retour en arrière, provoquant un regain de tension et des réflexes sécuritaires qui font passer un vent froid sur le printemps révolutionnaire. Pour faire face à la menace, la gauche et les libéraux cherchent à se structurer. Victime de la vindicte populaire, le RCD a été dissous le 9 mars, ses biens saisis par l'État et ses membres les plus voyants exclus des nouveaux canaux de décision. Les sociétés et actions détenues par les Ben Ali-Trabelsi seront étatisées. Plusieurs figures de l'ancien système seront également traduites devant la justice. Tunis a demandé en vain à l'Arabie l'extradition de l'ex-président et de sa famille proche.

Le gouvernement intérimaire a convoqué des élections générales pour former une assemblée constituante. Les organes de la transition – gouvernement et comités *ad hoc* chargés d'entériner la rupture avec l'ancien régime – ont pour objectif de mettre le pays sur le chemin de la démocratie. En mai 2011, les manifestations appelant à prolonger la révolution en écartant du pouvoir des personnalités jugées suspectes ont été violemment réprimées, rappelant le souvenir douloureux des pratiques du régime déchu. Des heurts épisodiques se poursuivent entre manifestants impatients et forces de l'ordre. Tensions et craintes ont été mises en évidence quand l'ancien ministre de l'Intérieur nommé juste après la révolution, Farhat Rajhi, a vivement dénoncé l'influence supposée de Kamel Eltaief, ex-âme damnée de Ben Ali, sur le gouvernement, et particulièrement le Premier ministre Béji Caïd Essebsi nommé le 27 février. Rajhi a en outre mis en garde contre un coup d'État militaire en cas de victoire des islamistes.

PLUS DE CENT DIX PARTIS POLITIQUES !

Bien que le pays réclame désormais la plus grande transparence dans tous les domaines, de la vie des affaires à la presse et à la politique, les initiatives allant dans ce sens sont encore désordonnées. Le ministère de la Communication, haut lieu de la propagande de l'ancien régime, a certes disparu, mais les Tunisiens, trop longtemps bâillonnés, assistent à l'atomisation de la scène politique avec la création de plus de 110 partis qui vont encore rester largement méconnus dans les prochains mois. Certains anciens rescapés de l'ère Ben Ali, tels Kamel Morjane ou Ahmed Friâa, des anciens opposants légaux – Ahmed Najib Chebbi, Ahmed Brahim, Moustapha ben Jafaar – ou interdits parce que libéraux ou islamistes – Moncef Marzouki, Hamma Hammami, Rached Ghannouchi – se partagent l'essentiel de la nouvelle offre politique.

Depuis la révolution, ce sont toujours les mêmes monopoles qui conservent leur emprise sur l'audiovisuel, alors que sa libéralisation était une revendication essentielle des insurgés. Le gouvernement n'a permis qu'à grand-peine l'émergence de nouveaux médias. Ainsi, il aura fallu une grève de la faim du directeur de Radio Kalima, Omar Mestiri, pour que soient autorisées douze stations de radio privée, dont quatre nationales et huit régionales. Mais en même temps, la société civile est très active : une coalition d'ONG comprenant huit associations a entrepris de former huit mille moniteurs pour veiller aux côtés des observateurs étrangers (notamment de l'UE et de l'ONU) sur la transparence des élections à la Constituante.

Dans cette période d'incertitude, la population se cherche des repères. Bourguiba, sous lequel a servi l'actuel Premier ministre, est l'un de ceux-ci. Malgré une conception autoritaire du pouvoir, le « Père de la nation » conserve l'image d'un réformateur qui a fait avancer les droits des femmes et ramené la religion dans la sphère privée, un peu à la manière d'Atatürk. Paradoxalement, l'autre référence est l'islam. Le mouvement historique des islamistes représenté par le parti Ennahda, interdit sous Ben Ali et légalisé le 1er mars 2011, a assuré par la voix de son vieux dirigeant Ghannouchi qu'il soutenait l'établissement d'une démocratie en se référant à la Turquie pour souligner son choix de la modernité[1]. Ghannouchi a confirmé qu'il ne comptait pas se présenter à l'élection présidentielle et qu'il appelait de ses vœux un gouvernement de coalition. Il a rassuré sur les intentions de sa formation, en promettant de respecter tous les accords conclus avec les partenaires étrangers et de construire une bonne relation entre les pays du Sud et du Nord de la Méditerranée.

Le débat sur la laïcité a par ailleurs repris sa vigueur, les libéraux redoutant une poussée de l'islam dans l'espace public. La coalition d'intérêts entre les bénalistes anciens du RCD et le parti Tahrir tente d'intimider la population. Ainsi, lorsque Nadia el-Fani a fait projeter son film *Ni*

---

1. Il est important de souligner la légitimité des islamistes reconnue localement et qui peuvent aussi être considérés comme des victimes du précédent régime.

Allah ni maître à Tunis, la salle a été attaquée par une horde d'excités pour qui la Tunisie est un État islamique. De même, cette réalisatrice est victime de nombreuses menaces : des activistes islamistes ont truqué l'une de ses interviews pour lui prêter des propos qu'elle n'a jamais tenus. Une page Facebook créée par ces mêmes islamistes colporte insultes et anathèmes sur son compte, dont « dix millions de crachats sur la tête de cette truie chauve » !

Illustrant l'importance du courant islamiste, la page se réclame de trent-cinq mille ennemis déclarés de la liberté de conscience ou d'expression. Ces fanatiques ont mené plusieurs opérations commando en s'autoproclamant « procureurs d'Allah sur terre », ayant pour mission de veiller sur la morale islamique.

RÉTABLIR UNE ÉCONOMIE TRÈS COMPROMISE

À court terme, la révolution va coûter très cher à la Tunisie, qui a d'ores et déjà dû ramener les prévisions de croissance annuelle à moins de 1 % pour 2011, contre les 5 % initialement prévus. Le tourisme, qui contribue à près de 8 % du PIB avec 6 millions de visiteurs annuels, est le secteur le plus durement touché. La guerre qui a éclaté en Libye a en outre contraint plus de 35 000 travailleurs tunisiens expatriés à rentrer chez eux, tandis que les exportations vers ce pays étaient interrompues. Environ 500 000 réfugiés ont transité par la Tunisie et près de 60 000 Libyens s'y sont réfugiés.

Plusieurs régions expriment à nouveau une grogne face au changement qui tarde à se concrétiser. L'impatience

est à la mesure des attentes ; elle suscite colère et inquiétude devant la baisse du pouvoir d'achat. La création
d'emplois prendra forcément du temps, ce qui incite de
nombreux candidats à l'immigration à profiter du relâ-
chement dans la surveillance territoriale pour rejoindre
l'Europe. Portées par la victoire de la rue, les revendications syndicales obligent les entreprises à adopter des
normes sociales plus élevées.

Bien que la Tunisie ne dispose pas des ressources
pétrolières de ses deux voisins, elle a su bien mener ses
affaires. Le modeste secteur industriel n'a pas été durablement touché par la révolution et le pays bénéficie
d'une bonne insertion dans les réseaux de la mondialisation. À moyen terme, les investisseurs étrangers
devraient s'intéresser à un pays délivré de la corruption
et dont la législation est libéralisée rapidement par les
autorités de transition. Pour relancer l'économie, le gouvernement provisoire compte sur la récupération, hélas
bien hypothétique, des avoirs mal acquis du clan Ben
Ali-Trabelsi (soit plus de 10 milliards de dollars), ainsi
que sur l'aide étrangère, particulièrement celle des pays
européens, dont la France, premier partenaire politique
et commercial, qui a déjà promis 350 millions d'euros.

LES CHANCES DE LA DÉMOCRATIE

Il n'en reste pas moins qu'à l'extérieur, le nouveau
régime est assiégé et secrètement maudit par des États
arabes qui cherchent à se prémunir de la contagion ou
à torpiller l'expérience. À l'intérieur, le manque de pro-

grès rapides pourrait susciter la frustration grandissante des campagnes et lui aliéner les franges les plus modestes de la population, éventuellement galvanisées par de nouveaux leaders d'opinion formés à la rhétorique révolutionnaire ou même d'anciens serviteurs du régime Ben Ali. Des émeutes pourraient alors être favorisées par le retrait partiel de la police des rues que l'on constate depuis la chute de Ben Ali. Les pessimistes peuvent aussi faire valoir que l'Algérie a intérêt à une déstabilisation de la Tunisie qui découragerait ses citoyens de lui emboîter le pas. Sans oublier que les événements et, surtout, le conflit armé en Libye ont permis à l'AQMI (Al-Qaïda au Maghreb islamique) de parfaire son armement. Et si l'on veut noircir encore le tableau, il suffit d'imaginer que des éléments radicaux et populistes arrivent au pouvoir, élargissant le fossé entre laïcs et partisans d'un État inspiré par l'islam, et même un coup d'État venu des rangs de l'armée !

Fort heureusement, il est probable que, passée une période jalonnée d'incidents de parcours, la Tunisie trouvera une stabilité politique à l'issue des futures élections. Sauf rupture majeure du consensus politique entre les différents partenaires, le nouveau pouvoir – parlementaire ou présidentiel – jouira en effet de la double légitimité, révolutionnaire et électorale, lui permettant de s'attaquer aux problèmes cruciaux du pays. Le redressement de l'économie et une intégration renforcée entre les différentes composantes de la société et du territoire[1]

---

1. Les régions côtières fournissent au pays une grande partie de ses élites et sont traditionnellement privilégiées par rapport aux villes et aux campagnes de l'intérieur.

seront, en toute hypothèse, des conditions indispensables à l'enracinement du pluralisme et du débat politique. Enfin, une Tunisie stabilisée pourrait bénéficier du retour au pays des « cerveaux » qui avaient fui la dictature. Le défi lancé aux Tunisiens leur impose d'être patients et d'inscrire leur projet dans le temps, justifiant les espoirs des Occidentaux qui voient dans leur pays le prototype le plus prometteur de l'État arabe en transition démocratique. L'une des clés du succès résidera dans le respect des textes constitutionnels naguère si facilement piétinés. Une autre tient au fait qu'aucun personnage charismatique et incontestable n'a surgi de la révolution. Cette absence d'un « sauveur » vite encombrant favorise le débat d'idées et limite les ambitions personnelles, du moins dans l'immédiat. Mais ce scénario optimiste dépendra grandement, en premier lieu, du sens des responsabilités des leaders d'opinion et de leur loyauté vis-à-vis de l'idéal démocratique supposé être aujourd'hui le dénominateur commun, ainsi que de la capacité des actuels dirigeants transitoires à gérer avec énergie, malgré leur âge avancé, les conséquences économiques de la révolution et l'élimination des abus de l'ancien régime.

Égypte

FAIRE CONFIANCE À L'ARMÉE ?

Pendant trois décennies, l'Égypte a été identifiée à son président. Il avait en Occident l'image d'un allié indéfectible, d'un homme de paix, qui avait ouvert son pays sur le monde et luttait contre le terrorisme. Tel n'était pas l'avis du peuple égyptien, qui a beaucoup souffert de son interminable règne et de l'effarante corruption de son clan. Aujourd'hui, le « Pharaon » et sa tribu sont tous, sans exception, emprisonnés : ses deux fils à Torra près du Caire, lui-même a été transféré de Charm el-Cheikh vers un hôpital militaire près du Caire, afin de pouvoir comparaître devant un tribunal. Le « Pharaon » était dans une cage et sur une civière. Quelle déchéance pour une famille qui a eu un si grand pouvoir pendant si longtemps ! Mais le peuple, qui ne se satisfait pas de faux-semblants, était avide d'assister à un procès public et à une condamnation sans appel.

Trente années durant, le « Pharaon », porté par accident à la tête de l'Égypte, a coulé des jours tranquilles. En villégiature permanente, il fuyait la pollution et le bruit de la mégapole du Caire dans ses palais de bord de mer, avec une prédilection pour celui Charm elcheikh, qui, dans le Sinaï, face au détroit de Tiran, était devenue la capitale de l'Égypte pendant près de huit mois par an. Il y pratiquait le squash, son sport favori quand il tenait encore la forme. Au Caire, le *Club House* de l'armée de l'air, situé en face du palais présidentiel, était le principal quartier général du « petit pharaon » Gamal, promis à la succession de son père. Ce complexe verdoyant et gigantesque était composé d'un ensemble de bâtiments dont chacun portait le nom d'un avion militaire, car le raïs l'avait fait développer pour choyer ses camarades de l'armée de l'air et leurs familles. Gamal y recevait régulièrement et y avait installé une partie de son secrétariat.

La famille Moubarak régnait de façon absolue sur 85 millions d'Égyptiens, soumis en apparence. Elle faisait participer aux délices du pouvoir une poignée de ministres et de généraux qui servaient la famille royale sans oublier de se servir. Condoleezza Rice, ancienne secrétaire d'État américaine, a révélé devant un congrès des Lions Clubs, réuni à Seattle le 12 juillet 2011, qu'elle avait incité Moubarak à démocratiser son pays et que le raïs avait répliqué : « Vos discours sur la démocratie ne riment à rien, parce que vous ne connaissez pas la nature des Arabes. Ils ont toujours besoin d'une poigne de fer. Au moins ai-je protégé mon peuple de l'extrémisme. » Moubarak a gardé son arrogance jusqu'au bout, À Barack Obama, qui, au début de février 2011, lui téléphonait pour l'inciter à organiser le transfert rapide du pouvoir, il lança : « Vous ne connaissez pas mon peuple, je le connais mieux que quiconque. »

UNE RÉPUBLIQUE BANANIÈRE

Hosni Moubarak est né le 4 mai 1928 à Kafr el-Meselha, dans la préfecture d'Al-Manoufia, au nord du Caire, région de naissance d'Anouar al-Sadate. Il est entré à l'Académie de l'armée de l'air en 1950 et en est sorti major de sa promotion. Il a gravi les échelons avant de diriger la délégation de l'armée égyptienne à Moscou en 1964. À son retour, Nasser le nomme directeur de l'Académie puis chef d'état-major de l'armée de l'air. En 1972, Sadate lui confie les postes sensibles de commandant de cette arme et de ministre des Affaires militaires, en prévision de la guerre qu'il prépare contre Israël. Son succès pendant la guerre du Kippour le propulse au sein du premier cercle. Si haut qu'il soit monté, cet officier d'aviation aux idées courtes n'était pas un aigle. Son maître d'école le décrivait comme « lent et paresseux ». Quand, un jour de 1975, Sadate le convoqua au palais des Qanater, résidence de week-end des chefs d'État égyptiens, il croyait s'entendre proposer soit le poste alors vacant de P-DG d'Egyptair, soit l'ambassade de Londres, dont le titulaire venait de mourir. Quelle ne fut pas sa surprise quand il fut informé qu'il était nommé vice-président de la République ! Au lendemain de la disparition du raïs, l'armée et le Parti national démocratique (PND) désignaient Moubarak pour lui succéder. Un mois plus tôt, Sadate avait envisagé de lui enlever la vice-présidence[1].

Dépourvu de l'agilité intellectuelle et manœuvrière de Sadate, Moubarak s'est très vite installé dans une routine sans imagination. En onze années de présidence, son prédécesseur avait changé le cours de l'histoire, fait la guerre, puis signé la paix avec Israël, rompu avec l'Union soviétique et renvoyé ses conseillers militaires pour s'allier aux États-Unis, et jeter les bases d'une libéralisation économique. Le règne de Moubarak ignora ces coups d'éclat et se fondait sur l'immobilisme et quelques principes simples : alignement stratégique sur les États-Unis, notamment dans sa politique régionale, qu'il s'agisse d'Israël, de l'Iran, de l'Irak ou du problème palestinien ; manque d'anticipation pour les intérêts égyptiens en Afrique et au Soudan en dépit de l'importance vitale du Nil pour l'Égypte ; libéralisation économique mesurée, confiée au clan, puis à son fils Gamal ; répression sans pitié de la mouvance islamiste violente, notamment après le meurtre de Sadate et la tentative d'assassinat dont lui-même fut la cible à Addis-Abeba en 1995, puis après le 11 septembre 2001. En contrepartie de son alignement, Moubarak réclamait à Washington de lui laisser les coudées franches chez lui.

Cet échange de bons procédés permettait au raïs de gouverner l'Égypte comme une république bananière.

---

1. Selon, entre autres, l'ancien ministre Hasballah el-Kafraoui, *Al-Sharq Al-Awsat* du 26/5/2011.

L'opposition était muselée et réprimée, l'État de droit inexistant, les libertés publiques et individuelles confisquées. Moubarak et son entourage contrôlaient tout : l'armée, les forces de répression, les finances, la justice, les médias… Le directeur de cabinet du président, Zakariya Azmi disait aux personnes qui allaient pénétrer dans son bureau : « Ne le dérangez pas, n'évoquez pas avec lui tel ou tel sujet qui fâche[1]. » L'audience ne servait, en fin de compte, qu'à échanger des banalités et immortaliser le moment par une photo.

UNE ENVAHISSANTE GRANDE ÉPOUSE ROYALE

Moubarak a épousé Suzanne Thabet, sœur du général Mounir Thabet, son camarade de promotion de l'armée de l'air. Née en 1941 d'un médecin égyptien et d'une infirmière galloise, la Grande Épouse Royale est une femme autoritaire, élégante et cultivée, connue pour son mauvais caractère et ses caprices. Surnommée « Hanem », terme peu flatteur pour désigner une aristocrate, elle a étudié les sciences politiques et la sociologie à l'université américaine du Caire. Très active dans les secteurs humanitaires, sociaux et caritatifs, elle était omniprésente dans les médias officiels, qui couvraient quotidiennement ses diverses visites, inaugurations et discours. On lui attribuait un rôle déterminant dans les décisions de Moubarak sur le plan intérieur. Elle a rêvé encore plus que son

---

1. Témoignage de Makram Mohamed Ahmad, *Al-Wafd* du 29/04/2011.

époux de faire de leur fils Gamal l'héritier du « Pharaon ». C'est elle qui choisissait nombre de gouverneurs, ainsi que les ministres et les hauts fonctionnaires dans le secteur de la culture, de la jeunesse et du sport. Sur la scène internationale, elle avait un grand faible pour les riches princesses des monarchies du Golfe, se déplaçait régulièrement pour les accueillir à l'aéroport où elles débarquaient avec des valises de bijoux destinées à la première dame. En revanche, elle rechignait à venir saluer, aux côtés de son mari, les chefs d'État européens en visite d'État en compagnie de leurs épouses.

Suzanne était si envahissante que Moubarak dut demander à son fidèle secrétaire particulier, Gamal Abdelaziz, de ne pas lui passer tous les appels téléphoniques dont elle le harcelait et de l'empêcher de faire irruption dans son bureau à tout propos. Aux collaborateurs et amis de son mari, elle imposait un code de conduite : ils ne devaient avoir qu'une femme légitime, mais les maîtresses étaient tolérées. Elle contraignit l'un des plus proches d'entre eux à annuler la cérémonie d'un second mariage bien que les cartons d'invitation aient été envoyés !

Ala', l'aîné des enfants, a refusé tout rôle politique et s'est investi dans les affaires. Né en 1961, il a épousé Haïdi Rassekh, fille de Magdi Rassekh, souvent son associé en affaires et son prête-nom auprès des entreprises étrangères. Très discret, il n'est jamais intervenu dans la presse et, ne prenant pas de position publique, il a vu son image souffrir de l'acquisition trop rapide d'une grande fortune. En 1997, Ala' et Gamal ont poursuivi en justice un quotidien saoudien qui s'apprêtait à publier une enquête sur leurs affaires[1].

GAMAL MOUBARAK, TECHNOCRATE ET PRÉSIDENT-BIS

Après un BA de business management et un mastère à l'université américaine du Caire, Gamal Moubarak est entré à la Bank of America du Caire. En 1991, il est affecté à Londres, siège de la branche Europe-Afrique-Moyen-Orient, dont il devient vice-président pour le Moyen-Orient. En 1995, après la tentative d'assassinat contre son père, il rentre au Caire à la demande de sa mère et y fonde Medinvest Associates, société de conseil dont le chiffre d'affaires atteint, quatre ans plus tard, 100 millions de dollars. Soucieux de se donner une image de jeune réformateur, il entame une campagne de relations publiques, crée la Fondation des générations futures et intègre l'influent Conseil présidentiel égypto-américain, fondé par les présidents Moubarak et Clinton pour promouvoir les affaires entre les deux pays. Dès les années 1990, il a des intérêts dans la cession de la dette publique égyptienne.

---

1. Dès l'annonce par *Al-sharq Al-awsat*, quotidien saoudien publié à Londres, de la publication d'une enquête sur les activités financières des fils de Moubarak, ces derniers ont saisi le tribunal des référés du Caire pour faire opposition à la publication de l'enquête. La direction du journal a cédé et accepté d'annuler sa publication, mais les deux frères Moubarak ont maintenu leur plainte. Les propriétaires et les directeurs de la rédaction, tous saoudiens, ainsi que deux journalistes égyptiens ont été condamnés à un an de travaux forcés par contumace.

En 2000, Gamal entre au PND, en même temps qu'un groupe de jeunes quadragénaires. Son discours sur la « nouvelle pensée » et ses projets de réformes réveillent et dérangent les vieux dinosaures du parti. En 2002, il devient secrétaire général adjoint du PND et prend la tête du « Secrétariat des politiques », dont il fait « le cœur battant du parti ». Deux ans plus tard, il obtient le feu vert de son père pour mettre en œuvre ses projets de réformes économiques à travers le Haut Conseil des politiques qu'il dirige et qu'il a transformé en une « présidence-bis » en s'appropriant l'ensemble des prérogatives paternelles hors la défense, la sécurité nationale et la politique étrangère.

Quand Moubarak lui donne carte blanche pour former un nouveau gouvernement, il choisit Ahmad Nazif pour le diriger et place ses hommes aux portefeuilles économiques. La plupart des membres de ce cabinet de technocrates et d'hommes d'affaires, compétents mais sans charisme, sont entrés en politique avec lui quatre ans plus tôt. Gamal convoque ses ministres et les députés de la majorité pour leur fixer objectifs et agenda. On ne peut contester que sa crédibilité personnelle et la compétence professionnelle des membres de la nouvelle équipe gouvernementale, ainsi que la rapidité de son action dans la mise en œuvre d'une série de réformes économiques attendues ont amélioré le climat en donnant confiance aux investisseurs égyptiens et étrangers[1].

---

1. Le gouvernement Nazif a réduit l'impôt sur les sociétés (de 42 % à 20 %) et l'impôt sur les revenus (de 32 % à 20 %), ainsi que les taxes douanières (de 14,6 % à 9,1 %), et accéléré le programme de privatisation, notamment des banques.

Il n'en demeure pas moins que cette équipe se comporte en réseau mafieux et a pour premier objectif de s'emplir les poches. L'un des plus haïs des « Gamal boys » est Ahmad Izz, président de la commission des finances au Parlement et bras droit de Gamal au PND. Ayant acquis le monopole de l'industrie du fer et de l'acier, il a réussi à imposer les termes de la loi censée réduire l'influence de son empire, en contredisant les instructions du raïs !

En 2007, sur l'insistance appuyée de Suzanne, qui présente à son fils les dossiers de ses « favorites » photos à l'appui, Gamal (43 ans) épouse Khadiga (24 ans), fille de l'homme d'affaires Mahmoud al-Gammal et diplômée en management de l'université américaine du Caire. De très forte personnalité, on lui prédit alors un rôle très influent au sein du couple, mais aussi des heurts avec Suzanne, très attachée à son statut. La révolution en a décidé autrement : Khadiga et sa belle-sœur seront les seuls membres de la famille à échapper à la prison.

Dans cette République des copains, Hussein Salem, 82 ans, était le meilleur ami du raïs, son confident et son associé en affaires. Il avait placé la fortune des Moubarak, fait construire les palais du père et de ses fils à Charm el-Cheikh, et reçu en présent d'immenses terrains pour y édifier des centres balnéaires de luxe. Négociateur de la vente du gaz égyptien à Israël à des conditions avantageuses pour l'État hébreu, il a été chargé des contrats d'armement pendant une trentaine d'années, Moubarak ayant obtenu du Parlement « l'autorisation » de les signer sans les lui soumettre. Détenteur d'un passeport espagnol, Hussein Salem, qui avait quitté précipitamment l'Égypte le 2 février 2011, a été arrêté en juin en Espagne, pour fraude et blanchiment, sur mandat d'Interpol. Richissime, il a été mis en liberté provisoire contre le versement d'une caution de 27 millions d'euros.

PRESSE AUX ORDRES ET *BALTAGUIS* HOMMES DE MAIN

Dans l'Égypte de Moubarak, la presse était l'un des instruments du pouvoir et, à la veille de sa chute, la télévision excellait à ne montrer qu'une centaine de manifestants sur une place Tahrir noire de monde. Dans le même esprit, *Al-Ahram* pratiquait la désinformation à grande échelle. Cette *Pravda* égyptienne, fondée par deux journalistes libanais, Béchara et Salim Takla, en 1875, est l'une des plus anciennes institutions du monde arabe. Dans la foulée de la révolution, le journal a fini par connaître lui aussi une Intifada de l'intérieur. Elle a renversé la direction nommée par le défunt régime pour le soutenir et dénigrer les opposants. *Al-Ahram* gratifiait les hommes du pouvoir de montres, bijoux, téléphones portables, matériel hi-fi et autres présents dont la valeur a atteint 4.3 millions de dollars en 2008. Son ancien rédacteur en chef, Oussama Saraya, avait démontré son ingéniosité en utilisant le logiciel Photoshop pour faire apparaître Moubarak en meilleure posture que Barack Obama et plusieurs chefs d'État du Proche-Orient lors d'un sommet à Washington.

Deux autres instruments de gouvernance étaient particulièrement efficaces et redoutés. Les agences d'espionnage, et particulièrement la « Sécurité d'État », collectaient toutes informations avec une préférence pour celles qui permettaient d'exercer un chantage sur leurs cibles. Trois semaines après la chute de Moubarak, les jeunes de la révolution, profitant du désordre, ont pénétré au siège de la Sécurité d'État, à Medinat-Nasr, et se sont emparés de ses archives. Leurs découvertes sont pleines d'intérêt, notamment les détails de mariages discrets ou secrets : celui du mufti d'Al Jazeera, cheikh Youssef al-Qardaoui, 71 ans, conclu en 1997, à l'insu de sa famille, avec une jeune algérienne de 36 ans, et ceux du mufti de la République égyptienne, Ali Gomaa, avec une dizaine d'épouses, alors que la loi islamique n'en autorise que quatre !

Le pouvoir, et plus particulièrement le PND, avait souvent recours aux *baltaguis,* ces hommes de main sans uniforme chargés des basses besognes et rémunérés à la mission, auxquels leur capacité d'intimidation dans un État de non-droit assurait de confortables revenus. Leurs services étaient loués par le gouvernement, le parti ou des commanditaires privés pour tabasser un rival, le contraindre à céder un bien ou obtenir le règlement d'une facture impayée sans avoir à passer par une justice trop lente. Les plus redoutés avaient fini par se mettre à leur compte, tels des chefs de gangs sévissant dans un périmètre géographique défini.

LE SOULÈVEMENT, DE « ÇA SUFFIT ! » À « DÉGAGE ! »

Face à un régime discrédité, la contestation a pris racine, dans les années 2000, sur le terreau d'une jeunesse en rupture idéologique avec ses aînés et ne supportant plus le manque de perspectives et la corruption qui s'étalait sous ses yeux. Le mouvement *Kifaya* (« Ça suffit ! ») a ainsi organisé, de 2004 à 2006, des manifestations d'une ampleur jusqu'alors inconnue sur des thèmes mobilisateurs comme la dégradation du niveau de vie, les exactions du régime, ou sa complaisance à l'égard d'Israël.

Sous la pression des États-Unis, l'Égypte avait infléchi, en 2005, sa politique traditionnelle en organisant les premières élections multipartites de son histoire. Bien que largement biaisée, cette consultation a fait émerger une opposition parlementaire menée par les Frères musulmans[1]. La première élection présidentielle au suffrage direct du pays ne s'est pas caractérisée par une ouverture du jeu politique. On a alors vu se succéder des mouvements sociaux disparates, des grèves dans différents secteurs économiques, des émeutes contre le prix des denrées alimentaires ou la pénurie d'eau potable et des violences communautaires sporadiques. À partir de 2008, le « Mouvement du 6 avril » a innové par son origine extérieure aux mouvements d'opposition traditionnels. Ses revendications sociales se sont politisées, et Internet a joué un rôle majeur dans sa stratégie de communication et de mobilisation. Ses initiateurs sont à l'origine de l'appel à la « journée du 25 janvier ». En 2009, le mouvement s'est traduit par une grève dans les usines pétrochimiques de Suez et l'exigence de l'arrêt

---

1. La loi interdisant les partis religieux, ils ont concouru en tant que candidats indépendants, mais ont remporté 88 sièges sur un total de 454, un nombre bien en deçà de leur représentativité réelle.

de l'exportation des engrais en Israël en réplique à l'attaque de Gaza.

D'autres facteurs révélaient un début d'émancipation : la plus haute instance de la justice égyptienne commençait à donner des signes de réticence aux injonctions du pouvoir ; la vente de gaz à Israël à un prix très inférieur à celui du marché suscitait des commentaires très vifs sur l'arrogance d'un régime qui se croyait assuré d'une impunité éternelle. On supportait de moins en moins qu'une croissance exceptionnelle laissât la majorité des Égyptiens au bord de la route. Une paire de chaussures qui valait 6 livres égyptiennes était désormais vendue 100 livres et l'écart des revenus ne permettait même plus aux plus pauvres de s'offrir ce « luxe ».

Peu à peu, on assistait à l'émergence progressive dans le débat public d'une société civile qui disposait de moyens d'expression modernes et avançait des revendications politiques et sociales de plus en plus élaborées. La classe moyenne éduquée et citadine du Caire et des grandes villes ne voulait plus rester à l'écart de l'évolution d'un monde moderne globalisé en quête de liberté et de démocratie. Les habitants des villes moyennes et des campagnes se souciaient davantage du chômage et de la cherté de la vie, tandis que les oubliés de la périphérie rêvaient d'une vie décente et de la fin du mépris dont ils étaient accablés.

La pièce pouvait commencer. Les trois coups furent frappés en janvier 2011 : pour la première fois dans le monde arabe, un soulèvement populaire spontané en Tunisie provoqua la fuite d'un dictateur et la chute de son régime. L'évènement galvanisa des Égyptiens avides de changements. Un peu plus d'un mois auparavant, des élections législatives très largement boycottées avaient été marquées par une fraude massive et avaient provoqué le retour à un parlement monolithique, refermant la parenthèse de l'«ouverture» toute relative de 2005. Les spéculations allaient bon train à propos de l'élection présidentielle de septembre 2011. Donnerait-elle un nouveau mandat à Moubarak ou Gamal allait-il lui succéder? En voyant se dérouler à leurs portes une révolution qui leur semblait encore plus impossible que chez eux, beaucoup d'Égyptiens trouvèrent le courage de descendre dans la rue. Toutefois, personne n'osait imaginer le scénario d'une révolution populaire relativement peu sanglante[1] aboutissant en dix-huit jours au départ d'un président inamovible depuis trois décennies.

Un premier appel au rassemblement dans toutes les villes sur le modèle tunisien est lancé pour le 25 janvier, journée dédiée à la « fête de la Police ». L'appel diffusé par Internet, via les réseaux sociaux, et soutenu par le Mouvement du 6 avril mobilise une multitude d'internautes anonymes et de blogueurs. Pour faire face à la manifestation, le ministre de l'Intérieur, Habib el-Adli, en poste depuis quatorze ans, commet l'erreur de jeter toutes ses forces dans la rue, sans garder une réserve mobile ni prévoir la logistique de l'opération. Le 25 au soir, le maréchal Tantawi, ministre de la Défense, recommande à Moubarak de déployer l'armée, de dissoudre le Parlement et de faire arrêter l'homme le plus détesté

---

1. 846 morts et plus de 6 000 blessés dans un pays de près de 85 millions d'habitants.

d'Égypte, le député Ahmad Izz, symbole de la corruption. Le raïs lui répond : « La police s'est déployée. Pas besoin de recourir à l'armée. » La mégalomanie et l'arrogance l'ont rendu sourd et aveugle.

L'EFFONDREMENT DE LA POLICE

En réalité, prise de court par l'ampleur du mouvement, la police est à bout de force. Au troisième jour, elle n'a déjà plus ni rations alimentaires ni batteries pour ses talkies-walkies. Désemparées et débordées par l'ampleur du mouvement populaire, les unités de maintien de l'ordre se désengagent et en viennent même dans certains cas à s'affronter. Pour créer une diversion et venger son collègue, le ministre de l'Intérieur El-Adli ordonne à ses hommes, les 28 et 29 janvier, de se disperser et de créer partout l'insécurité. Certains l'accusent d'avoir ordonné d'ouvrir les prisons. Son successeur, Mansour el-Issaoui, dira que « le ministère de l'Intérieur est décédé un 28 janvier 2011».

Soudain, la situation devient incontrôlable. Dix-sept des trente-deux commissariats du Caire, le siège de la Sécurité de l'État et celui du PND sont pillés et incendiés. Neuf des onze commissariats d'Alexandrie sont mis à sac, dix-huit mille armes sont volées, six prisons sur dix forcées et trente-cinq mille détenus libérés, dont des terroristes notoires, agents de l'Iran et du Hezbollah, condamnés à de longues peines de prison. Des agents étrangers ont pu se rendre en Égypte pour organiser les attaques des prisons de haute sécurité de Natroun et de

Marj, délivrer leurs camarades et les exfiltrer d'Égypte. Ils parviennent à quitter le pays pour gagner Gaza et Beyrouth en moins de trois jours. Dans tout le pays, des centaines de milliers de manifestants bravent les autorités tandis que la nouvelle de ces événements stupéfiants se répand comme une traînée de poudre sur Internet et sur les réseaux de téléphonie mobile. Le 3 février, le général Omar Souleiman, qui venait d'échapper à un attentat au centre du Caire, comparera devant un cercle d'opposants le « collapse de la Police à la défaite de l'armée pendant la guerre des Six Jours ».

Affolé par le tour que prennent les événements, le gouvernement se perd en gesticulations et amorce une phase de répression chaotique. Le 27 janvier, il fait couper l'accès à Internet et brouiller les téléphones portables. Pour la première fois, un pays a recours à une coupure complète des canaux de communication virtuelle, suscitant de sérieuses critiques à l'étranger, y compris aux États-Unis. C'est alors que se révèlent les « héros » de l'ère numérique, comme le blogueur Waël Ghonim, directeur marketing de Google au Moyen-Orient, qui avait appelé à manifester en hommage à Khaled Saïd, « cyberdissident » devenu une icône pour avoir été torturé et tué par les services de sécurité à Alexandrie en juin 2010. Les photos du cadavre du jeune martyr ont provoqué un choc psychologique comparable à celui de l'immolation de Bouazizi en Tunisie. Le rapport d'autopsie reprenait la version de la police : Khaled Saïd avait « avalé un objet non identifié et de la drogue ». Le chef des médecins légistes qui l'a examiné, le docteur Assébaï, est celui qui fournira à Moubarak l'attestation lui permettant d'échapper, un temps, à un transfert vers un hôpital-prison au Caire. Il sera démis de ses fonctions en mai 2011. À l'étranger, les médias font un large écho à la contestation. Le traitement réservé aux journalistes les conforte dans leur condamnation de la dictature de Moubarak. Les images de la place Tahrir, celles d'enfants pris en photo avec leurs parents sur les chars de militaires amicaux, celles de la répression policière filmée à la sauvette sur des téléphones portables, rendent populaire le soulèvement égyptien dans l'opinion internationale. Al Jazeera montre le peuple égyptien en révolution dans l'ensemble des pays arabes. Sa couverture des événements lui a valu d'être interdite dès le 30 janvier par le pouvoir, ce qui n'a toutefois pas empêché la chaîne qatarie de couvrir la « marche du million » du lendemain qui a fait entrer le mouvement dans une nouvelle dimension.

Les premières interventions solennelles de Moubarak ont pour effet de réveiller la sympathie à son endroit. Il rappelle son long passé militaire, annonce des réformes et des augmentations de salaire, promet qu'il achèvera bien son mandat en septembre 2011 et que Gamal ne sera pas candidat à la succession. Mais les raids menés le lendemain par les *baltaguis* contre les manifestants de la place Tahrir retournent l'opinion contre le régime. Si le raïs est sincère, son entourage n'a pas changé. L'enquête révèlera que Safouat el-Charif, président du Sénat et secrétaire général du PND, a organisé le raid meurtrier des hommes de main du régime. Les membres de la vieille garde, voyant dans le retrait de Moubarak la perte de leurs postes et privilèges, ne voulaient que perpétuer le système.

LES HÉSITATIONS DES FORCES RELIGIEUSES

Le rôle joué par les Frères musulmans, totalement absents les premiers jours, dans la riposte à la contre-attaque du pouvoir devient ensuite primordial. Sans l'intervention efficace de leurs militants, la charge désormais célèbre des nervis du régime à dos de chameaux, de mulets et de chevaux aurait produit l'effet escompté : vider Tahrir de ses protestataires et rétablir le règne de la peur. Pourtant, parmi les millions de manifestants réclamant le départ de Moubarak, les religieux ne représentaient qu'une petite composante et n'étaient en rien les instigateurs du mouvement. Comme d'autres acteurs religieux ou politiques, ils se sont solidarisés avec la révolte populaire qui était surtout celle de la jeunesse après s'en être méfiés et l'avoir même condamnée. Leur participation, symbolique au début, est allée crescendo. Ils ont atteint un point de non-retour avec la radicalisation du discours du régime leur attribuant la responsabilité des troubles. Il devenait clair qu'en cas d'échec du mouvement, ils seraient la cible principale de la répression. Les jeunes Frères musulmans se sont donc ralliés aux contestataires, tandis que leur direction négociait avec le vice-président, Omar Souleiman, dans l'espoir de se ménager un avenir politique dans la nouvelle structure.

L'esprit de la révolution égyptienne n'était en effet pas religieux, mais démocratique et antiautoritaire. Les jeunes militants de l'islam ont remis en cause les moyens traditionnels de contestation, qui ont fait la culture politique des Frères musulmans. Le grand cheikh d'al-Azhar,

Ahmed al-Tayyeb, avait exprimé son soutien au régime et appelé au calme avant de se raviser tant bien que mal. Pour sa part, le pape copte Chenouda appelait la population chrétienne à ne pas prendre part aux manifestations. Ces prises de position initiales ne faisaient que refléter la dépendance des institutions religieuses, qui ont été désavouées par les fidèles. Les salafistes, qui représentent une version locale du wahhabisme saoudien, se sont opposés à la contestation dans laquelle ils voyaient un « complot sioniste » et ont appelé publiquement à obéir au *wali el-amr*, le « chef du régime », pour éviter la *fitna* (guerre civile), et dénonçant un « complot sioniste ». Ces radicaux ont soutenu Moubarak jusqu'au bout, condamnant les positions de Mohamed el-Baradeï, prix Nobel de la paix et ancien directeur général de l'AIEA. Néanmoins, les salafistes d'Alexandrie ont adopté une posture autonome et plus critique du régime. Il est vrai qu'après l'attentat contre une église copte d'Alexandrie le 1er janvier, ils avaient subi des pressions intenses de la part des autorités. De leur côté, les anciens djihadistes ont fait preuve de réserve. Ils ont plaidé pour un dialogue national et cherché à se positionner par rapport aux élections de septembre 2011 auxquelles Moubarak avait promis de ne pas se représenter.

Le caractère fédérateur de la contestation égyptienne est dû au fait que le mouvement s'est réclamé d'emblée de valeurs universelles et d'enjeux nationaux. Les slogans n'étaient ni antioccidentaux ni anti-israéliens, et les manifestants n'ont jamais mis l'islam au cœur de leurs discours. Les critiques se sont focalisées sur le rejet du système d'un homme honni par de larges pans de la population, toutes catégories sociales confondues. Les classes urbaines populaires ont facilement rallié les classes moyennes éduquées. Les revendications de liberté, de lutte contre la corruption ont soudé le peuple. L'augmentation significative du coût de la vie et la réduction des perspectives d'avenir sont aussi un de leurs dénominateurs communs. Contrairement à ce que craignaient les Occidentaux, les Frères musulmans, principale force d'opposition organisée, n'ont fait que prendre le train en marche. Ne sachant pas si le régime allait effectivement céder, ils se sont abrités derrière le libéral Mohamed el-Baradei, avec lequel ils avaient déjà négocié, pour soutenir le mouvement.

Les Coptes, passant outre les directives du pape Chenouda, ont apporté leur soutien au mouvement de contestation et l'unité nationale a été mise en avant par les manifestants, tant pour casser la dynamique de répression du pouvoir que pour convaincre les pays étrangers que la révolte du peuple n'était pas instrumentalisée par l'islamisme.

Le petit commerce et les administrations ont rapidement été paralysés. Malgré l'annonce de mesures sociales, l'industrie a été gagnée par la contestation jusqu'à paralyser le pays à partir du 8 février avec une grève générale. Piliers de l'économie nationale, les secteurs textile, industriel et pétrochimique ont été particulièrement touchés. Pour autant, le mouvement de contestation est resté circonscrit aux grandes villes, à savoir Le Caire, caisse de résonance de tout un pays, mais aussi Alexandrie, Suez ou Mansoura. Les campagnes ou les villes peu intégrées aux réseaux de la mondialisation sont restées en marge.

Pris de court par la révolution égyptienne, les États-Unis n'ont pas mesuré la force du tsunami qui dévastait le pays, mais ils se sont adaptés au jour le jour à la situation nouvelle. Sous George W. Bush, Washington avait beaucoup plaidé pour l'assouplissement du régime et sa démocratisation progressive. Les mêmes conseils avaient aussi été prodigués en vain par Obama. Au début des manifestations, Hillary Clinton avait estimé que la situation était « stable », suivie par le vice-président Joe Biden, qualifiant Moubarak d'« allié responsable » et refusant de lui appliquer le mot de « dictateur ».

Devant l'ampleur prise par les rassemblements, Washington a commencé à appeler à la mise en place de réformes et à la suppression de l'État d'urgence. Au lendemain de l'effondrement de la police, Clinton a rejoint les revendications de l'opposition en réclamant le « lancement du transfert pacifique du pouvoir et l'instauration d'un régime démocratique conformément aux vœux du peuple ». Lorsque Moubarak a déclaré qu'il ne comptait pas quitter le pouvoir avant le terme de son mandat en septembre, Obama a réclamé son départ « tout de suite », malgré les interventions du Premier ministre israélien Benyamin Netanyahou et du roi Abdallah d'Arabie qui l'incitaient à soutenir un indéfectible allié de trente ans. Un faux pas a été commis quand le Département d'État a proposé à la Maison-Blanche le nom d'un émissaire à dépêcher auprès de Moubarak : ignorait-on à Washington que l'ancien ambassadeur au Caire Frank Wisner était consultant d'une entreprise américaine, Patton Boggs, qui faisait du lobbying pour le compte de l'armée égyptienne ?

Tout en accompagnant le mouvement de la rue, l'Amérique semblait toutefois disposée à cohabiter avec un pouvoir où des protégés de Moubarak, tels les généraux Omar Souleiman ou Ahmed Chafik allaient assurer la relève. Jusqu'à la chute du raïs, les Américains n'avaient visiblement pas de doctrine pour faire face aux changements en cours dans le monde arabe.

L'ARMÉE, DE L'HÉSITATION À LA BIENVEILLANCE

Quand l'armée lui a retiré son soutien, Moubarak a été contraint de fuir sans gloire, le 11 février 2011, sous la pression de la rue, qui l'a humilié en brandissant des chaussures pour le « saluer ». Les dernières heures passées au palais ont été chargées de tensions avec sa famille et ses proches conseillers. Le discours d'abdication par lequel il devait transférer ses pouvoirs militaires au Conseil suprême des forces armées (CSFA) et ses prérogatives civiles au vice-président devait permettre une « retraite » dans le Sinaï destinée à superviser la mise en place des réformes annoncées pendant soixante jours. Retouché à maintes reprises par son fils, son directeur de cabinet et son ministre de l'Information, il a pris un tour arrogant, sinon menaçant. C'est alors que l'armée a décidé que l'heure du départ avait sonné.

Le régime égyptien était structuré autour de l'armée et de ses intérêts, le raïs et de nombreux ministres étant issus de ses rangs. Pourtant, les revendications et exigences du peuple ne l'ont jamais visée. Assez rapidement, les militaires ont montré une bienveillante neutralité à

l'égard des contestataires, reconnaissant la « légitimité »
de leurs demandes et allant jusqu'à laisser les manifestants écrire sur leurs chars, place Tahrir, « À bas le
régime de Moubarak ! ». C'est à cette tolérance que
l'armée doit un précieux statut de médiateur qui fait
d'elle la garante de la pérennité du régime. Entité économique, elle développe des activités autonomes à son
profit dans les secteurs agricole, industriel, commercial
et dans le BTP. En fonction de leur grade, les militaires
peuvent bénéficier d'avantages qui, bien au-delà de la
solde, rendent leur fonction attrayante : acquisition de
biens auprès de coopératives subventionnées, prêts boni-
fiés, clubs de luxe et logements de qualité.

L'armée était intervenue à deux reprises sous le règne
de Moubarak pour rétablir la situation : la première fois
pour reprendre la ville d'Assiout, « libérée » par les islamistes au lendemain de l'assassinat de Sadate, en 1981 ;
et la deuxième, cinq ans plus tard, pour réprimer la
révolte des cadets. Comment expliquer son attitude face
au mouvement populaire ? À Washington, certains
observateurs pensent que le partenariat entre les armées
égyptienne et américaine instauré depuis les accords
de Camp David a modifié la perception citoyenne de
l'armée égyptienne et influencé son comportement pendant la révolution. Depuis plus de trente ans, près de
dix mille officiers égyptiens ont séjourné en Amérique
pour suivre formations et entraînements. Il se peut que
cette « américanisation » ait joué un rôle, en modifiant
le rapport entre l'armée et le peuple. Il semble plus vraisemblable que, confrontée à la rébellion d'une jeunesse
éduquée, l'armée eût préféré la continuité, en quelque

sorte du « Moubarak amélioré et sans Moubarak ». Mais la jeunesse voulait reconstruire la maison et non en ravaler la façade. Toutefois, jugeant sagement que le soutien du raïs risquait de lui coûter sa position privilégiée et son rôle central, l'armée n'a pas hésité à le sacrifier. Elle ne voyait pas de raison impérieuse d'obéir à un président qui, à 83 ans, venait d'annoncer que son mandat s'achevait en septembre 2011. Il n'en reste pas moins que la révolte populaire la place dans une situation très délicate.

Avant que ne déferle la vague, les premiers changements à la tête du pouvoir avaient bénéficié aux militaires, avec la nomination, fin janvier, d'un nouveau Premier ministre, Ahmed Chafik, un ancien général d'aviation, et d'un vice-président, Omar Souleiman. Ces remaniements avaient été interprétés comme une mise à l'écart du clan Moubarak, notamment de Gamal, peu apprécié par les chefs de l'armée qui critiquaient son affairisme et, plus prosaïquement, le fait qu'un civil osât nourrir une ambition présidentielle !

« JE VIENS VOUS DIRE AU REVOIR »

La décision de pousser Moubarak vers la sortie n'a sans doute pas été facile à prendre. Pur produit du système militaire, il avait beaucoup œuvré pour accorder à l'armée son statut privilégié en échange de son éloignement des affaires politiques. L'armée n'a d'ailleurs sauté le pas que lorsqu'elle a obtenu l'assurance des Américains qu'ils n'étaient pas opposés au changement, et que les manifestants n'étaient pas hostiles à ce qu'elle mène la transition. Dès cet instant, les militaires arrivés au pouvoir ont « chargé » Moubarak en lui attribuant la responsabilité de trois décennies de dictature. Mais ils n'avaient pas la volonté de l'humilier publiquement.

Trois gestes ont été adressé au raïs un message en forme d'ultimatum : le pont d'Abbassiyat au Caire, qui relie Tahrir au palais, a été ouvert aux manifestants, leur permettant donc de débouler sur la présidence et de l'investir ; la voie a été dégagée entre Tahrir et l'immeuble Maspéro, siège de la radio-télévision d'État ; enfin l'accès au siège du gouvernement a lui aussi été libéré. Il était temps pour le maréchal Tantawi d'aller prononcer devant le président son : « Je viens vous saluer et vous dire au revoir. » Ne comprenant que trop bien, Moubarak a arraché au maréchal l'engagement que ni lui, ni les siens, ni les piliers de son régime ne seraient inquiétés.

Après que la famille eut quitté le palais pour Charm el-Cheikh, le général Souleiman, fraîchement nommé vice-président, a lu le message d'abdication, le ton grave, la voix tremblante et les larmes aux yeux. Les pouvoirs exécutifs ont été définitivement transférés à un Conseil suprême des forces armées autoproclamé (CSFA) de 18 membres, dirigé par le maréchal Mohamed Hussein Tantawi, ministre de la Défense sortant et ancien homme de confiance de Moubarak, à ce poste depuis vingt ans. Le maréchal avait refusé deux propositions du raïs : celle de devenir vice-président et celle de diriger le gouvernement. Il a opté pour l'efficacité en gardant le contrôle du « terrain ». Les principaux généraux ont été incorporés dans ce conseil dont on a écarté Omar Souleiman, ancien chef des renseignements, peu apprécié de Tantawi

Sous la pression des manifestants, le Premier ministre Chafik a été remplacé, début mars, par Essam Charaf, figure sans relief mais plus consensuelle qui a passé trois semaines à Tahrir et est un ancien sympathisant des Frères musulmans. Pour donner des gages de bonne volonté, le CSFA a suspendu la Constitution, dissout le parlement issu des élections de décembre 2010 et approuvé des mesures de libéralisation de la presse et du paysage politique. Plusieurs détenus, politiques ou emprisonnés arbitrairement durant la révolution, ont été élargis. L'état d'urgence a toutefois été maintenu alors que les manifestants réclamaient son abrogation[1]. L'image de l'armée reste un thème sensible dans l'opinion. Le 12 avril, Maikel Nabil, militant blogueur qui a critiqué, chronologie à l'appui, son rôle depuis la chute de Moubarak, a été condamné par une cour martiale à trois ans d'emprisonnement, un « précédent » inquiétant qui a été dénoncé par nombre d'ONG.

LA GRANDE FRUSTRATION DES RÉVOLUTIONNAIRES

Le CSFA émet des signaux forts à destination de la communauté internationale en affirmant sa volonté d'honorer les engagements internationaux de l'Égypte,

---

1. Le CSFA a fait savoir que l'état d'urgence avait vocation à être levé avant les élections de l'automne, avant d'être prorogé, en septembre, après le saccage de l'ambassade d'Israël au Caire.

notamment le maintien du traité de paix avec Israël. La confiance populaire dans l'institution militaire devrait, du moins en théorie, accorder une légitimité au CSFA pour mener la transition. Il lui a fallu du temps pour se résoudre à sanctionner les têtes du système abattu – tels les ex-présidents des deux chambres, Fathi Srour et Safwat al-Charif – et surtout le clan Moubarak, assigné dans un premier temps à résidence à Charm el-Cheikh. Ce n'est que deux mois après sa chute, et toujours sous la pression des manifestants, que l'ancien président et des membres de sa famille, dont ses fils, ont été placés en état d'arrestation.

Tantawi n'a pu tenir la promesse d'impunité faite au raïs, car les manifestants de Tahrir ont scandé « Tantawi complice, Tantawi dégage ! ». Cinq jours plus tard, les mandats d'arrêt étaient émis à l'encontre de la famille Moubarak et du premier cercle. En dépit de son âge et de son état de santé, Moubarak est jugé pour corruption et complicité dans la répression. Même si une condamnation à mort n'est pas exclue, l'ex-président finira plus probablement ses jours dans une prison aménagée ou en résidence surveillée. Son successeur pourrait le gracier, mais le coût politique de ce geste serait exorbitant. Le CSFA rêve sans doute secrètement que, faute de quitter ce monde, il tombe dans un coma irréversible, à l'instar d'Ariel Sharon qui végète dans un hôpital depuis 2006, ou emporte avant la fin du procès ses secrets dans la tombe, leur déballage ne pouvant qu'éclabousser la toute neuve République.

Progressivement et mollement, le CSFA a poussé la magistrature à poursuive les anciens caciques du régime, à geler leurs avoirs et à dissoudre le PND (16 avril). En sens inverse, il a soutenu les ministres issus du parti présidentiel dans le premier gouvernement Charaf et Moustapha al-Fiqqi, ancien chef de la commission des affaires étrangères au Parlement, converti sur le tard à la révolution et un temps présenté comme candidat de l'Égypte au poste de secrétaire général de la Ligue arabe.

Les premiers mois de l'ère post-Moubarak ont été marqués par une très grande frustration des révolutionnaires dont les valeurs, les agendas, les intérêts et les aspirations sont aux antipodes de ceux du CSFA. La coalition des jeunes et des libéraux de Tahrir exige une rupture avec l'ancien régime, ses hommes, ses réseaux mafieux et ses méthodes. Or la haute administration est truffée de membres du PND, de généraux d'active ou de réserve aux mains sales, de diplomates et de magistrats dociles. L'écart des positions a failli se traduire par une rupture après les heurts, fin juin, entre les jeunes et le nouveau régime, qui ont fait un millier de blessés autour de la place Tahrir. Mais sans le recours systématique au rapport de force que créent rassemblements et sit-in au Caire et en province, le régime de Moubarak aurait bel et bien survécu à son chef.

À l'actif du bilan, il convient de porter toute une série d'acquis : la mise à la retraite anticipée de 604 généraux du ministère de l'Intérieur au passé répressif, plusieurs remaniements du gouvernement aux conditions de Tahrir, l'annulation de certaines nominations, la dissolution des conseils municipaux qui étaient tous contrôlés par le PND, la restructuration du ministère de l'Intérieur, l'arrêt de la comparution des civils devant les tribunaux militaires, enfin l'indemnisation des ayants droit des martyrs de la Révolution.

UN CONFLIT DE CULTURES ET DE GÉNÉRATIONS

Il est légitime de s'interroger sur le moment où les deux parties seront amenées à rompre. L'abîme qui sépare les cultures et les aspirations des généraux sexagénaires et celles des enfants de la génération Internet ne permet guère de croire à une entente durable. Les premiers gardent les réflexes et les méthodes de l'ancien régime. Un exemple suffit à le montrer : pour dissuader les femmes de se rendre à Tahrir, celles qui ont été interpellées ont été soumises à un test de virginité au prétexte de les empêcher de « prétendre avoir été violées par les forces de l'ordre » !

La « génération » de Tahrir est composée de jeunes entre 18 et 30 ans dont les chefs, tels Nasser Abdel Hamid ou Chadi al-Ghozali Harb sont l'un ingénieur, l'autre médecin. Nasser, quatre fois emprisonné, a connu les geôles de la sécurité d'État. Ils doivent leur position au parcours militant qui les a conduits d'un commissariat à l'autre et leur a permis de se forger une conscience politique doublée d'un courage moral et physique qui les qualifient pour faire l'Égypte de demain. Mais les jeunes de Tahrir, et tant d'autres, sont conscients de la fragilité de leur mouvement et de son manque d'enracinement dans un pays profond constamment labouré par les Frères musulmans et leurs réseaux sociaux et caritatifs, comme par le PND et sa clientèle opportuniste.

Les nouveaux venus ont besoin de temps pour s'organiser et édifier un État de droit, mais leur expérience croît au fil des jours, et ils ont la conviction que le CSFA ne bougera pas sans y être contraint et que l'opinion publique ne manifestera à leurs cotés que si elle est profondément mécontente. Ils savent aussi qu'à trop manifester, ils risquent de braquer une population vivant dans des conditions difficiles et de retarder le retour à une normalisation économique. En attendant de se structurer, les jeunes tenants d'une Égypte moderne et démocratique gèrent « sur le fil du rasoir » leurs relations avec le CSFA et les Frères musulmans. Or si toutes les forces politiques affirment souhaiter l'avènement d'un régime reflétant les aspirations du peuple, leurs divergences apparaissent dès qu'on va plus loin que ce vœu. Le maintien d'un régime militaire suscite le scepticisme, voire les critiques de certaines figures libérales du mouvement, qui réclament la mise en place d'une autorité mixte, civile et militaire, pour conduire une transition.

Le comité de révision de la constitution mis en place avant la chute du raïs, composé de personnalités de différents horizons et dirigé par un sympathisant des Frères musulmans, a travaillé dans l'urgence. Les présidentiables Amr Moussa et Mohamed el-Baradeï ont ouvertement contesté la décision du CSFA d'organiser un référendum le 19 mars pour amender la constitution en réclamant l'élection d'une assemblée constituante. En avril, le CSFA a finalement accepté la formation d'un nouveau comité d'experts, devant représenter l'ensemble de la société égyptienne, pour réfléchir à la rédaction d'une nouvelle constitution. Le pouvoir de la rue n'est désormais négligé par personne, car l'élan révolutionnaire est encore dans toutes les têtes et le « mur de la peur » n'est plus en mesure d'arrêter qui que ce soit. Reste que si l'on abuse des manifestations, le pays s'en lassera et recherchera avant tout la stabilité économique et sécuritaire.

Un État « civil et démocratique » ?

Le CSFA a annoncé l'organisation d'élections législatives pour septembre, puis pour novembre 2011. Le Parlement révisera la Constitution avant l'organisation de l'élection présidentielle. Ces échéances sont censées annoncer le retour à un pouvoir civil. Les législatives, jugées trop proches, ne laissent pas le temps aux jeunes formations de se préparer dans de bonnes conditions. Le PND étant aujourd'hui dissous, seuls les Frères musulmans, qui ont annoncé la formation d'un parti politique, « Liberté et Justice », disposent de la visibilité et du maillage territorial qui le leur permettent.

Après avoir cherché, jusqu'en juillet 2011, à donner au camp islamiste des assurances sur le prochain régime politique, le CSFA a opéré un changement de stratégie en donnant des garanties au camp libéral. Ce rééquilibrage le place dans un rôle d'arbitre et conforte son statut de parrain du futur régime. Repoussant les requêtes libérales de nouvelle constitution « civile » — terme arabe utilisé pour signifier « laïque » (avec une conception américaine et non française de la laïcité) — avant le processus électoral, il a opté pour un simple amendement cosmétique de la Constitution en vigueur – adopté par référendum à 77 % en mars – et une déclaration constitutionnelle qui fixe l'agenda de la transition, conformément aux intérêts des Frères musulmans : législatives en septembre et rédaction d'une nouvelle constitution par un comité issu du nouveau parlement.

Le choix initial de l'armée de s'appuyer sur les islamistes pour faire pièce à la dynamique révolutionnaire s'explique aisément : comme eux, elle a été prise de court par la révolte et en craint le radicalisme démocratique. Selon un compromis – tacite ou négocié ? –, les militaires devaient garantir aux Frères un rôle sociopolitique dominant en contrepartie de l'abandon des options stratégiques et de toute prétention à la présidence de la République. Cela expliquerait pourquoi les Frères musulmans ont annoncé qu'ils ne présenteraient pas de candidat.

Toutefois, le courant libéral s'est organisé et a réussi à démontrer sa capacité à mobiliser massivement la rue – ce fut le cas le 8 juillet au Caire – et à s'en prendre directement au CSFA, accusé de « trahir la révolution ». Cette démonstration de force a amené celui-ci à rééquilibrer sa position : pour rassurer les libéraux, il a rédigé des « principes fondateurs » de la future Constitution qui, stipulant que l'État est « civil et démocratique », réduit la marge de manœuvre des Frères dans l'élaboration de la prochaine constitution. Tout en confirmant l'article 2 du texte actuel, qui précise que l'islam est la source des législations, le document souligne que ce principe ne s'applique pas aux lois relatives à l'état civil des fidèles des autres religions. Il prévoit aussi que les membres de la commission de rédaction de la prochaine constitution ne seront plus choisis parmi les élus du prochain parlement mais au sein de la société civile.

En contrepartie, le CSFA a rejeté la demande de report des législatives avancée par les libéraux, qui craignent un raz de marée islamiste : les élections de la chambre haute (Assemblée du peuple) se tiendront en trois phases, entre novembre et janvier, et celles de la chambre haute (Conseil de la choura) également en trois phases, entre janvier et mars. La loi électorale adoptée le 20 juillet réduit l'âge minimal des candidats de 30 à 25 ans, redécoupe les circonscriptions, et propose un scrutin mixte mi-majoritaire mi-proportionnel, alors que les islamistes et les libéraux réclament la proportionnelle dans toutes les circonscriptions. Les discussions se poursuivent et un compromis serait envisagé. Selon cet agenda, la rédaction de la constitution ne pourrait commencer qu'à partir de mars 2012 et la présidentielle se tiendrait alors fin 2012 ou début 2013. Son organisation avant l'adoption de la nouvelle constitution pour raccourcir la période transitoire est aussi envisagée.

Certes, les petits partis de l'ancien régime ne sont que des coquilles vides dépourvues de figures charismatiques et d'une assise électorale nationale. Mais, les forces d'opposition qui sont nées avec la révolution Internet – telle la Coalition de la jeunesse de la révolution du 25 janvier – n'ont que peu d'expérience. Les milieux libéraux modernistes soutiennent les idées d'El-Baradeï, mais ils sont minoritaires et se heurtent à l'hostilité du CSFA. La coalition qui a fait tomber le régime ne représente pas une force enracinée dans un pays où 34 % de la population est analphabète et Internet peu répandu. Comme nous l'a rappelé l'ancien président du parti Wafd, il faudra déployer 96 000 représentants dans les bureaux de vote, soit un principal et un suppléant, pour couvrir les 48 000 bureaux du pays, et les jeunes sont loin de disposer d'un tel réseau. Aussi longtemps que l'opposition libérale ne pourra pas s'organiser et s'unir, l'armée et les islamistes resteront les seuls à disposer d'une structure nationale qui transcende les différentes couches de la société.

LA MARCHE AU POUVOIR DES FRÈRES MUSULMANS

Ne présentant pas de candidat[1], les Frères ne se jugent pas prêts à s'imposer rapidement à ce niveau, mais ils pèseront sans le moindre doute sur les décisions de l'Égypte des années à venir, même si leurs jeunes sont plus solidaires des libéraux de leur génération que de la vieille garde de la confrérie, qui a désigné sans daigner les consulter les dirigeants du nouveau parti et qui, sans souci du vent de liberté qui souffle sur le pays, continue d'exclure quiconque désobéit à ses instructions.

Les Frères ont annoncé qu'ils ne se présenteraient que pour occuper 35 % des sièges du Parlement, chiffre qui a, par la suite, été porté à 40 puis à 50 %. Un chef de parti politique égyptien nous a confié à ce propos : « Ne vous y trompez pas. Dans la moitié des circonscriptions où ils ne présenteront pas de candidat, ils viendront nous

---

1. Abdel Moneim Aboul Fotouh, ancien membre dirigeant des Frères musulmans et figure « libérale » du mouvement, a annoncé sa candidature à titre d'indépendant et a été exclu des Frères.

proposer leurs voix à condition que nous votions pour eux au Parlement. Par ce biais, ils risquent de le contrôler, de mitonner la future constitution à leur goût et de diriger le pays sans en occuper la vitrine.» Les Frères musulmans ont en effet médité les expériences de leurs collègues arabes, notamment du FIS algérien, dont les succès électoraux prématurés ont été anéantis par la contre-offensive du régime.

L'ancien adjoint du guide des Frères, Mohammad Habib, a perçu dans le nouveau discours de ses ex-camarades « beaucoup d'incitations à la violence politique et au *takfir* quand ils proclament, par exemple, que ceux qui réclament une nouvelle constitution avant les législatives sont des agents du sionisme et des Américains». Il est vrai que le discours des Frères n'a pas changé après l'éviction de Moubarak : il reste discriminatoire et tire à boulets rouges sur tous ceux qui ne partagent pas leur avis.

Sur les banderoles des manifestants s'opposant au retour de l'occupation de la place Tahrir, fin mai 2011, on pouvait lire : « Le soutien au CSFA est une obligation religieuse.» On peut en inférer que ceux qui revendiquent un changement de politique du CSFA sont des ennemis de l'islam ! Au bout du compte, les Frères continuent de penser que la démocratie est anti-islamique. Leur guide, Mohamad Badie, déclarait le 13 juillet 2011 qu'ils apprécient le rôle du CSFA quant à la protection de la révolution avant d'ajouter que « l'Égypte s'apparente désormais à une citerne de gaz et n'attend qu'une étincelle pour exploser».

Ne gardant pas leur drapeau dans leur poche, les Frères ont publiquement présenté la 11e promotion de leur « justice parallèle », le 6 juillet 2011. Elle compte 125 « juges coutumiers » qui prononcent leur verdict conformément à la loi islamique et non à celle de la République arabe d'Égypte. Ces « magistrats », dont les études durent deux ans, sont, selon le responsable de cette académie, Eid Dahrouj, au nombre de 250 000 dans toute l'Égypte. Cette révélation montre que la confrérie a poursuivi, dans le plus grand secret, la constitution d'un État religieux et a mis en place les fondements d'une justice parallèle sans jamais la dévoiler publiquement avant 2011. Simultanément, début juillet 2011, son guide a inauguré le premier congrès des « Sœurs musulmanes » depuis soixante ans.

LES PROVOCATIONS IMPUNIES DES SALAFISTES

Pour un prêtre copte, Filiopater Gemil, « il n'y a pas de différences entre les salafistes et les Frères musulmans ; les premiers étaient les frères des seconds avant qu'ils n'apprennent à pratiquer le langage politique ». Toutefois, les salafistes sont plus dangereux encore pour la démocratie, car ils ne cachent pas plus leur hostilité envers elle (« le Prophète nous a donné une Constitution, le Coran, que les hommes ne doivent pas modifier par leurs votes ») que leur haine du libéralisme et des Coptes. Or leur version égyptienne du wahhabisme saoudien a désormais le vent en poupe : ils ont structuré cinq branches et ouvert plus d'une centaine de permanences depuis la fin de l'ère Moubarak.

Quand ils ont incendié l'église d'Atfih au sud du Caire, au lieu de les déférer à la justice, l'armée a fait appel à l'un de leurs muftis, cheikh Mohamad Hassan, pour calmer les esprits et promis de reconstruire cette église à l'identique.

Cette mansuétude a encouragé les salafistes : l'un d'eux a coupé l'oreille d'un Copte parce que l'une de ses locataires était accusée de prostitution, et ils ont décidé de s'attaquer aux tombeaux des Saints, aux sanctuaires vénérés par les musulmans et aux temples pharaoniques « impies » que des millions de touristes viennent visiter tous les ans. Ils ont ainsi détruit huit sanctuaires à Kalyoub, intimidant les fidèles et les poussant à démanteler « pacifiquement » cinq sanctuaires dans la ville, et ce, alors que les soufis vénèrent les tombes de leurs saints. Forts de leur impunité, ils ont attaqué, le 7 mai 2011, deux églises dans le quartier populaire d'Imbaba au Caire, faisant une quinzaine de morts et deux cents blessés. Le prétexte avancé était de libérer une Copte, Aabir, « convertie à l'islam et séquestrée dans l'église ». Auparavant, ils avaient organisé des manifestations pour réclamer le retour de Camélia Shehata, une autre Copte prétendument convertie à l'islam et qui aurait été « cachée » par l'Église. Or cette femme est apparue publiquement sur une chaîne de télévision pour dire qu'elle était chrétienne, souhaitait le rester et ne s'était jamais convertie. Ils ont alors trouvé le prétexte de « libérer » Aabir pour attaquer les chrétiens. En traversant Abbassiyat, fin avril 2011, on ne pouvait que tomber sur une manifestation de salafistes réclamant la « libération » des deux Coptes « converties » et « séquestrées ». Une pancarte portait « L'Égypte = 80 millions de musulmans persécutés » et les manifestants distribuaient des galettes de pain aux forces de l'ordre chargées de protéger la cathédrale Saint-Marc, le siège du pape copte. Enfin, les salafistes se sont opposés aux nominations des préfets par le CSFA, en avril dernier. Ils ont particulièrement rejeté la désignation d'un préfet copte à Kena, organisé un sit-in devant la préfecture et coupé les voies de chemin de fer et l'autoroute entre Le Caire et Assouan, coupant le pays en deux pendant plus de dix jours. Ils ont ainsi fini par obtenir gain de cause : le gouvernement a reculé et gelé la nomination de ce préfet.

Face à de telles provocations, la mollesse du CSFA est pour le moins surprenante. Il laisse leurs auteurs terroriser la population et signifier aux touristes qui voudraient visiter l'Égypte que ce pays n'est pas encore assez sécurisé. L'attaque des deux églises d'Imbaba pendant plus d'une nuit et diffusée sur les écrans du monde entier a en effet donné l'image d'un pays à feu et à sang, bien propre à écarter les éventuels visiteurs.

Retrouver un prestige international

L'onde de choc de la révolution égyptienne a été plus importante encore que celle qu'ont provoquée la révolte tunisienne et la contestation au Yémen, en Jordanie et même en Iran ; elle s'en est trouvée amplifiée. Dans le Golfe, comme au Maroc et en Syrie, des soulèvements d'ampleurs différentes ont éclaté tandis que, voisine de l'Égypte et de la Tunisie, la Libye entrait en guerre civile. À l'avenir, Le Caire devra ranimer la

Ligue arabe et se montrer un allié plus exigeant et moins disponible aux concessions. À condition que son économie le lui permette. Car si elle s'engage dans la fatale spirale des dettes et du déficit, l'Égypte sera obligée de compenser les aides internationales par des concessions politiques et diplomatiques. Le CSFA a peut-être été mal inspiré en refusant les aides de la Banque mondiale et du FMI. En revanche, il a sollicité et obtenu des aides et des promesses pour 7 milliards de dollars des pays du Golfe.

Une nouvelle politique étrangère s'ébauche et Israël a sans nul doute perdu son meilleur allié arabe. Allant dans le sens de l'opinion, plusieurs candidats déclarés à la présidentielle, tels Amr Moussa ou le juge Hisham al-Bustawisi, évoquent publiquement la nécessité de renégocier les accords de Camp David, non pour remettre en cause la paix, mais pour replacer les relations entre Le Caire et Tel-Aviv sur un pied d'égalité et modifier les modalités d'un futur accord de paix global dans la région. D'autre part, les contrats d'exportations gazières à l'étranger vont être révisés, à commencer par celui conclu avec Israël et qui lui est très favorable.

La révolution égyptienne a été marquée par l'absence de toute hostilité à Israël, à la fois pour ne pas apeurer l'Occident et pour ne pas donner raison au régime, qui prétendait que toute ouverture politique ne pouvait que la déchaîner. Pour leur part, les Frères musulmans se sont abstenus de vilipender publiquement Israël pour rassurer, outre les États-Unis, le CSFA, conformément à l'accord tacite selon lequel les généraux privilégient les islamistes à l'intérieur et ceux-ci leur laissent les questions de politique extérieure. Si Washington ne s'oppose pas à l'éventuelle participation des Frères musulmans au pouvoir, il ne verrait pas d'un bon œil une alliance exclusive de l'armée avec eux.

Israël a fait brutalement irruption dans l'équation intérieure après la crise qui a suivi l'attaque menée depuis le territoire égyptien par un commando islamiste et la visite au Caire, du 12 au 14 septembre, du Premier ministre turc, Recep Tayeb Erdogan, venu en plein bras de fer avec Israël proposer un axe turco-égyptien qui ferait des deux pays les « puissances démocratiques majeures au Moyen-Orient ». Fait sans précédent, le CSFA avait fait installer des centaines de portraits d'Erdogan sur les grands axes routiers avec le slogan : « Main dans la main, pour l'avenir. » Ankara avait été pris de court par les révoltes contre les régimes arabes avec lesquels il avait tissé des relations privilégiés dans le cadre de sa réorientation stratégique vers le Moyen-Orient, après l'enlisement du processus de son adhésion à l'UE, et les Turcs entendaient bien rétablir leur position dans l'Égypte nouvelle.

Le 18 août 2011, un commando islamiste, vraisemblablement venu de Gaza et aidé par des djihadistes égyptiens, a traversé le Sinaï jusqu'au nord de Taba et s'est introduit en Israël pour tendre une série d'embuscades à des convois israéliens près du poste frontière de Netafim, faisant 8 morts et 30 blessés israéliens. Dans leur poursuite en hélicoptère des assaillants, déguisés en soldats égyptiens, les Israéliens ont tué 6 militaires égyptiens. L'incident a rapidement été circonscrit après les « regrets » de Tel-Aviv, mais, pour la rue égyptienne, le CSFA a fait preuve de « lâcheté » en n'ayant même pas rappelé l'ambassadeur égyptien en Israël. Immédiatement, un sit-in a été organisé devant l'ambassade d'Israël au Caire. La colère des Égyptiens a été d'autant plus vive qu'Ankara, pour protester contre le refus de Tel-Aviv de formuler des excuses et pas seulement des « regrets » pour la mort de neuf de ses ressortissants dans le raid contre le *Mavi Marmara*, navire humanitaire turc venu briser le blocus israélien de Gaza en mai 2010, a décidé, le 2 septembre, d'expulser l'ambassadeur d'Israël et de suspendre toute coopération militaire bilatérale. Une semaine plus tard, en marge d'une manifestation des mouvements « libéraux » place Tahrir contre la lenteur des changements, un groupe de manifestants est allé attaquer et a saccagé l'ambassade israélienne. Les six derniers agents qui s'y trouvaient ont été évacués du bâtiment *in extremis* par un commando des forces spéciales égyptiennes après d'intenses concertations entre les dirigeants égyptiens, israéliens et américains au plus haut niveau. Dans les affrontements avec les forces de sécurité, 3 manifestants ont été tués et près de 1 000 ont été blessés. Le personnel diplomatique israélien a été évacué dans la nuit vers Israël.

Les nouvelles autorités ont par ailleurs infléchi leur position vis-à-vis de l'Iran avec lequel les relations étaient pourtant rompues depuis l'arrivée de Moubarak au pouvoir. Pour la première fois depuis plus de trente ans, deux bâtiments de guerre iraniens ont été autorisés à traverser le canal de Suez. L'Égypte devrait cependant avancer à pas comptés si elle ne veut pas s'aliéner le soutien occidental ou celui des pays du Golfe. Le Caire semble vouloir s'orienter vers une diplomatie de bon voisinage que sa situation géopolitique pourrait grandement favoriser. Son mot d'ordre est « zéro problème ». Elle a réussi à réconcilier les frères ennemis palestiniens du Fatah et du Hamas en les réunissant au Caire début mai, privant une Syrie engagée dans une véritable guerre civile d'un précieux moyen de pression. Mais cette énième réconciliation reste fragile et il est difficile de croire à un retour rapide de l'Égypte au premier plan de la scène régionale.

SCÉNARIOS CATASTROPHE ET RAISONS D'ESPÉRER

Si un retour en arrière semble peu probable, l'avenir de l'Égypte suscite à la fois de bonnes raisons d'espérer et de graves motifs d'inquiétude. Le pays a retrouvé sa fierté et s'est montré digne de la place éminente qu'il occupe dans le monde arabe. Mais sa révolution va lui coûter cher. En dehors même des graves dommages infligés au tourisme, l'activité du pays a été considérablement ralentie, et les syndicats profitent de leur nouvelle marge d'action pour pousser leurs revendications, comme lors des défilés inédits du 1er mai, laissant prévoir des négociations de plus en plus difficiles avec les décideurs économiques. Certes, le peuple est fier de son exploit et découvre sa nouvelle liberté dans un joyeux désordre (et de sérieuses tensions), mais tout est encore à construire et les attentes sont si élevées que de graves désillusions sont prévisibles.

Le scénario d'un embrasement progressif n'est pas entièrement à exclure. Si les flambées de violence ont été déjà assez bien maîtrisées, la dégradation de la situation économique ou le retour progressif à la répression peuvent créer de nouvelles tensions. Les groupes salafistes et les franges islamistes les plus radicales pourraient profiter de l'affaissement de l'autorité publique pour renforcer leur emprise sur la société et imposer de nouveaux faits accomplis. C'est là un scénario cauchemardesque pour l'avenir de l'Égypte, et plus particulièrement pour les Coptes, qui se retrouveraient en marge de la vie publique et exposés à toutes les exactions. À cet égard, on rappellera que les amendements constitutionnels votés en mars ont conservé la référence à l'islam comme source d'inspiration de la loi, alors que, dans le même temps, les relations se tendaient entre les islamistes, les chrétiens et les libéraux. Bien qu'aucun « Khomeiny » égyptien n'ait incarné la révolution, le « scénario iranien » effraie les capitales arabes et occidentales, même s'il semble encore improbable aujourd'hui.

Forts des succès remportés face au gouvernement et au CSFA, les jeunes révolutionnaires risquent d'abuser de « l'effet levier de Tahrir » pour exercer un « droit de veto » contre le gouvernement et pousser leurs revendications vers un point de rupture avec l'armée. Cette dernière est étonnamment « molle » et discrète. Elle manque de vision et ne sait pas vers quels horizons elle doit conduire le pays. Peut-être doit-elle son attitude à un sentiment de culpabilité né de son étroite association au pouvoir de Moubarak. Le maréchal Tantawi s'avérera-t-il le nouveau Naguib[1] de l'armée égyptienne ? Le CSFA

---

1. Le général Naguib a mené le coup d'État des officiers libres qui renversa le roi Farouk en 1952. Mais c'est le lieutenant-colonel Nasser qui en est devenu le chef et le symbole.

remettra-t-il en vigueur les méthodes de l'ancien régime, en recourant aux services des *baltaguis* pour réprimer les jeunes de Tahrir, comme il l'a fait le 23 juillet ? Les plus pauvres, qui peuvent désormais crier leur détresse, sortiront-ils de leurs quartiers et banlieues misérables pour dévaster le centre-ville et réclamer une vie décente ?

Poussons plus loin la liste des questions que peut inspirer le pessimisme : le fossé entre Coptes et musulmans va-t-il s'élargir ? La démission *de facto* de la police adresse à l'armée un défi : pourra-t-elle maintenir l'ordre public ? Une situation trouble deviendra-t-elle propice à un regain des attentats terroristes susceptibles d'effrayer la société et de justifier une politique sécuritaire ? Un coup d'État viendra-t-il mettre un terme à l'expérience démocratique ? Des surenchères démagogiques relanceront-elles la tension avec Israël ? Pour le moment, ces scénarios catastrophe ne sont pas crédibles, mais un regain de violence n'est pas à exclure dans les prochains mois, surtout si l'armée se refuse à donner la preuve de son désir de rétablir l'ordre avec impartialité. L'état d'esprit de la population et des acteurs politiques, excepté les salafistes, ne semble pas tourné, jusque-là, vers la division et la confrontation violente.

D'autres combinaisons sont concevables. Forts de leur crédit auprès de la population, les militaires conservent la tutelle plus ou moins directe du pouvoir, même si celui-ci devient civil ou se teinte de religieux. Dans ce dernier cas, un modus vivendi se dégage entre l'armée et les Frères musulmans, voire plus généralement un nouveau consensus sur un certain autoritarisme. Une

« dictadouce », comme on dit en Espagne, aurait l'avantage d'éviter, dans l'immédiat, un retour à l'instabilité et de rassurer les dictatures arabes, Israël, voire l'Occident. Washington intensifie déjà les contacts avec plusieurs membres de la junte appelés à jouer un rôle de premier plan dans l'avenir, tel le général Sami Hafez Enan, 63 ans, chef d'état-major des armées et, à ce titre, deuxième haut responsable du CSFA après Tantawi. Enan se trouvait à Washington le 25 janvier et a rejoint précipitamment Le Caire. Le coup serait rude pour l'opposition libérale et laïque égyptienne qui subirait à nouveau le dilemme prérévolutionnaire : entre la caution accordée au pouvoir ou la position contestataire.

L'Égypte va voir sa croissance – moteur de la création d'emplois – freinée en 2011 par sa révolution. Parti d'une prévision initiale de 7 %, le FMI table à présent sur une croissance de 1 % en 2011 et 4 % en 2012. L'augmentation des salaires, consentie ou arrachée – de 10 à 30 % dans le secteur public et jusqu'à 42 % pour les salariés de Lafarge –, creuse les déficits et l'inflation repart de plus belle. Tous les bénéfices des plans structurels mis en place par le FMI et la Banque mondiale s'évaporent. Les investisseurs étrangers, qui rencontrent de multiples défauts de paiement, s'éloignent et les capitaux égyptiens ont massivement fui, provoquant l'intervention de la Banque centrale. Et ceux qui restent assez enthousiastes pour investir en 2011, tels les groupes Accor et l'Oréal, ne trouvent pas d'interlocuteurs égyptiens susceptibles d'approuver ces investissements et de tirer un grand bénéfice sur les plans intérieur et international en signifiant que la confiance revient.

Le laisser-faire sécuritaire et l'absence de poigne du CSFA laissent planer l'hypothèse selon laquelle les militaires cherchent à transformer progressivement la « révolution » en coup d'État. Le pays n'est toujours pas tenu. Pourtant, dans leur immense majorité, les hommes de l'ancien régime sont toujours en poste. Qu'est-ce qui les empêche d'établir un État de droit et d'imposer l'ordre et la sécurité ? D'aucuns les suspectent de vouloir entretenir le trouble pour que le CSFA soit supplié – par les Égyptiens, qui n'osent plus sortir, comme par les puissances étrangères – d'instaurer un « État fort », afin de cloner l'ancien régime et de garder le vrai pouvoir entre les mains de l'armée.

Yémen

LE PIRE EST DEVANT NOUS

Deux jours seulement après la fuite de Ben Ali, les Yéménites se sont rassemblés devant l'ambassade de Tunisie à Sanaa pour crier leur joie et réclamer – timidement – le départ de leur président Ali Abdallah Saleh. Au fil des jours, les manifestants sont devenus plus nombreux et l'agitation a gagné de nouvelles villes. Dès les premiers rassemblements populaires du Caire, le 25 janvier 2011, les protestataires de Sanaa ont scandé des slogans visant cette fois directement Saleh. Ils ont été rejoints plus tard par une coalition de partis d'opposition dominée par Al-Islah, le Parti yéménite pour la réforme (RYR) et le Parti socialiste yéménite (PSY). Après le 11 février, jour de la chute de Moubarak, les manifestations ont redoublé. Mais le tournant se produit le 18 mars : le sang coule ; plus de 50 manifestants sont tués de sang-froid par l'armée, ce qui provoque la démission de plusieurs ministres et généraux, dont le général Ali Mohsen al-Ahmar, cousin du président. À partir de la mi-mai, la logique de la montée aux extrêmes s'enclenche. Le 3 juin, le président yéménite, malgré toutes les précautions prises depuis son installation au pouvoir, est blessé et grièvement brûlé par une explosion dans la mosquée du palais qui tue 11 militaires et blesse une soixantaine de dignitaires du régime réunis pour la prière du vendredi – parmi eux figurent les chefs du Parlement, le Premier ministre et plusieurs vice-Premiers ministres. La bombe a été placée par un fonctionnaire du palais chargé d'entretenir la mosquée. Sur le nom des commanditaires, mystère ; l'homme a disparu dans la nature. Seul indice, l'un de ses parents est membre d'al-Qaïda ! Transporté dans un hôpital saoudien pour y subir plus d'une dizaine d'opérations, Saleh n'a pas cédé ses prérogatives à son vice-président de la République Abdrabbou Mansour Hadi. Le fils du président, Ahmed, qui commande la Garde républicaine, fort du soutien de ses oncles, frères et cousins dans l'armée, a gardé le contrôle des unités loyalistes. Jusqu'au retour du président, fin septembre, il a interdit au vice-président d'accéder au palais.

L'ASCENSION D'UN OFFICIER AMBITIEUX ET RETORS

Ayant commencé sa vie active en tant que chauffeur de maître – passé qu'il a cherché à nier, car il lui avait valu le sobriquet de « chaouch », le futur chef de l'État a très vite rejoint l'armée, avec son frère Mohamed et

plusieurs de ses demi-frères et cousins, pour fuir la condition peu enviable d'agriculteur pauvre dans la grande
banlieue de Sanaa. Officier de l'arme blindée, il rencontre en 1968 l'occasion de s'illustrer et de s'imposer.
Un bateau transportant trente chars soviétiques arrive au
port de Houdeida. Une course s'engage entre les officiers
pour s'en emparer, mais nul ne se risque à les faire sortir
des cales du navire. Ali Abdallah Saleh n'a pas froid aux
yeux : il se rend avec son unité à Houdeida, monte à
bord du premier char, parvient à le faire démarrer et le
débarque à quai. Il fait de même pour les vingt-neuf
autres, et, séance tenante, transfère les chars à Sanaa, les
stationne au quartier général de l'armée dont il verrouille
l'entrée et s'empare des transmissions. Devenu commandant de la première brigade blindée, mais surtout
disposant des clés du pouvoir politique, il refuse promo-
tions et mutations, leur préférant le rôle d'homme indispensable à quiconque souhaite réussir un coup d'État.

En 1974, Saleh accepte le poste de commandant de
la base Khaled qui, dans le détroit de Bab el-Mandeb,
contrôle le trafic maritime entre la mer Rouge et l'océan
Indien. Il a dicté ses conditions : « sa » brigade blindée
est confiée à son cousin Ali Mohsen al-Ahmar. Il commence alors une seconde carrière parallèle à la première :
l'ambitieux officier politique est aussi l'associé des trafi-
quants et des commerçants de Taez. Il met les douanes
qu'il contrôle au service de ses associés, et il s'enrichit
tout en élargissant son influence dans l'armée.

Il faut que son « business » lui semble menacé par le
pouvoir en place pour que Saleh s'associe aux manœuvres
d'une coalition de circonstance qui entend évincer le pré-

sident Ibrahim al-Hamdi. Ce militaire charismatique, porteur d'un projet de modernisation du pays, souhaite consolider le pouvoir de l'État au détriment de l'influence des tribus et jeter discrètement des ponts avec le Yémen du Sud en prenant ses distances avec Riyad.

Le complot que monte le vice-président, Ahmed al-Ghashmi, semble tiré d'un roman noir : deux jeunes Européennes rencontrées à Paris, dont le président et son frère apprécient les charmes, vont servir d'appât. Le frère a instruction de ne jamais se trouver dans la même ville que le président pour des raisons de sécurité, mais les comploteurs mettent au point un stratagème qui permettra de l'éliminer lui aussi : ils demandent à l'ambassadeur du Yémen à Paris de faire venir à Sanaa les deux filles dans le plus grand secret, et surtout à l'insu du président. Dès qu'elles sont arrivées et mises en lieu sûr, le vice-président improvise un déjeuner informel à son domicile, mitoyen de celui de Saleh, et y invite le président Hamdi. On a préalablement attiré à Sanaa son frère afin de rencontrer les Européennes dans le plus grand secret. À son arrivée, il est conduit dans l'appartement mitoyen qui est celui de Saleh. Sans méfiance, il s'y rend et les deux frères sont abattus[1]. Il ne reste plus qu'à transporter au palais leurs corps déshabillés, à les disposer dans la chambre où les attendent les deux filles criblées de balles, et à attribuer le quadruple assas-

---

1. Voir le rapport de la Joint Special Operations University, *Yemen: a Different Political Paradigm in Ccontext*, Roby C. Barett, mai 2011, et Robert Burrowes, *Yemen Arab Republic*, Westview Press, 1987.

sinat à la crise de fureur sanguinaire d'un vertueux employé de la Présidence. En sachant trop long, l'ambassadeur à Paris, son adjoint et une journaliste arabe prennent en toute hâte l'avion pour Sanaa.

Ainsi parvenu au pouvoir, le vice-président est assassiné en 1978 par des agents du Yémen du Sud. Ali Abdallah Saleh, qui lui succède, est aujourd'hui le plus ancien des dirigeants arabes, après le sultan Qabous d'Oman. Il préside aux destinées de son pays depuis trente-trois ans et a l'habitude de résumer sa tâche par une boutade : « Pour gouverner le Yémen, il faut apprendre à danser au-dessus des têtes des serpents. » Ce manœuvrier hors pair n'a pas craint d'affirmer, au lendemain de sa réélection de 2006 : « Qu'est-ce qui est préférable pour les Somaliens : la dictature d'un Siad Barre ou bien le chaos actuel ? » La référence en dit long sur l'ambition qu'il nourrit ! Le régime qu'il a instauré est purement clanique et à sa discrétion. Doté d'une mémoire d'éléphant, il sait tout de son pays et de ses habitants et, pour obtenir les allégeances, joue d'un paternalisme poussé à l'extrême. Après avoir présidé à l'unification des deux Yémen en 1990, puis à la fusion par annexion du Sud au Nord à l'issue de la guerre de 1994, il s'est nommé maréchal. Sous son règne, la promesse démocratique impliquée par une unification qui devait assurer une cohabitation entre des régimes diamétralement opposés a volé en éclats.

Une parfaite démocratie… de façade

Seul maître à bord, Saleh s'est débarrassé des socialistes, a infiltré les islamistes et exercé un pouvoir absolu où tout ce qui pouvait représenter une alternance au président était systématiquement éliminé. Certains arguent que ce régime arabe n'est ni plus autoritaire, ni plus corrompu, ni même plus clanique que la plupart des autres, et que les espaces de liberté et le droit de critique y sont même bien plus grands. On a longtemps passé sous silence la répression au Yémen parce qu'elle ne se comparait pas à la férocité d'un Saddam, d'un Kadhafi ou d'un Assad. Il est vrai que le contact n'a jamais été totalement rompu entre les branches de la grande famille tribale yéménite où tout le monde se connaît et se parle. Ainsi, la défection d'Ali Mohsen n'a pas empêché celui-ci de garder le portrait du président au-dessus de son bureau, comme elle n'a pas empêché le gouvernement de régler les soldes des militaires rebelles !

Les décisions sont prises par le seul président assisté de son « cabinet de l'ombre », mais le régime yéménite, autocratique s'il en fut jamais, offre l'apparence d'une démocratie exemplaire : Parlement élu au suffrage universel, femmes électrices, éligibles et représentées au gouvernement, partis politiques multiples, élection présidentielle au suffrage universel, organes de presse variés, liberté de parole et de critique. Le chef de l'État a pu se glorifier qu'une femme, Soumayia Ali Rajâa (divorcée d'un Français), ait été en 2006 « la première candidate arabe à une élection présidentielle ».

Le président, ne négligeant aucune précaution, a soin de désigner lui-même son adversaire, « candidat » falot issu de son propre parti, et qui a publiquement déclaré qu'il voterait Saleh ! En 1998, il s'est opposé à la candidature de l'ex-secrétaire général du PSY, Ali Saleh Oubad, dit Mokbel, contre lui. L'homme, courageux et au crépuscule de sa vie, n'avait plus rien à perdre et disposait de lourds dossiers impliquant le président et son clan. Oubad n'est donc pas parvenu à s'assurer l'agrément du Parlement. De même, l'actuel secrétaire général du PSY, Yassine Naaman, est invité par le président à participer à la plupart de ses déplacements, moyen habile de neutraliser l'éventuelle opposition en le présentant comme s'il était le chef de sa majorité. Naaman prétend du coup vouloir privilégier la reconstruction de l'appareil du parti socialiste avant de se mesurer au président.

En théorie, les partis politiques perçoivent des subventions publiques votées par le Parlement. Là encore, Saleh prouve son ingéniosité : pour les domestiquer, il fait en sorte que leurs dirigeants se trouvent dans l'obligation de quémander un budget qui leur sera versé au compte-gouttes. Ainsi neutralisés, les partis politiques sont incapables de remplir leur rôle et de préparer l'alternance. Dans chacun d'eux, le président favorise le courant qui lui prête allégeance et torpille toute autre tendance.

On aura compris que le système politique yéménite n'est pas fondé sur l'existence de partis modernes, mais sur des solidarités tribales, claniques, régionalistes et communautaires dominées par l'opposition entre Zaïdites et Chaféites et entre nordistes et sudistes. Saleh veille d'ailleurs à faire le vide politique autour de lui. Depuis 2003, trois personnalités d'envergure nationale qui avaient pour trait commun de pouvoir lui faire de l'ombre ont brutalement disparu. Jarallah Omar, un socialiste du Sud de dimension nationale, respecté et accepté dans le Nord, a été assassiné lors du congrès du RYR par un militant de ce parti. Le meurtrier, aussitôt amené dans la maison du chef du Parlement et président du RYR, cheikh Abdallah al-Ahmar, y a tenu une conférence de presse destinée à blanchir la direction du parti – il a été exécuté, fin 2005, sans que les Yéménites sachent qui avait commandité l'assassinat. De curieux accidents de la route ont fait disparaître le général Yahya al-Moutawakil, secrétaire général adjoint du Parti du congrès et ex-ministre de l'Intérieur, grande figure nationale connue pour son intelligence et ses qualités d'homme d'État. Il avait notamment critiqué le raid américain qui avait visé en 2002 le représentant d'al-Qaïda au Yémen, le qualifiant de « violation de la souveraineté nationale ». Le cheikh Moudjahéd Abou Chawareb a lui aussi trouvé la mort de façon suspecte. La police politique passe pour très bien savoir comment traiter les écrous maintenant en place les roues d'une voiture d'opposant...

« J'AI ORDONNÉ TON EMPRISONNEMENT
POUR TE PROTÉGER »

La presse est de moins en moins libre, et les journalistes indociles régulièrement harcelés, incarcérés, soumis à des vexations et des menaces qui n'épargnent pas les correspondants étrangers : celui d'Al Jazeera a été écouté et l'enregistrement envoyé de façon anonyme à sa rédaction ; le rédacteur en chef d'*Al-Wassat* a été enlevé, frappé et terrorisé par des rafales tirées près de ses pieds alors qu'on lui avait bandé les yeux. On voulait savoir qui lui avait révélé les noms des enfants de dirigeants auxquels des compagnies pétrolières ont accordé des bourses d'études à l'étranger (États-Unis, Malaisie et Grande-Bretagne). Avant de le relâcher, ses ravisseurs lui ont conseillé de « faire attention à ses enfants », ajoutant qu'ils auraient pu le décapiter et qu'il ne devait pas récidiver. Abdelkarim al-Khiwany, ancien rédacteur en chef du journal *Al-Shoura*, a été emprisonné puis congédié de son journal. Il était coupable d'avoir évoqué la mise en place d'un pouvoir dynastique. Son incarcération de sept mois a eu pour prétexte le soutien de la rébellion des Houthis à Saada. Il nous a révélé qu'au lendemain de sa libération, Saleh l'a appelé et lui a dit : « J'ai ordonné ton emprisonnement pour te protéger. Ali Mohsen voulait ta peau. » Par la suite, il a envoyé au journaliste l'un de ses parents au prétexte d'une rencontre au palais. Al-Khiwany a décliné l'invitation-convocation. Les journalistes connaissent les lignes à ne pas franchir. L'un d'eux, Nabil al-Soufi, nous a raconté qu'il avait attendu que le président soit en visite à Washington pour révéler une affaire concernant son fils Ahmed dont nous exposerons la nature plus loin.

Saleh a réussi à neutraliser les opposants en usant de la corruption, de la persuasion, de la dissuasion, de la brutalité comme de la ruse. Il a terrifié à tel point ses adversaires que le chef du bureau politique du RYR,

Mohamed Kahtan, nous a confié en 2005 : « Il est impossible de mener campagne face au président Saleh. Car toute personne réellement critique à son égard, et susceptible de dire que le président a échoué, trouvera au mieux la prison au bout de deux mois, au pire la mort dans un accident de la route. Quiconque survivrait au-delà de deux mois à une vraie campagne électorale bénéficierait d'une très large adhésion populaire. Mais personne n'osera affronter le président tout en vivant au Yémen. Celui qui s'y opposera depuis l'étranger manquera de légitimité. » Pour avoir ouvertement appelé, en juillet 2011, la communauté internationale à signifier au fils de Saleh et à ses neveux qu'il était temps de confier le pouvoir au vice-président, Kahtan a été la cible d'un attentat avorté à Sanaa quelques jours plus tard.

LES DEUX RÈGLES D'OR D'ARAFAT

À y regarder de près, les traits distinctifs du régime, proche de celui, féodal, de l'Imam, sont le contrôle total et exclusif des maigres ressources du pays par le président et son clan, l'absence flagrante d'infrastructures et d'administration, un taux d'analphabétisme très élevé et un niveau exceptionnel de corruption. Du festin présidentiel, le peuple ne recueille en effet que des miettes.

Le chef de l'État a été très influencé par deux mentors : son frère Mohamed, mort dans la force de l'âge, et Yasser Arafat, qui, au moment où Saleh prend le pouvoir, est au sommet de son parcours. L'Organisation de libération de la Palestine (OLP), qui a fait de Beyrouth sa capitale, vient de s'imposer comme un interlocuteur incontournable sur la scène internationale avec le célèbre discours de son chef devant l'Assemblée générale de l'ONU. Arafat a conseillé à Saleh d'observer deux règles d'or pour réussir et durer : contrôler seul les finances de l'État et multiplier les interlocuteurs pour pouvoir jouer les uns contre les autres. Le disciple a suivi le maître, mais son comportement a laissé croire qu'il cherchait à fonder une nouvelle dynastie. La précédente, celle des Imams, avait duré plus d'un millénaire ! L'héritage de l'ancien président yéménite Iryani, contraint à l'exil, n'a pas pu être recueilli par sa descendance et il en a été de même pour celle d'Ahmed al-Nouman. Ce dernier possédait notamment la montagne qui surplombe le palais présidentiel. Harcelés et menacés, ses héritiers ont fini par céder leurs terres, après qu'un soldat eut remis une enveloppe à la petite-fille d'Al-Nouman à sa descente du bus scolaire, à l'intention de ses parents. Quand ils y ont découvert une balle, ils ont compris qu'il était temps de céder et de s'exiler au Caire !

Une autre anecdote illustre le style du régime de Sanaa. En 2002, Saleh invite le richissime homme d'affaires d'origine yéménite Al-Bouqchane à le rejoindre à Moukalla, la capitale du Hadramaout, ville de ses ancêtres, à laquelle Al-Bouqchane compte offrir, en présence de Saleh, un chèque d'un milliard de riyals. Quand il arrive à bord de son avion privé en compagnie de quarante invités, un agent du protocole présidentiel accueille le généreux donateur, mais la Sûreté politique lui refuse l'entrée, prétextant l'absence d'un sponsor local. Et il doit négocier avec un représentant du général

Ali Mohsen pendant une heure et demie avant de pouvoir quitter l'aéroport et rejoindre le président !

L'ARMÉE, COLONNE VERTÉBRALE DU RÉGIME

À son accession au pouvoir, Saleh a eu pour premier souci de contrôler l'armée, colonne vertébrale du régime. Il nomme deux types d'officiers aux postes clés : ceux avec lesquels il a des liens de famille – frères, cousins, neveux, gendres, beaux-frères – et ceux qui sont issus soit de sa tribu, soit de sa ville natale, Sanhane. Le général Ali Mohsen al-Ahmar, cousin du président, qui a fait défection le 21 mars 2011, a été l'inamovible commandant de la première division blindée et gouverneur militaire de la région nord-ouest. Il était chargé de la Sécurité politique et des relations avec les tribus. Les ministres exécutaient ses instructions sans avoir à passer par le président et, avant tout voyage à l'étranger, venaient prendre congé de lui en participant à une séance de kat à son domicile. Ali Mohsen était aussi le parrain des islamistes les plus radicaux et finançait le djihad au Yémen par les fonds des *wakfs* (biens religieux) qu'il distribuait à sa guise. Grâce au déploiement de sa division blindée sur les collines surplombant l'université de Sanaa et la faculté islamiste de l'Iman, il contrôlait une grande partie de la capitale. Jusqu'à sa défection, il ne parla jamais à la presse, hormis une pique contre le président quand leurs relations connurent une tension passagère. Il lança, selon le journal *Al Choumoukh* : « Est-il possible qu'un Yéménite puisse investir un milliard de dollars à

Dubai ?» Il faisait allusion au gendre du président, Ali Moksaa.

Le général Mohamed Saleh, demi-frère du président, commande les forces aériennes. D'un tempérament brutal, il a fait arrêter un journaliste pour avoir publié une dépêche sur le crash d'un nouveau Mig 29 pour défaut d'entretien. Il est propriétaire de Al-Hachedi Petroleum, qui dispose de quelque 200 camions-citernes pour transporter et distribuer les hydrocarbures. Le général Ahmed Ali Abdallah Saleh (42 ans), fils aîné du président, a fait des études militaires incomplètes aux États-Unis, puis en Jordanie. Il a créé les Forces spéciales (10 000 hommes) et commande la Garde républicaine (60 000 hommes). Alors que le président est d'un naturel affable, son fils se comporte avec une arrogance d'héritier. Ainsi a-t-il un jour lancé un ultimatum aux familles qui habitaient à proximité de son palais, sommées d'évacuer sans indemnité leurs misérables maisons qui lui gâchaient la vue. Sur leur refus, les bulldozers sont venus les raser sans préavis tandis que des soldats, pour les intimider, tiraient en l'air des rafales de mitrailleuse lourde. Le procédé n'était pas inédit : lorsque le président voulut agrandir le périmètre du palais présidentiel, une maison que son propriétaire refusait de céder fut englobée sans plus de façons dans l'enceinte de sécurité. Une partie donne aujourd'hui sur la rue et l'autre sur les jardins de la présidence. Au cours de ses promenades, Saleh s'arrête souvent pour prendre le thé chez celui dont il a fait son voisin par force !

L'armée, dont le raïs fut l'un des héros, est aujourd'hui piégée. Elle doit choisir entre les engagements pris en secret, une certaine solidarité à l'égard de l'aîné de ses généraux et les exigences des révolutionnaires, qui s'impatientent. La valeur opérationnelle des unités militaires est très inégale, comme l'ont montré les émeutes de juillet 2005 qui firent une centaine de morts. Une fraternisation entre les manifestants et une partie de l'armée a vivement inquiété le régime, qui a remplacé les unités en cause par les Forces spéciales et la Garde républicaine pour briser le mouvement et montrer sa détermination.

L'ÉCONOMIE NATIONALE PILLÉE EN FAMILLE

Hors le cas de l'Arabie, jamais plus vaste famille ne se partagea autant le gâteau ! À leur majorité, les fils et les neveux du président reçoivent tous des postes sensibles dans l'armée ou l'administration. Son fils Salah seconde son frère à la tête de la Garde républicaine. Un autre fils, Sakhr, est officier à la Sécurité politique. Yahya Mohamed Abdallah Saleh, fils du frère décédé du président, est chef d'état-major des Unités centrales et, parallèlement, associé à Mohamed al-Bacha dans la société de taxis Raha (« tranquillité »), à Sanaa, président du syndicat des agences de voyages, propriétaire d'une société de services pétroliers (Almaze) et représentant exclusif de la société chinoise Hawaï qui fabrique des câbles.

Mohamed Ali Mohsen al-Ahmar commande lui la région militaire du Hadramaout-Al-Mahara, dans l'ex-Yémen du Sud. Il est propriétaire de plusieurs navires de pêche, qui exploitent 2 400 km de côtes moyennant une redevance dérisoire, après avoir fait annuler les droits de plusieurs compagnies internationales qui étaient bien plus rentables pour le Trésor. Il n'y a pas un seul haut fonctionnaire de la présidence qui ne tire profit de la protection d'une ou plusieurs sociétés. La liste des bénéficiaires du népotisme présidentiel est interminable. Citons le général Abdallah al-Qadi, grand-oncle du président, doyen de sa tribu et dont deux des fils ont épousé des filles du président, le général Mehdi Makouala et le général Saleh al-Zanine, membres de la tribu du président. Ce dernier a crée une société de BTP et décroché quelques contrats publics pour la rénovation des routes et la construction d'un stade à Taez.

Dans la vie politique et économique, la famille détient tout ou presque. L'un des neveux de Saleh préside aux destinées de Kamrane, la régie des tabacs. Le fils du général Ali Mohsen est l'associé d'Abdallah al-Qadi, l'un des gendres du président et fils de son grand-oncle, dans la représentation d'Occidental au Yémen. Le fils d'Ali Mohsen est propriétaire de la société Zakouane de services pétroliers. C'est dire à quel point l'économie du pays est entre les mains d'une famille élargie à un clan. Seuls deux entrepreneurs, Haél Saïd et les frères Thabett, ont refusé de s'y associer. Il n'est pas étonnant qu'ils soient rackettés au profit des « œuvres » du président, telle la construction de la mosquée géante qui porte son nom.

Abderrahmane al-Akoua, l'un des beaux-frères de Saleh, est ministre ; son fils, Ahmed, est l'un des conseillers politiques et médiatiques du président ; un autre fils,

Khaled, a été propulsé aux Affaires étrangères et son neveu Khaled Ismaïl al-Akoua a été nommé ambassadeur. Fadl al-Akoua, autre neveu du ministre, a intégré le ministère de la Solidarité. Un cousin, Abdel Khalek al-Qadi, a été P-DG de la compagnie Yemenia. Par ailleurs, Khaled al-Arhabi, un gendre du président, est le secrétaire général adjoint de la présidence de la République. Son frère, Abdelkarim al-Arhabi, est ministre. Un autre de ses frères, Omar, a été nommé à la Compagnie nationale pétrolière. Moins de deux ans plus tard, il a créé une société pétrolière privée, Yémen logistine. Ahmed al-Hojari, préfet de Taez, est l'un des beaux-frères du président. Abdelwahhab al-Hojari, gendre du raïs, est ambassadeur à Washington. Le responsable financier de cette chancellerie n'est autre que son frère.

Nul proche ou féal n'échappe à la pluie bienfaisante des prébendes. Le « poète du palais », Mohamed Mansour, chantre officiel du président, a vu ses louanges récompensées par la nomination de son fils comme président du conseil d'administration de l'usine Al-Barah à Taez. L'interprète du raïs, propriétaire du *Yemen Observer*, Farés al-Sanbani, est le représentant d'une société de vêtements pour les militaires et les employés de sécurité (Group Four). Le général Ali al-Chater, rédacteur en chef du journal de l'armée *26 septembre*, chargé de veiller sur le moral des troupes, a placé l'un de ses fils au Parlement et un autre dans le BTP. Il a remporté le contrat de l'équipement en mobilier de la Compagnie nationale du pétrole. Le matériel informatique du ministère du Pétrole a été attribué à la société qui appartient au fils du directeur général de la Présidence, Ali al-Anissi, chef du « cabinet de l'ombre ». Les mauvaises langues disent que les équipements n'ont jamais été installés.

UNE CORRUPTION SANS COMPLEXES

Le premier souci de chaque ministre est d'imiter le président en participant au pillage du pays, et leur commun sentiment d'impunité les encourage à s'y livrer sans se cacher. Il arrive qu'un haut personnage dise d'emblée à ses visiteurs étrangers : « Ne perdons pas de temps... Quel sera le montant de ma commission ? » Cette corruption sans complexes passe par le gestionnaire des comptes privés du président, qui fait partie du premier cercle. Il sait, selon la signature de celui-ci, s'il y a lieu d'honorer ou non un ordre de paiement. Il va sans dire que le budget ignore transparence et sincérité. Le ministre des Finances gère « 67 comptes spéciaux », qui n'y figurent pas et sont dédiés à des projets spécifiques, tels la construction de la grande mosquée du président, l'achat d'un avion présidentiel, les dépenses secrètes, les dons privés et les dépenses à l'étranger... La Banque mondiale a vivement, et en vain jusqu'ici, recommandé la clôture de ces comptes très spéciaux.

Le pétrole étant le « nerf de la guerre », son contrôle permet d'acheter les allégeances, de récompenser les alliés et de s'offrir une marge financière susceptible d'assurer un confortable repli sur l'étranger en cas de coup dur. L'organigramme du secteur reproduit fidèlement celui des barons du régime. Le pétrole est commercialisé par Ahmed Ali Saleh, Hamid al-Ahmar, fils du cheikh

Abdallah, qui fut le principal adversaire de Saleh, Mohsen, fils d'Ali Mohsen, et Yahya Abdallah Saleh, neveu du président.

Quand un gisement a été découvert à Shabwa en 2004, le raïs a confié au chef tribal cheikh Al-Chayéf le soin de trouver une compagnie étrangère pour l'exploiter et lui verser une part de ses bénéfices. Connu pour sa brutalité extrême, Al-Chayéf est une créature de Riyad. En 1993, il avait ordonné à ses hommes de « ramener » le vice-Premier ministre Hassan Makki. Les sbires comprirent qu'il fallait l'assassiner et ouvrirent le feu sur son convoi en faisant plusieurs victimes sans atteindre le vice-Premier ministre. Par la suite, Al-Chayéf a expliqué qu'il voulait qu'on le lui ramène « vivant et non pas mort », et que ses hommes avaient mal interprété ses instructions. Alliances et équilibres tribaux expliquent aussi le rôle attribué à Haïtham al-Aïny dans le secteur pétrolier. En 1995, Mohsen a présenté son fils au président afin qu'il y soit le représentant des Bakil et il a été associé à celui de l'autre grande tribu impliquée dans le secteur, Hamid al-Ahmar.

Dès les années 1980, Saleh crée les Établissements économiques militaires (EEM), dont il évite de préciser qu'il en est le propriétaire. L'ex-président de l'EEM, Zayd al-Quémati, avait été chargé par Saleh, en 1992, de conduire, en compagnie de l'un de ses neveux par alliance, les négociations avec Enron. Le président d'Enron avait alors promis aux deux Yéménites de leur confier la représentation de sa compagnie s'ils parvenaient à l'introduire dans le bureau de Saleh une heure après son arrivée à l'aéroport. La chose n'exigea que vingt-cinq minutes ! Hunt-Exxon a par la suite dénoncé devant le Congrès la concurrence déloyale d'Enron qui s'associait à une entreprise appartenant à un chef d'État. Pour donner le change, celui-ci avait ordonné de la rebaptiser Établissement économique yéménite (EEY). Celle-ci bénéficie d'un don de 40 milliards de ryials YER par an en hydrocarbures, alors qu'elle échappe à tout contrôle public comme propriété personnelle du président. Les islamistes ne sont pas oubliés dans la distribution de la rente : Saleh a nommé Abderrahman Abdallah al-Akoua adjoint au directeur exécutif de la compagnie pétrolière Safir. Son père étant le vice-président de la Haute Commission pour les élections au sein du parti islamiste, il est censé représenter Al-Islah dans le secteur pétrolier.

Au fil des ans, des tensions sont apparues entre Ali Mohsen, qui se tenait pour le légitime héritier du pouvoir, et Ahmed, que le président destinait à sa succession. À la fin des années 1990, Ali Mohsen, boudant le Yémen, s'installa durant des mois en Allemagne, jusqu'à ce que le président vienne le chercher et le ramène au pays. Entre 1998 et 2000, des frictions ont opposé les unités commandées par les deux hommes à propos du contrôle de la capitale et, notamment, du siège de la télévision. Le président est toujours intervenu pour favoriser le déploiement des unités de son fils.

Ali Mohsen souffrait de deux handicaps majeurs : son rôle actif au sein de la mouvance islamiste yéménite et le fait qu'il envoie 500 militaires par an au djihad afghan. Il a en effet été l'inspirateur, le commanditaire et le protecteur des djihadistes impliqués dans les attaques contre les intérêts américains au Yémen et dans la corne de l'Afrique, particulièrement contre le destroyer *USS Cole*, qui, en octobre 2000, tua 17 *marines* et en blessa une centaine. Ali Mohsen a été en outre l'artisan de la répression contre les Houthis dont il sera question plus loin. En 1994, il a envoyé une unité pour arrêter leur chef, accusé de collusion avec les socialistes du Yémen du Sud et, faute de l'avoir trouvé, il a fait raser sa maison, l'obligeant à se réfugier en Iran. L'EEY contrôle à elle seule environ le tiers de l'économie yéménite. Elle s'est accordé le monopole de l'équipement des ministères et a reçu de nombreuses aides étrangères en tant que (fausse) entreprise d'État. Ainsi, plus de 200 millions de dollars d'aide hollandaise lui ont été versés. La Banque mondiale a solennellement, mais en vain, demandé la dissolution de cette singulière entreprise. Sa direction est confiée à Ali al-Kahlani, dont la sœur est l'une des dernières épouses connues du président, l'écart d'âge dans ce couple approchant le demi-siècle. De ce fait, le mariage a été célébré de façon confidentielle dans l'une des fermes du président, dans la Tihama, en l'absence du père de la mariée, qui n'est autre que le ministre Ahmed al-Kahlani, le puissant préfet-maire de la capitale[1].

---

1. Sanaa a été choisie comme la capitale de la culture arabe pour l'année 2004. À cette occasion, le préfet a bénéficié d'une rallonge budgétaire de 27 milliards de YER pour réhabiliter la capitale. Il a aussitôt confié l'amélioration et l'agrandissement des accès de la ville à l'entreprise de son fils.

LA PERSISTANCE DES MŒURS ET VALEURS TRIBALES

Au Yémen, près de 90 % des préfectures et sous-préfectures portent les noms de tribus et un adage ordonne : « Ta tribu te protège, tu dois la protéger. » Cet échange de bons procédés fait qu'un homme recherché par les autorités échappe aux poursuites dès lors qu'un chef tribal le protège et l'héberge sur ses terres. Il existe de ce fait deux systèmes judiciaires parallèles : celui du gouvernement et celui des tribus. Ce dernier est souvent reconnu par la justice d'État. L'auteur d'un assassinat peut conclure un arrangement tribal en versant une somme ou en cédant un terrain ou quelques têtes de bétail pour se racheter. Les valeurs tribales exaltent le recours à la force dans un État de non-droit. D'où les multiples enlèvements de riches Yéménites ou de touristes étrangers, excellent moyen de pression sur le pouvoir central. Pour les tribus, en effet, quiconque respecte la loi subit ses lenteurs et celui qui la transgresse accède plus vite à ses droits. Ce constat est conforté par la vitesse avec laquelle le gouvernement réagit aux prises d'otages d'étrangers en satisfaisant les revendications de leurs auteurs bien qu'une loi de 1998 ait qualifié l'enlèvement de « crime ».

Dans la tradition tribale, on ne s'enrichit pas par le travail mais par des raids réussis, razzias au cours desquelles le combattant trouvera la fortune ou la mort. L'avènement de la république n'a pas fait beaucoup évoluer les mentalités. La pauvreté, le chômage, l'analphabétisme et l'insécurité alimentaire sont le quotidien des tribus. Elles continuent donc à sévir, particulièrement dans les provinces de Jaouf, Chaboua, Ma'arib et Abiyan.

En 1999, Naji al-Chayéf, neveu du chef de la tribu des Bakil, a pris en otage une famille comptant une épouse britannique pour faire revenir le gouvernement sur le licenciement de certains membres de sa tribu remerciés parmi 23 000 fonctionnaires. Au bout d'une semaine de négociations, il a libéré ses otages au siège de la présidence de la République avec une « récompense » : l'incorporation dans l'armée de 1 000 hommes des Bakil qu'il désignerait lui-même.

Plusieurs prises d'otages ont ponctué la décennie écoulée, dont celle de l'ex-vice-ministre allemand des Affaires étrangères, Jürgen Chrobog, détenu pendant trois jours avec sa famille alors qu'il répondait à l'invitation de son homologue yéménite. Saleh a confirmé l'arrangement, mis en place par le ministère de l'Intérieur : à chaque famille de victimes de l'un des clans aux prises, il accorde 2 millions de YER, quatre emplois et douze dossiers à présenter pour bénéficier d'une aide sociale ; aux victimes du camp adverse sont attribués 25 millions de YER et 20 armes individuelles, en application d'un verdict tribal. Ces transactions avec les preneurs d'otages les plus puissants ne font qu'encourager d'autres enlèvements et éloigner la perspective d'établir un État de droit.

Saleh entretient des relations personnelles et étroites avec les dirigeants des tribus et les fils aînés destinés à assumer la succession. Il les prend directement au téléphone ou les rappelle dans l'heure qui suit. Un budget quotidien de 3 millions de YER leur est destiné. Les chefs des tribus viennent régulièrement deviser avec le président dans la cour du palais et, à l'issue de l'entretien, une enveloppe leur est remise. Ils s'empressent de mettre une partie des billets dans leurs poches, car, arrivés sur le perron du palais, les gardes vont se répartir le reste. Gare au chef tribal qui sortirait de la Présidence sans son enveloppe, montrant à tous qu'il n'est plus en grâce ! Toujours pour réduire leur dangereuse turbulence, le président les associe aux trafics en tous genres.

Le cas de Tarek al-Foudli, l'un des chefs salafistes et djihadistes du Yémen qui ont combattu l'Armée rouge en Afghanistan, illustre cette politique. Rentré au Yémen au lendemain de l'unification, il a dirigé un commando qui a plastiqué l'hôtel Gold More à Aden, à la Saint-Sylvestre 1992. Arrêté et emprisonné, son évasion fut organisée en haut lieu et il se réfugia au domicile du cheikh Abdallah al-Ahmar, chef de la tribu des Hached, puis il participa aux combats contre le Sud lors de la guerre civile de 1994. Le général Ali Mohsen, qui avait épousé sa sœur, l'a lui aussi protégé pour des raisons autant idéologiques que familiales et lui a fait restituer les biens des Foudli, ex-sultans d'Abiyan. Tarek, après avoir quitté les rangs actifs du djihad et rejoint le Parti du congrès du président Saleh, a été élu au comité permanent du Congrès populaire général (CPG) lors de son 6ᵉ congrès réuni en décembre 2005[1].

---

1. Également membre de ce commando, ayant perdu une jambe dans l'explosion, Jamal al-Nahdi a fait partie des islamistes radicaux au sein du Congrès.

CHEF TRIBAL CONTRE CHEF D'ÉTAT

Jusqu'à sa mort en 2007, le cheikh Abdallah al-Ahmar fut le plus grand chef tribal de la péninsule Arabique. Sa légitimité était consolidée par le fait qu'il avait perdu son père et son frère dans la guerre contre la monarchie des Imams. Il accordait une légitimité de droit divin à la structure tribale et nous a rappelé un jour ce propos du Prophète : « Nous vous avons créés peuples et tribus pour vous fréquenter. » D'aucuns lui prêtent l'assassinat à Sanaa, début 1995, du jeune Ali Jamil, qui avait eu l'audace de se présenter à la députation contre son fils Hamid. Cet assassinat avait officiellement été qualifié de vendetta, sans que ses auteurs soient pour autant identifiés.

Féal de l'Arabie et pièce maîtresse de son dispositif au Yémen, le cheikh percevait de Riyad 32 millions de dollars par mois, selon Wikileaks. Après sa disparition, la somme a été réduite de moitié pour son fils Hussein. Cette manne s'était arrêtée entre 1994 et 1996, quand le cheikh avait approuvé le président Saleh dans la guerre lancée contre les sécessionnistes, contrairement aux vœux de Riyad, qui avait investi plus de 2 milliards de dollars dans le soutien au régime du Sud. C'est le vice-ministre de la Défense saoudien, le prince Khaled Bin Sultan, qui avait sollicité un chirurgien franco-libanais à Paris pour opérer le cheikh après un grave accident survenu au Sénégal. Il passa six mois de convalescence dans un luxueux palais des Hôtes à Djedda afin de ne pas se montrer diminué à Sanaa. Par ailleurs, l'Arabie verse des salaires mensuels à quelque 32 000 « agents » yéménites, soit pour réduire préventivement leur capacité de nuisance, soit pour leur rôle actif dans la prise de décision politique et sécuritaire. Les chefs tribaux se rendent en Arabie à la fin de chaque mois pour percevoir leur solde. Ils sont hébergés dans les grands hôtels aux frais de la monarchie. Il arrive aussi qu'ils y rencontrent des ministres yéménites, lesquels pressent les dirigeants saoudiens d'effectuer les versements promis pour que les chefs tribaux puissent rentrer au pays !

Dans la hiérarchie tribale, cheikh al-Ahmar occupait une position très supérieure à celle, modeste, du raïs. Bien qu'ils aient entretenu des relations tendues, le premier a toujours refusé de critiquer ouvertement le second devant les étrangers. En revanche, son fils aîné Sadek, qui lui a succédé à la tête de la tribu, nous a confié l'exaspération de son clan face au comportement monarchique de Saleh : « Nous n'avons pas abattu l'Imamat après tant de sacrifices pour créer un autre régime dynastique dans lequel Ahmed Ali Saleh succédera à son père ! » Al-Ahmar, très réticent à l'accession de Saleh à la présidence, ne s'était incliné que sur l'intervention du ministre saoudien de la Défense, qui l'avait convoqué à Riyad et retenu le temps d'installer le nouveau chef de l'État. Le cheikh ne voulait pas d'un militaire à ce poste, alors que l'Arabie souhaitait l'installation d'un homme fort, capable de faire face au régime communiste du Yémen du Sud. L'un des fils Al-Ahmar, le député Hussein, avait prématurément annoncé sa candidature face à Ahmed Saleh pour l'échéance présidentielle de 2013. Cela explique sans doute son échec aux élections internes du 6ᵉ congrès du CPG, sous prétexte d'avoir voté contre le budget. Le président a longtemps mené un harcèlement systématique contre « son » cheikh et sa descendance. Lors des législatives de 2003, il l'a forcé à se présenter sous la double étiquette du parti islamiste Al-Islah et du Parti du congrès ; il suscita un conflit entre Hussein al-Ahmar et un allié de quarante ans, Cheikh Hammoud Atef, et provoqua l'échec d'un allié inconditionnel des Ahmar, cheikh Houzam al-Saar. Après l'avoir ainsi affaibli, il le fit élire à la tête du Parlement, alors qu'il est le chef du parti islamiste minoritaire Al-Islah. Ses quatre fils députés, deux au Congrès, deux à Al-Islah, le sont devenus dans des conditions peu confortables et après avoir montré patte blanche. Toujours pour réduire le pouvoir d'Al-Ahmar, Saleh proposa qu'un président du Parlement ne puisse pas faire plus de deux mandats, puis que ceux-ci soient de deux ans au lieu de six. Les frictions se sont accrues de façon subite en 2002. À l'occasion d'un mariage organisé dans la salle Al-Khaïma, à Sanaa, les petits-fils d'Al-Ahmar ont été arrêtés avec leurs gardes du corps et conduits au ministère de l'Intérieur avant d'être relâchés. La signification de l'incident était claire : les hiérarchies s'étaient inversées et le président entendait être l'unique chef incontesté du Yémen. Dernier des « dinosaures », le grand chef tribal était sommé de comprendre que, s'il ne se soumettait pas, il serait marginalisé et que son « clan d'affaires », composé de dix fils et dix filles et devenu aussi riche que puissant, pourrait subir le même sort.

Malgré sa mésentente avec le président, Al-Ahmar percevait une dotation équivalant aux soldes de trois brigades, soit près de 6 700 officiers et soldats. Ces militaires virtuels – ils ne sont affectés à aucune caserne et ne reçoivent d'ordres d'aucun officier – dépendent, sur le papier, pour deux brigades du cheikh et pour la troisième de son fils Sadek. Leurs chefs touchent en outre le montant de leurs dépenses en nourriture, de leur consommation en carburant, armes et munitions. À titre de président du Parlement, le cheikh recevait du président une dotation mensuelle de 100 millions de YER et une centaine de voitures 4x4 par an. Ses voyages, ses frais de santé à l'étranger étaient payés par le budget du Parlement. En outre, Saleh lui attribuait tous les ans des terrains pour la valeur d'un milliard de YER.

LES PRÉTENTIONS DUREMENT RÉPRIMÉES DES HOUTHIS

Deux forces d'opposition violentes, d'origine diamétralement opposées, sont à l'œuvre au Yémen, les Houthis et al-Qaïda dans la péninsule Arabique (AQPA). À l'origine, ce premier mouvement, culturel et religieux, a été suscité par le régime, au début des années 1990, pour contrer l'influence grandissante de cheikh Moukbel al-Wadiï, mufti des salafistes au Yémen, que finançaient les Saoudiens. Ses bases idéologiques et ses camps d'entraînement se situaient à Saada, à la frontière saoudienne. La ville est connue pour la pugnacité de ses tribus qui ont combattu les républicains et l'armée égyptienne pendant huit ans et ont signé la paix après l'effondrement du camp monarchique. Saada abrite le plus grand marché d'armements au Yémen et souffre, plus que les autres, de l'abandon de l'État. Ce chef-lieu d'une préfecture de 28 500 km² et de près de 1,5 million d'habitants n'est qu'épisodiquement fourni en eau et en courant électrique, malgré la promesse de Saleh qui s'y est rendu pour une unique visite dans les années 1980. Les écoles et autres infrastructures sont très rares.

Saleh, commençant à s'inquiéter de l'influence d'Al-Wadiï, demanda à un député de Saada, Hussein Badreddine al-Houthi, de créer un mouvement islamique zaïdite (branche du chiisme) qu'il finança pour concurrencer celui, sunnite, d'Al-Wadiï. Des oulémas zaïdites réunis à Saada en novembre 1995 avaient sommé le président Saleh de réagir et fustigé sa mollesse : « S'il ne se réveille pas et ne met pas un terme à la domination du RYR à Saada, le Yémen sera un nouvel Afghanistan et Sanaa un nouveau Kaboul... » La principale spécificité des Houthis est leur appartenance à la minorité hachémite du Yémen, donc à la descendance du Prophète.

Au fil des ans, leurs rangs se sont étoffés et leur influence a débordé les frontières de la préfecture de Saada, grâce à la présence d'Hachémites dans tout le Yémen. Ils se sont alors transformés en un mouvement populaire et en une organisation militaire, qui fit défiler jusqu'à 12 000 hommes en armes aux cris d'« *Allahou akbar !* Mort à l'Amérique, mort à Israël ! » Alarmé, Saleh décida au printemps 2004, sur le conseil d'Ali Mohsen, d'éradiquer le mouvement et de le désarmer, au prétexte de lutter contre le terrorisme islamiste aux côtés de Washington. L'ambassadrice de Grande-Bretagne à Sanaa observa à ce sujet que le fait de scander des slogans ne constituait pas un acte terroriste.

L'évolution du mouvement l'a éloigné de ses bases zaïdites pour le rapprocher du chiisme duodécimain en vigueur en Iran et en Irak. Les Houthis se défendent d'avoir « changé de religion » et assurent que leur chef s'est réfugié à Qom, en 1994, au seul motif de la démolition de sa maison par Ali Mohsen. Ils ajoutent que leur mufti ne s'est jamais senti à l'aise avec la doctrine chiite de l'Iran. Toutefois, les moyens qu'ils ont déployés laissent présumer un soutien de Téhéran. Au plus fort des sept offensives de l'armée contre eux, tous les réseaux arabes de la mollarchie iranienne se sont portés à leur secours en termes identiques. Les *Houza* de Qom (Iran) et de Nadjaf (Irak) ont condamné avec vigueur « l'extermination des chiites issus de la descendance du Prophète lors de massacres collectifs », accusant le régime yéménite de réitérer les attaques de Saddam contre les chiites. Dès 1990, Téhéran avait inauguré une politique très offensive en accordant des bourses d'études religieuses à des étudiants yéménites, dont le nombre s'est considérablement accru.

Au fil des années, les Houthis avaient nourri des ambitions politiques. Le ministère de l'Intérieur les accusait d'avoir ordonné à leurs partisans de s'infiltrer dans l'administration en pratiquant la *takia* (« duplicité »). Ils ont prétendu que le président Saleh, n'étant pas issu de la descendance du Prophète, devait céder la place à un homme pouvant revendiquer une double filiation avec Fatima, la fille du Prophète, et son gendre l'imam Ali. Un imam de Qom, Ali Kourani, a écrit en 1998 un livre intitulé *Asr Al-Zouhour* (« L'Ère de l'apparition »), dans lequel il a prédit que les chiites allaient dominer le monde islamique pour préparer le retour de « l'imam absent » (le « douzième imam » ou « Mahdi ») en précisant : « Du Yémen sortira le fanion qui va préparer la réapparition de l'imam absent. Il sortira du village de Karaa, dans la préfecture de Saada. Celui qui portera ce drapeau s'appellera Hussein ou Hassan… Nous nous dirigeons vers les pays du Golfe, le Yémen et les régions arabes. La priorité de notre programme est le Proche-Orient et l'Irak. Ceux qui sont contents, qu'ils le soient, les autres n'auront qu'à boire l'océan ! »

Ainsi défié, le président décida d'en finir avec des prétendants à sa succession persuadés que le Prophète leur avait réservé un rôle majeur dans le triomphe annoncé du chiisme. Les Houthis étaient en effet convaincus qu'ils l'emporteraient de par la volonté divine et contribueraient ainsi au retour du douzième imam. Une hallucination du même genre avait conduit le salafiste saoudien Jouhaïmane al-Outaïbi, en 1979, à prendre d'assaut la grande mosquée de La Mecque pour instaurer le « vrai islam » et le délivrer du règne des Saud. La dernière phase du conflit entre Saleh et les Houthis (2009-2010) a débordé les frontières du Yémen et impliqué l'Arabie. L'issue des combats extrêmement meurtriers a permis aux rebelles de chasser le préfet désigné par Saleh pour en nommer un autre à leur main. En 2011, ils ont étendu leur contrôle sur d'autres provinces limitrophes.

LA COMPLICITÉ AVEC AL-QAÏDA

Le Yémen a connu quatre générations d'islamistes : celle qui a accompagné le cheikh Zandani dans le djihad afghan avec les encouragements et le soutien du régime ; celle qui a été à l'œuvre dans les années 1990, notamment à l'époque de l'union entre les deux Yémen, et surtout en 1994 quand il a fallu transformer l'union avec le Sud en fusion ; celle qui a vu foisonner les *fatwas* de Ben Laden contre les États-Unis et l'arrivée au Yémen de moudjahidin arabes dont les pays d'origine ne voulaient pas. La troisième de ces générations s'est préparée au 11 Septembre, a combattu dans les rangs des talibans et de Ben Laden et envoyé ses moudjahidin en Irak. Il n'est pas étonnant de constater que 102 Yéménites se sont retrouvés à Guantanamo, dont le chauffeur personnel de Ben Laden, Hamza al-Bahloul.

L'alliance entre le régime et les islamistes est de nature structurelle, mais quand Saleh subit des pressions très fortes de la part des États-Unis, il fait mine de plier pour ne pas rompre.

Après la fin de la guerre en Afghanistan et la chute de l'Union soviétique, le Yémen a hébergé les moudjahidin arabes qui ne pouvaient plus rentrer chez eux et leur a attribué des bases et 13 camps d'entraînement. Le général Ali Mohsen avait alors baptisé son domicile « la Maison des compagnons du Prophète » et encouragé les oulémas extrémistes à prêcher le salafisme et à envoyer les plus assidus de leurs élèves à Dar Assahaba pour suivre une formation idéologique et militaire réservée aux élites.

À la fin des années 1990, Ben Laden avait même envisagé de quitter l'Afghanistan pour se réfugier au Yémen, terre de ses ancêtres, où ses partisans sont nombreux. En octobre 2000, l'attentat meurtrier contre le destroyer *USS Cole* à Aden mit toutefois un frein à cet accueil à bras ouverts des djihadistes. Deux ans plus tard, leur attaque du pétrolier français *Limburg* au large du Yémen fournit au président un argument pour réprimer la mouvance islamiste : « Si je ne vous ramène pas à la raison, le Yémen sera envahi par les États-Unis. » Et encore : « Ils sont irresponsables, ils attaquent même la France qui est entrée en conflit ouvert avec les États-Unis pour empêcher l'invasion de l'Irak. Voilà comment un allié de nos causes est récompensé ! » Après l'attentat visant leur destroyer, les pressions américaines s'étaient faites de plus en plus insistantes. Acceptant de collaborer – à sa façon – à la lutte contre le terrorisme, Saleh ordonna la fermeture de 13 camps militaires d'al-Qaïda et fit arrêter ses dirigeants les plus voyants, mais il refusa de livrer aux Américains les terroristes recherchés de peur qu'ils ne révèlent leurs complicités avec son régime. Il accepta seulement de faciliter secrètement, au coup par coup, leur liquidation. Ainsi, Abou Ali al-Harithi a été tué par un drone de la CIA dans le désert de Shaboua, en novembre 2002. Il avait commis la faute majeure d'accorder une interview au *Yemen Times*, ce qui l'avait rendu visible et donc encombrant. Saleh ordonna alors aux tribus : « Ne livrez pas Al-Harithi mais ne l'hébergez pas. » Contraint de vivre dans le désert et de se servir d'un téléphone satellite pour garder le contact avec son entourage, il fut alors aisément repéré par les satellites américains. L'armée yéménite prétendit l'avoir éliminé par un tir d'hélicoptère « parce qu'il avait refusé de se rendre », version que démentirent les Américains en revendiquant son exécution. Six mois avant le 11 septembre 2001, Al-Harithi avait prononcé, en présence du président Saleh, le discours d'inauguration d'un orphelinat financé par Riyad à Sanaa.

Au lendemain de la chute des tours jumelles, l'ex-patron de la CIA George Tenet s'est rendu au Yémen pour mettre en place un protocole d'accord dans la lutte contre le terrorisme, et a offert à ses hôtes des hélicoptères, des instruments d'écoute téléphonique et des navires de surveillance maritime... Une centaine d'instructeurs américains sont arrivés au Yémen tandis que Washington finançait l'armée. La CIA y aurait disposé de prisons secrètes. Les Américains sont fortement implantés aux ministères de l'Intérieur et de la Défense et surveillent de près le pays, certains ordinateurs du ministère de l'Intérieur étant couplés avec ceux de la CIA. Des satellites sont braqués en permanence sur l'espace terrestre et le détroit qui commande l'entrée de la mer Rouge. En dépit de ce déploiement de moyens, la confiance est inexistante entre les deux États. Washington sait que Saleh, « tricheur » par tempérament, ne tient ses engagements que contraint et forcé et que son appareil sécuritaire, allié des islamistes, leur fournit assistance, protection et vrais-faux passeports.

Le financier des opérations terroristes d'al-Qaïda au Yémen, Mohamed al-Ahdal, a été appréhendé à Sanaa en décembre 2003. Le régime a refusé de le livrer aux États-Unis et a mis vingt-cinq mois pour préparer son procès.

Al-Ahdal avait combattu en Bosnie, en Afghanistan et en Tchétchénie, où il a perdu une jambe et l'usage d'un bras. Saleh a toujours refusé de livrer cheikh Zandani, chef du conseil consultatif du RYR, alors qu'il figure sur la liste des onze Yéménites que la CIA voudrait interroger sur leur rôle dans la mouvance terroriste internationale. Le Conseil de Sécurité de l'ONU a gelé ses avoirs et les comptes de ses sociétés et de l'université Al-Iman qu'il dirige à Sanaa – Saleh a offert les terres sur lesquelles a été construite cette université, posé sa première pierre, en 1996, et participé à de multiples manifestations en son sein. Il a inauguré ses bâtiments, où est dispensé un enseignement islamique radical à 5 000 étudiants de cinquante nationalités, réduites à dix après le 11 Septembre. Tout y est soumis à un strict intégrisme, de l'habillement au comportement et aux lectures. Les étudiantes ne peuvent fréquenter ni les étudiants ni les professeurs hommes, dont les cours, donnés dans un autre bâtiment, leur sont dispensés par le biais d'écrans de télévision. Si elles ont des questions à poser, elles ne peuvent le faire que par écrit. Les étudiants polygames bénéficient d'appartements adaptés.

LE POMPIER PYROMANE DU TERRORISME

Sanaa n'est pas seulement par son arrière-plan montagnard la sœur jumelle de Kaboul. Elle offre les mêmes facilités aux islamistes et à l'intégration des moudjahidin dans les structures de l'État. Le nombre d'écoles religieuses mises en place par le RYR dépasse 750, avec un million d'élèves, sans parler des dizaines d'institutions d'entraide sociale qui bénéficient autant des fonds étatiques que de subventions étrangères. Cette complicité a été illustrée par les aveux d'un prisonnier yéménite de Guantanamo, officier des renseignements de l'armée, Abdelssalam al-Hila, qui était chargé du dossier des « Afghans arabes » hébergés au Yémen. La CIA a attiré cette précieuse source d'informations au Caire, où elle l'a enlevée et transportée à Guantanamo.

Au lieu de rompre avec les islamistes, l'État a chargé un religieux, cheikh Hammoud al-Hitar, de les « ramener à la raison ». Ce magistrat, très proche de Saleh, a entamé sa mission en 2002, et elle a abouti à l'élargissement des quelque 400 islamistes. Toutefois, une partie de ces « repentis » a rejoint aussitôt le djihad en Irak, où plusieurs d'entre eux ont trouvé la mort. La persistance de la collusion a été mise en évidence par l'évasion, en 2006, de la prison de la Sûreté politique de 23 terroristes condamnés ou en attente de jugement, dont 13 purgeaient des peines définitives pour les attaques contre l'*USS Cole* et le *Limburg*. Ils ont pris le large grâce à un tunnel de plus de 70 mètres creusé entre une mosquée (où prêche le magistrat cheikh Hammoud al-Hitar) et la prison, ce qui implique des complicités avec al-Qaïda. Le chef des prisonniers, Jamal Badaoui, condamné à quinze ans de prison pour l'attaque du *USS Cole*, s'était évadé une première fois, avec ses codétenus, de la prison d'Aden. Un autre évadé, Faouaz al-Roubayï, était condamné à mort dans l'affaire du *Limburg*.

Depuis la défaite d'al-Qaïda en Arabie, en 2006, les djihadistes du Golfe ont reflué vers les bases yéménites, enflammés par les prêches de l'imam Anouwar al-Awlaki. Cet Américain d'origine yéménite, né aux États-Unis, était en contact avec le major Nidal Hassan, d'origine palestinienne, qui tua 13 soldats américains dans sa base du Texas. Il a animé la branche AQPA, la plus active et la plus imaginative de la nébuleuse, jusqu'à son élimination par un tir de drone américain le 30 septembre 2011. Elle a notamment mis au point et testé la « bombe suppositoire » contre le vice-ministre saoudien de l'Intérieur, Mohammed Bin Nayèf, chef de la lutte antiterroriste en Arabie. Cette invention donne des sueurs froides aux responsables de la sécurité aérienne mondiale, aucun détecteur n'ayant décelé le très discret engin explosif qui transita par plusieurs aéroports et passa même le seuil du palais du prince à Djedda. L'AQPA a adressé en 2010 à des institutions juives à Chicago deux colis piégés qui devaient exploser en plein vol au-dessus de l'Atlantique.

Avec la complicité alternée de Saleh et d'Ali Mohsen, l'AQPA a investi la province d'Abiyan en juin 2011. Fidèle à son rôle de pompier pyromane, le président voulait démontrer aux Occidentaux qu'il était indispensable à la lutte contre une organisation terroriste en expansion. Puis les acteurs se sont mutuellement accusés de ce progrès. Les partisans de Saleh pointent du doigt le général Ali Mohsen, qui entretient des liens étroits avec la nébuleuse terroriste, notamment par l'intermédiaire de son beau-frère, Tarek al-Fodli, leader des djihadistes de Zanjibar. Il est ainsi accusé de vouloir punir le général Mehdi Maqwala, qui a refusé de le suivre en mars dernier et a réprimé les unités militaires d'Aden qui s'étaient ralliées à l'opposition.

Les opposants à Saleh l'accusent d'avoir laissé les dji-hadistes s'emparer d'Abyane. Il aurait ainsi dépêché son ministre de la Défense à Aden pour faciliter une offensive d'al-Qaïda dans cette province : les forces de sécurité commandées par ses neveux se sont retirées de Zanjibar sans prendre part aux combats. Le même scénario s'est reproduit à Houta, dont le directeur de la Sécurité a été convoqué à Sanaa la veille de l'attaque des djihadistes. Pour ses détracteurs, l'objectif de Saleh était d'attirer l'attention des Américains sur les risques d'une transition.

Bien que cette carte serve les intérêts de Saleh, le groupe terroriste n'est pas un instrument entre ses mains comme ont pu l'être les réseaux djihadistes dans les années 1990. En octobre 2010, Qassem al-Raimi, chef militaire d'AQPA, a précisé sa stratégie : « Nous sommes dans la phase qu'ont connue nos frères des Shabab en Somalie et des talibans en Afghanistan avant qu'ils ne s'affichent et qu'ils ne prennent ouvertement le contrôle du terrain. » AQPA a sans doute estimé que la division de l'armée et l'affaiblissement du régime offraient une occasion pour agir à visage découvert.

Cette attitude, au moment où le régime yéménite faiblit et où les services de sécurité sont occupés par la répression de l'opposition, a incité Washington à entrer en action en relançant ses frappes aériennes, suspendues depuis mai 2010. Les drones Predator ont traité plusieurs cibles à Shebwa, Mareb et Abyane, et réussi à éliminer certains cadres d'AQPA : Abou Ali al-Harithi à Shebwa, Omar al-Wa'chi à Abyane, Abou Aymane al-Masri (responsable médias d'AQPA) et Ali Saleh Ferhane (un des émirs d'AQPA) à Mareb. Les avions américains ont également pris part aux opérations contre les djihadistes à Zanjibar et à Jaar. Ces frappes ont été menées par le Joint Special Operations Command en coordination avec la CIA, qui assure la liaison avec les services de renseignements yéménites et saoudiens.

Selon l'ancien chef d'état-major américain, Mike Mullen, Washington fait de la lutte contre les terroristes de la péninsule Arabique le principal critère de son positionnement dans le conflit politique au Yémen. Après l'hospitalisation de Saleh à Riyad, l'ambassadeur américain, Gerald Feierstein, s'est entretenu avec les dirigeants de l'opposition à Sanaa pour s'enquérir de leur disposition à donner la priorité à la lutte contre AQPA. Washington se prépare également au scénario du chaos et à celui de l'installation d'un régime non coopératif avec la construction de plusieurs nouvelles bases, dont une probablement à Djibouti, qui seront achevées avant la fin 2011. Elles seront gérées par la CIA pour mener des opérations clandestines contre AQPA au Yémen (raids aériens ou opérations commandos au sol). Pour Washington, l'occasion que représente la concentration de dirigeants d'AQPA à Abyane constitue une opportunité tactique de premier ordre. En effet, sont regroupés au Yémen, au même titre qu'à la frontière pakistano-afghane, les principaux dirigeants opérationnels d'al-Qaïda susceptibles de mener des représailles à la suite de la mort de Ben Laden. La perspective de leur élimination réduirait les capacités opérationnelles des terroristes et fragiliserait davantage ce groupe déstabilisé par la perte de son fondateur et leader charismatique.

Un volcan en perspective

En cet automne 2011, le Yémen s'enfonce dans une terrible impasse : le président est précipitamment revenu de son hôpital saoudien pour torpiller l'initiative des monarchies du CCG, qui était sur le point d'aboutir. Pourtant, elle lui garantissait l'impunité pour lui-même et pour son clan et la jouissance de sa fortune. Sa logique repose sur le raisonnement suivant : « Je n'ai pas perdu la bataille militaire pour abdiquer puisque je ne l'ai pas encore livrée. Si vous m'invitez à quitter le pays sans engager la bataille, il faut que mes ennemis partent aussi. »

Sa rencontre à l'hôpital avec John Brennan, le conseiller antiterroriste de Barack Obama, le 10 juillet n'a pas infléchi sa détermination. Son entêtement conduit le pays à la guerre civile. Animé par la colère, le président pourrait aisément contrôler la capitale, où il déploie 100 000 militaires, alors que ses adversaires, les Ahmar, se font discrets et réunissent leurs forces aux portes de Sanaa. Déjà, l'aéroport de la capitale est dans la zone des combats d'Arhab. Pour faire face aux divisions de sa tribu, tiraillée entre les Ahmar, Ali Mohsen et lui-même, il a acheté l'allégeance de deux tribus incitées à manifester les vendredis place Tahrir à Sanaa, pour faire face aux contestataires qui envahissent la place Taghïir (« changement »), beaucoup plus nombreux. Il s'agit des Al-Hidha, issus de la province de Zhamar, au sud de la capitale, et des Bani Zubyan de l'est de Sanaa. Leurs services sont tarifés, chaque manifestant reçoit son billet et sa consommation de kat, avec un transport gratuit.

En revanche, les révolutionnaires sont dix fois plus nombreux et tiennent des permanences toute la semaine. La force de ce groupe vient des valeurs qu'il défend – qui sont communes aux autres révolutions arabes – et des jeunes universitaires qui le composent. Sa faiblesse est due à son émiettement, sa déstructuration et l'appartenance de ses animateurs à de multiples tribus. *In fine*, l'appartenance tribale reste encore l'identité première et naturelle des Yéménites.

La figure de proue de cette aile radicale des manifestants est la jeune journaliste de 32 ans, Tawakkol Karman, une des premières initiatrices de la révolte, hostile à tout compromis avec le régime qui l'a plusieurs fois arrêtée et torturée, et première femme arabe prix Nobel de la paix en 2011. Dans une tribune publiée par le *New York Times* le 18 juin 2011, elle a dénoncé la volonté des États-Unis et de l'Arabie de « préserver le statu quo en s'assurant du maintien de la vieille garde au pouvoir (pour) sauver leurs investissements dans les services antiterroristes de Saleh ». Elle a tenté de rassurer les États-Unis en leur proposant un « vrai partenariat (qui) garantirait la coopération contre le terrorisme » et a assuré les Saoudiens que « la révolution ne traversera pas la frontière » tout en dénonçant leur « achat des chefs tribaux et des politiciens qui compromet l'établissement du règne de la loi et le développement économique ». Karman a émis une mise en garde contre tout scénario d'éloignement de Saleh et de préservation du régime qui « mènerait à la guerre civile ». Il est très rare de rencontrer un raisonnement aussi lucide qu'articulé au Yémen.

Quant aux Partis du Rassemblement commun (PRC), ils sont à la fois idéologiquement aux antipodes et structurellement écartelés et dépourvus de moyens d'action communs. À vrai dire, le Yémen n'a pas les mêmes structures sociales que la Tunisie ou l'Égypte. Au pays des tribus par excellence, les institutions étatiques sont très faibles, la société civile est embryonnaire et la classe moyenne inexistante. Le mouvement en cours répond à une colère légitime contre Saleh et son régime, à une aspiration au changement, mais il s'apparente aussi à une révolution par mimétisme.

Saleh a constitué un réseau de clients-associés qui ont tout, au détriment de la masse privée de tout, dans un pays où le taux d'illettrisme dépasse les 50 %. Au cours de l'été 2011, le courant n'a été disponible qu'une heure et demie par jour, alors qu'il y a un an il fonctionnait vingt-deux heures par jour. Le diesel, l'essence et le gaz sont quasiment en rupture de livraison, malgré les aides fournies par l'Arabie et les Émirats arabes unis. L'oléoduc qui dessert la capitale en carburant a été maintes fois plastiqué sur les terres d'une tribu loyaliste. L'État ne s'est pas hâté pour le réparer, voulant signifier au peuple que l'instabilité et le chaos seraient contraires à ses intérêts. Selon les estimations d'ONG, 10 millions de yéménites sur 22 sont au bord de la famine, alors que la population double tous les quinze ans dans un pays dépourvu de ressources. La situation des finances publiques est telle que, pendant le mois de juin, les enseignants du public ont touché seulement une demi-solde, alors que les caisses de l'État sont vides et que l'instabilité a empêché le pays d'exporter toute sa production d'hydrocarbures.

Si le président Saleh devait retrouver la raison, le pays pourrait se diriger vers une forme de fédéralisme, maintenant que les Houthis ont imposé une autonomie *de facto* dans le Nord, et que le Sud, avec l'affaissement du pouvoir central, a pris ses distances et s'apprête à faire sécession si le chaos s'installait dans le Nord. Les sudistes s'estiment lésés par « leur annexion » par le Nord depuis 1994. Ajoutons que le Hadramaout, dans le Sud-Est du pays, songe aussi à prendre son autonomie.

Faute d'un accord pour restructurer le pays sur une base fédérale, le Yémen risque de se transformer en une nouvelle Somalie. Cette hypothèse est renforcée par le jeu trouble de plusieurs acteurs étatiques avec al-Qaïda, qu'ils ont soutenue pour mieux l'instrumentaliser.

L'Arabie, qui finance les divers protagonistes, aurait pu peser sur le sort de son voisin. Mais elle est trop aboulique pour prendre des initiatives et les faire aboutir. Pourtant, les Occidentaux misent sur l'influence de l'Arabie et du CCG et manifestent leur soulagement à chaque fois qu'ils s'aperçoivent que les acteurs régionaux sont impliqués dans la recherche d'une solution. En réalité, l'Arabie est animée par deux idées contradictoires : que le pouvoir ne sombre pas dans une guerre civile qui la menacerait directement, et qu'il ne devienne pas suffisamment fort pour réduire son influence sur sa clientèle yéménite. En même temps, l'Arabie voudrait créer des oléoducs qui lui permettraient d'exporter son pétrole sans passer par le détroit d'Ormuz et qui déboucheraient directement dans l'océan Indien – à condition de pouvoir contrôler et sécuriser elle-même son tracé. Résultat : le « canard boiteux » yéménite est en passe de se transformer en abcès purulent et d'infecter la zone de la mer Rouge et celle de la Péninsule arabique.

Libye

LA SORTIE DE SCÈNE D'UN PITRE SANGUINAIRE

Le colonel Kadhafi a eu toutes les raisons de maudire l'année 2011 qui l'a soumis à une insoutenable torture à petit feu. Depuis le coup d'État de 1969, il avait exercé un pouvoir absolu, créé un appareil de répression exceptionnel, mis la main sur d'immenses richesses et préparé une succession dynastique. Son étonnante longévité tenait à trois éléments clés : l'instauration d'un système calqué sur les structures tribales et alimenté par la rente pétrolière ; la mise en place d'institutions pseudo-révolutionnaires opaques qui, au prétexte de donner le pouvoir au peuple, lui permettaient d'en être l'unique détenteur, sans avoir à rendre de comptes ; enfin, la multiplication des services de sécurité visant à diluer, à neutraliser ou à réprimer toute concurrence. Jusqu'à la révolte du 17 février 2011, le régime avait surmonté beaucoup d'épreuves. Honni pour son soutien au terrorisme international et un cynisme de maître chanteur dont témoigna l'affaire des infirmières bulgares, Kadhafi s'était refait un semblant de virginité après le 11 Septembre, à la faveur de la lutte antiterroriste. Grâce à ses pétrodollars, il avait réintégré les institutions internationales et avait été accueilli avec les honneurs à Paris, Rome, Madrid ou Lisbonne.

Sous des apparences folkloriques et clownesques, le Guide a montré de la cohérence dans sa perversité, sa mégalomanie et son narcissisme. Il a adopté et suivi une stratégie claire : instaurer un maquis institutionnel indéchiffrable pour l'étranger lui permettant de verrouiller le système et de privatiser pour l'éternité la Libye à son seul profit. Pourquoi le Guide devrait-il rendre compte à ses concitoyens de ses choix politiques, dès lors qu'il ne fait pas appel à leur contribution et garantit leurs moyens d'existence ? Toute son habilité a consisté à masquer cette domination absolue par la mise en place d'institutions « révolutionnaires » qui sont venues encadrer les populations et les pouvoirs tribaux, de la base de la société jusqu'au sommet de l'administration. Il n'a pas suffi de soumettre les casernes pour y parvenir, il a fallu vider l'État de toute substance, désarticuler les institutions et kidnapper le pouvoir pour en devenir la seule incarnation. La « Grande Jamahiriya arabe libyenne populaire et socialiste » s'est renforcée avec la prise de contrôle des sociétés pétrolières (1973) et la redistribution de la rente.

Dès 1970, Kadhafi a échappé à plusieurs tentatives d'assassinat et de coups d'État menés par des ennemis ou d'anciens hommes de confiance. Pour empêcher toute alliance contre lui, à de rares exceptions près, les dirigeants restaient peu de temps à leur poste et aucun d'entre eux ne disposait d'un pouvoir réel qui aurait pu un jour menacer sa suprématie. Il avait en effet pour devise : « Vous ne disposez même pas de votre personne » *(la tamloukouna amra anfousikom)*. En application de ce principe, le patron de l'appareil sécuritaire et l'homme le plus puissant de Libye après Kadhafi jusqu'à sa défection, Moussa Koussa, a été régulièrement placé en résidence surveillée. Surtout quand il rentrait de Washington, moyen efficace de lui rappeler les limites de son pouvoir. Il en alla de même pour son compagnon de route et ministre des Affaires étrangères, Abdelrahman Chalgam. Aucun écart n'était toléré à l'intérieur du pouvoir, dans la structure informelle qui rassemblait ses fils, ses cousins et ses fidèles chargés de la sécurité.

TENUES EXTRAVAGANTES ET TENTE EN TROMPE-L'ŒIL

L'attachement qu'affichait Kadhafi à sa tente et à ses origines bédouines ne doit pas faire illusion : il disposait de résidences et de fermes très luxueuses où il passait ses nuits, en sécurité et à l'abri de toute curiosité. Depuis le raid américain contre sa résidence fortifiée de Bab Azizia à Tripoli, en 1986, et malgré l'observation des satellites auxquels on ne peut rien dissimuler, il était très rare, avant même l'intervention de l'OTAN, qu'il passât plusieurs nuits de suite sous le même toit. Son obsession sécuritaire lui commandait de veiller la nuit, période qui fut celle de son propre coup d'État, de se coucher à l'aube et de recevoir l'après-midi et le soir, sans jamais donner de rendez-vous précis.

Une fois installé aux commandes, ce grand narcissique n'a cessé de courtiser les intellectuels susceptibles de le flatter, de l'inspirer et de légitimer ses théories. Il s'est très vite convaincu d'être une sorte de prophète, supérieur à tous ses pairs arabes, et se comparait à un Bismarck ou à un Garibaldi des temps modernes. L'unique mission des médias libyens était de le glorifier en propageant sa « pensée » et en faisant du Livre vert le nouveau Coran de la Libye. À ce compte, il finit par se prendre pour un monarque et un homme providentiel, imposant un rituel de cour et se faisant appeler *Qaéd*, l'équivalent arabe de « Führer ». D'ailleurs, il n'a jamais caché son admiration pour ce dernier, répétant souvent que si Hitler avait gagné la guerre, il aurait été considéré comme un héros, mais que l'histoire est sans pitié pour les vaincus !

Kadhafi a forgé ses fumeuses « théories » en s'inspirant de ses rencontres, et particulièrement de celle avec un brillant intellectuel libyen, Sadeq Naïhoum, qu'il a fréquenté de 1971 à 1985 et qui disparut au début des années 1990. Fort de ce bagage, il a décrété la « révolution culturelle » à l'occasion d'un discours resté célèbre prononcé à Zouwara en avril 1973. À partir de 1974, il a multiplié les lectures, se considérant comme une personnalité internationale bien supérieure à Nasser. Pour souligner son statut d'exception, il a commandé auprès de plusieurs tailleurs des tenues extravagantes : maréchal bédouin, sportif de haut niveau, chef d'État africain arborant sur sa poitrine la carte du continent, enfin « Roi des rois d'Afrique », couronné en août 2009, à la veille de sa participation à l'Assemblée générale de l'ONU. Il arborait de temps à autre un collier, une moustache, des couvre-chefs de tous les modèles, comme s'il voulait brouiller par ces déguisements sa véritable identité. Pour afficher sa jeunesse permanente, il s'était fait implanter des cheveux par une équipe sud-américaine venue l'opérer sur place, et se faisait régulièrement injecter du Botox afin de gommer les rides et les généreuses poches sous les yeux qu'ont aggravées les nuits blanches et des prises excessives de médicaments.

DES INSTITUTIONS OPAQUES À DESSEIN

Officiellement, Kadhafi ne présidait pas la Libye ; il n'en était que l'« inspirateur » et le « Guide ». Cette subtilité remonte à 1977, lorsque, tirant les leçons de deux tentatives de coup d'État fomentées par ses compagnons d'armes, pour « instaurer une légalité républicaine » et mettre fin à la « dérive autocratique », il a démissionné du Conseil de commandement révolutionnaire (CCR), organe de direction du pays depuis 1969, et proclamé la « Charte du pouvoir du peuple ». Quatre ans plus tôt, en avril 1973, il avait annoncé une « révolution culturelle » pour « épurer la Libye des malades » (les « bourgeois », les « communistes » et les « islamistes »), et avait proclamé « l'avènement de l'ère des jamahyres » (les « masses populaires »). Des « Comités populaires », doublés de « Congrès », avaient été créés à de multiples échelons. Kadhafi venait ainsi de mettre en place une structure étatique opaque, à la fois parallèle et pyramidale. Ce faisant, il avait jeté les bases d'un système politique dont il est resté l'unique artisan et le seul à en contrôler le fonctionnement.

La « Charte du pouvoir du peuple » de 1977 a transféré à celui-ci, du moins sur le papier, les prérogatives qu'accordait la Constitution provisoire de 1969 au CCR. Dès lors, les « Congrès populaires » étaient censés « décider » et les « Comités populaires » « exécuter ». Kadhafi présentait cette fiction comme le plus abouti des modèles démocratiques et n'hésitait pas à qualifier le système représentatif occidental de « fausse démocratie » et « d'imposture », comme il le répéta devant les députés belges lors d'un voyage à Bruxelles en 2004.

Pour investir et quadriller l'armée, l'administration et les entreprises publiques sous prétexte d'« orienter et de dynamiser les Congrès et les Comités populaires, et défendre la révolution », Kadhafi a créé des « Comités révolutionnaires » (CR) qui formaient de fait une puissante police politique et idéologique. Présents aux trois échelons des institutions de la Jamahiriya, les Comités transmettaient les « ordres » de Kadhafi et réprimaient toute contestation ou critique. À chaque fois qu'une mesure gouvernementale était jugée un tant soit peu libérale, les CR formaient un front de refus, piloté en sous-main par Kadhafi, ce qui permit, comme on le verra plus loin, d'évincer du pouvoir le réformateur Choukri Ghanem en mars 2006. Les CR étaient recrutés parmi les tribus de la région de Syrte (centre-nord), le berceau de Kadhafi ; ils suivaient des formations paramilitaires et doctrinaires sévères, et étaient dotés de moyens financiers et matériels conséquents. Leur puissance a atteint son apogée au milieu des années 1980, lorsque leurs prérogatives exceptionnelles se sont étendues à la justice[1], au secteur pétrolier et au contrôle des frontières et du commerce. Au début des années 1990, Kadhafi leur a retiré leurs pouvoirs d'exception en raison d'abus en tous genres, mais ils sont restés la garde prétorienne sociopolitique et idéologique du régime. Directement rattaché à Kadhafi, leur « Bureau de liaison » était basé au QG du Guide à Tripoli.

Dans le même esprit, Kadhafi a morcelé l'armée en petits bataillons autonomes de 1 000 à 1 500 hommes, et il a maintenu à sa tête le septuagénaire Aboubaker Jaber Younès, l'un des rares officiers de couleur du pays (sa mère était tchadienne), sachant que les tribus araboberbères ne feraient jamais cause commune avec ce sang-mêlé. La « Charte du pouvoir du peuple » a par ailleurs enlevé à l'armée son monopole en créant une « Armée populaire » mieux équipée d'environ 40 000 hommes. Pour ne négliger aucune précaution, l'armée régulière a été éloignée du littoral peuplé pour être cantonnée dans le Sud désertique, et se perdre dans les sables de la guerre avec le Tchad (1978-1988). Pour mieux la surveiller, Kadhafi a créé la « Garde révolutionnaire », intégrée à l'état-major des forces armées avec pour mission de les encadrer sur le plan idéologique et de les contrôler au niveau opérationnel[2]. Ne regroupant pas plus de 2 000 hommes dans les années 1980, la Garde révolu-

---

1. Les Comités révolutionnaires pouvaient alors condamner des opposants et les faire pendre en public sans passer par un tribunal.
2. Les officiers de la Garde révolutionnaire contrôlent les dépôts d'armes et de munitions.

tionnaire en comptait près de 50 000 au début de 2011. Enfin, pour protéger les grandes villes de toute tentation de s'élever contre lui, le Guide a créé neuf « bataillons de sécurité » très bien équipés et entraînés, forts de 40 000 hommes et commandés par ses fils ou des officiers appartenant à sa tribu. Ce recrutement tribal s'est ensuite étendu à l'ensemble des forces de sécurité.

LA TRAQUE DES « CHIENS ERRANTS » DE L'OPPOSITION

Kadhafi a « dissous » l'opposition de deux façons : en ordonnant l'assassinat des « chiens errants, pour disposer de leurs femmes et rendre orphelins leurs enfants », ou en se les ralliant par des largesses. Sa tâche a été facilitée par l'éradication de toute société civile et l'exil des élites terrorisées. D'emblée, son règne a baigné dans une mer de sang. Ainsi, grâce aux révélations de Chalgam[1], nous savons que l'un des accusés d'une tentative de coup d'État en 1975, Omar Alméhaïchi – réfugié en Égypte puis au Maroc, il fut livré par Hassan II contre 200 millions de dollars, deux cargaisons de pétrole et un changement de la position de Tripoli sur le Sahara occidental –, fut exécuté : « Dès son arrivée, il fut, après interrogatoire, égorgé comme un mouton. »

Le seul homme qui comptât dans l'« État des masses » étant son Guide, peu importait que l'administration fût pléthorique – un million de fonctionnaires pour 6 millions d'habitants –, inefficace et corrompue. À Tripoli,

---

1. *El-Hayat* du 18/7/2011.

on distinguait deux types de fonctions : les « mâles » et les « femelles », selon l'intellectuel libyen Idriss Bushreida. Les premières pouvaient être honorifiques et intéressantes, mais ne rapportaient rien, les secondes étaient « fécondes » car elles permettaient la corruption. Kadhafi avait la haute main sur la sécurité, les hydrocarbures, les nominations et les mutations à partir du plus petit grade, mais aussi sur le budget... Les ministres ne disposaient pas de celui de leur département et les virements de fonds se faisaient au jour le jour, sur instructions personnelles du Guide au gouverneur de la Banque centrale.

Au fil des ans et des expériences, Kadhafi a évolué. Les années 1970 ont été celles de l'énoncé de ses recettes révolutionnaires et de l'affirmation de son pouvoir personnel. Les chocs pétroliers de cette décennie et les richesses brutalement amassées lui ont permis d'intensifier son interventionnisme à l'étranger, au prétexte de « venger l'humiliation coloniale subie par la Libye ». Son objectif affiché était l'unification arabe, mais rien ne l'autorisait à épouser le rêve brisé de Nasser, ni la situation géopolitique de son pays bien éloignée de celle de l'Égypte, ni son histoire, ni son rayonnement culturel, ni son poids démographique. Il vit si peu venir l'effondrement de l'URSS que, moins d'un an avant la chute du mur de Berlin, il alla proposer à Gorbatchev... d'intégrer la Libye au pacte de Varsovie !

Dans les années 1990 et suite aux attentats terroristes contre les vols d'UTA et de la Pan Am, la Libye subit le régime des sanctions, l'embargo et l'isolement, voire l'abandon de ses partenaires arabes, et chercha le soutien de l'Afrique. L'Union africaine, mise en place à cet effet, était, à l'évidence, contraire à la nature et aux intérêts d'une Libye sous-peuplée et très riche. Pourtant, c'est sur le continent noir que le « Guide » acheta l'allégeance de plusieurs chefs d'État, au garde-à-vous devant lui pour quelques valises de billets. Assoiffé de reconnaissance et de « rayonnement continental », il voulait devenir une référence pour les Africains et l'arbitre de leurs conflits en même temps qu'un « partenaire reconnu » par la France en Afrique francophone et par les États-Unis sur le reste du continent, tout en sauvegardant sa propre autonomie. Toutefois, à quelques semaines de la tenue en Libye d'un sommet consacré à l'Union africaine, des pogroms avaient visé les immigrés d'Afrique noire, révélant que les Libyens désapprouvaient les projets mégalomanes de leur Guide. En 2007, Tripoli décida de fermer ses portes aux étrangers, sauf aux Tunisiens, sous prétexte de combattre l'afflux d'immigrés clandestins, source de criminalité et de maladies.

UN DROIT DE CUISSAGE PLANÉTAIRE

Bien que persuadé d'être infaillible, Kadhafi prenait ses décisions après avoir consulté ses sorciers africains. Grand amateur de femmes, il appréciait tout particulièrement les Européennes et les Juives, sans doute par un complexe d'infériorité à l'égard des ex-colonisateurs et du peuple élu. Ses six « infirmières », recrutées en Europe de l'Est et qui ne le quittaient pas d'une semelle, gardent de lui un bon souvenir, car il les couvrait de cadeaux. Un télégramme diplomatique américain révélé par

Wikileaks qualifie l'Ukrainienne Galina de « voluptueuse » et laisse entendre qu'elle avait une relation privilégiée avec son illustre patient. D'autres sources citent la Serbe Draga. Les deux hypothèses ne sont pas incompatibles !

Les Libyennes avaient moins de chance : malheur à celle qui était à son goût et croisait son regard. Il est ainsi tombé sous le charme fou d'une universitaire vue à l'une de ses conférences et a ordonné à ses gardes de la retrouver et de l'inviter à le rencontrer. Cette dénommée Maghboula a été dénichée par les gardes de Kadhafi au foyer des jeunes filles de la cité universitaire. Ceux-ci ont alors demandé à son directeur, Omar Tafour, de la convoquer pour une rencontre avec le *Qaéd*. Courageux, le directeur a rappelé le règlement : « Je ne peux pas faire sortir une fille sans l'avis de ses parents et je ne suis pas un maquereau. » Prudent, l'homme a présenté sa démission dans la foulée. La fille a été amenée dans un chalet à Tajoura, à proximité de Tripoli. Le lendemain, le Guide est venu lui rendre visite, lui a fait verser 4 000 dinars et lui a donné rendez-vous pour la semaine suivante. Devenue sa maîtresse, elle est tombée enceinte et Kadhafi lui a promis de la marier à l'un de ses officiers. Le doyen de la faculté de Benghazi, Ahmad Jahani, avait de la sympathie pour cette beauté exceptionnelle qui venait lui rendre visite dans son bureau, la porte toujours ouverte. Jaloux, Kadhafi a envoyé ses hommes corriger le téméraire. Deux de ses hommes sont entrés dans le bureau du doyen, ont baissé son pantalon, et le couteau à la main, lui ont dit : « Si jamais tu reçois encore cette étudiante dans ton bureau, tu vois à quoi tu t'exposes. » Le doyen s'est effondré, sa peau est devenue tigrée, il est resté trois semaines entre la vie et la mort et a fini par se faire hospitaliser en Suisse !

DES FILS ARROGANTS ET BAMBOCHEURS

Hormis Mohamad, son fils de son premier mariage, et Saïf al-Islam, l'aîné de son deuxième mariage, tous les garçons de Kadhafi (Saadi, Motassim, Hannibal, Khamis et Saïf el-Arab) se comportent avec violence et mépris à l'égard des responsables du régime. En fait, ils ne font qu'imiter leur père. Seuls Mohamad, fils unique d'une mère mise à l'écart et isolé par ses demi-frères, et Saïf al-Islam, qui a suivi des études en Europe, échappent à ce modèle. Mais aucun n'avait osé jusque-là s'en prendre de cette manière aux piliers du régime comme l'a fait Motassim. Dans le monde arabe, seuls les fils de Saddam Hussein (Qoussaï et Oudaï) avaient été aussi loin. Mais ce que Mahmoudi et Koussa acceptent de la part de Kadhafi, ils ne peuvent l'accepter de la part de ses enfants. Et ils l'ont fait savoir.

En fait, en tentant d'imposer sa propre volonté sur les plus hauts dirigeants de l'État, Motassim a cherché à s'imposer sur son père, ce que ce dernier ne pouvait laisser passer. D'autant plus que Motassim n'en est pas à sa première insubordination. En octobre 2001, alors qu'il commandait le 77ᵉ bataillon, le mieux équipé et le mieux entraîné des forces armées, Motassim a voulu procéder à des manœuvres malgré le véto de son père. Aux officiers du bataillon de la « Garde verte », force d'élite chargée de la sécurité de Kadhafi, envoyés par ce dernier pour empêcher la tenue de la manœuvre, les officiers du 77ᵉ bataillon ont refusé d'obéir, affirmant ne répondre qu'aux ordres de Motassim. Kadhafi a dû se rendre personnellement sur place, provoquant la fuite de Motassim en Égypte, où il est resté jusqu'en avril 2002. Il n'est rentré qu'après l'intercession du président égyptien, qui l'avait élevé au rang de lieutenant-colonel.

Saadi, l'aîné de Motassim, que Kadhafi avait choisi pour prendre en main les forces spéciales et de lutte antiterroriste, avait été écarté par son père en 2007 après une crise similaire et des mœurs « déviantes ». Saadi a dû fuir la Libye pour l'Italie, via la Tunisie, pour échapper à Kadhafi qui avait demandé son arrestation. Saadi s'était comporté comme un voyou face aux hauts officiers de la marine qui s'opposaient à sa tentative de confisquer des terrains appartenant à la marine pour un projet immobilier concocté avec des investisseurs du Golfe. Après des mois d'exil, Saadi est rentré en Libye mais n'a jamais retrouvé ses responsabilités à la tête des forces spéciales et de lutte antiterroriste. Kadhafi a alors créé le Conseil de sécurité nationale pour chapeauter l'ensemble des services de renseignements et des forces spéciales et l'a confié à Motassim.

Cette charge donna à Motassim l'occasion de fréquenter tout ce qui compte dans le renseignement international. Il reçut à Tripoli le coordinateur des questions de défense entre le Royaume-Uni et la Libye, le général Robin Searby, accompagné du major Matt Pierson, responsable du bureau Afrique du Nord au ministère de la Défense britannique. Motassim se moquait ouvertement de son frère aîné et rival, le qualifiant de *Saif al-Ahlam* (l'« épée des rêves ») pour souligner que ses promesses réformatrices n'avaient jamais été tenues. Cela ne l'empêchait pas de se livrer aux mêmes privautés que son père. En janvier 2009, la presse britannique s'est intéressée au « réveillon antillais » de Motassim, au Nikki Beach de Saint-Barthélemy. La fête avait en réalité débuté à la mi-décembre au Nikki Beach de Marrakech, puis s'était poursuivie à Cuba, avant de se conclure à « Saint-Bart ». Motassim avait déboursé 2 millions de dollars pour s'offrir un concert privé de la chanteuse américaine Beyonce et des photos le montraient à ses côtés, entouré de playmates et occupé à fumer et à boire. Ces clichés ont rapidement été diffusés par les sites de l'opposition libyenne basée à l'étranger. Elles ont choqué les Libyens en révélant un style de vie plus proche de celui d'une star du show-biz que d'un responsable de la Sécurité nationale.

Motassim a immédiatement réagi. Dès le 24 janvier, il a imposé au directeur général de l'Autorité de régulation des télécommunications, Ahmad al-Khaitouni, la censure des sites Internet d'opposition, ainsi que de YouTube en Libye. Al-Khaitouni s'est exécuté, mais il a présenté sa démission pour dénoncer le procédé, avant de gagner la Turquie avec sa famille. Cette censure, qui n'a pas empêché les Libyens d'accéder aux photos en contournant les sites bloqués, a été levée quelques jours plus tard par le Premier ministre et les responsables du Service de sécurité extérieure (SSE), lequel surveille les réseaux de télécommunications et Internet. Furieux,

Motassim s'en est alors pris à Moussa Koussa, ministre des Affaires étrangères et ancien patron du SSE, allant jusqu'à le gifler, et au Premier ministre, qu'il est allé insulter dans son bureau, l'humiliant devant des collaborateurs médusés. Enfin, il est allé faire une scène à son demi-frère, Mohamad, président de la General Post & Telecommunication Company, qui a refusé de céder, laissant entendre que la levée de la censure avait été décidée par Saïf al-Islam, ce qui n'a pas calmé son interlocuteur. Mais ce que Koussa et Al-Mahmoudi acceptent de Kadhafi est intolérable de la part de ses enfants et ils l'ont fait savoir. Motassim n'en était pas à sa première insubordination mais les photographies en cause tranchaient avec celles qu'il avait pris soin de faire diffuser afin d'asseoir sa « notoriété internationale » et qui le montraient aux côtés du ministre russe des Affaires étrangères, Sergueï Lavrov, à Moscou, ou de la secrétaire d'État américaine, Hillary Clinton, à Washington.

DU TERRORISME RÉEL AU RÉFORMISME VERBAL

À ses débuts, Kadhafi se contentait de jouer des divisions tribales pour assurer la sécurité de son régime. La fronde des Megarha, après que deux d'entre eux eurent été sacrifiés sur l'autel de la « réhabilitation internationale » du régime[1], a amené Kadhafi à procéder au rem-

---

1. Deux Megarha ont été incriminés : Sanoussi, qui a été condamné par la France dans l'affaire UTA, et Megrahi, qui a été condamné dans l'affaire Lockerbie.

placement de plusieurs d'entre eux par des Kadhadfa. En revanche, il a refusé de livrer son beau-frère, Abdallah Sanoussi, à la France, par crainte de la réaction des membres de sa tribu, et a veillé à s'attacher ses services ainsi que sa connaissance de la nébuleuse islamique, en le nommant en 2002 à la tête du Service de renseignement militaire (SRM). Sanoussi a longtemps travaillé comme directeur de la section extérieure de l'Organisation de sécurité de la Jamahiriya (OSJ)[1], ce qui intéresse particulièrement les services de renseignements occidentaux.

SRM et OSJ sont directement liés au Bureau de renseignements du Guide, une structure de coordination élevée au rang d'organe de direction. L'OSJ a été dirigée par Moussa Koussa des années 1980 jusqu'à sa nomination comme ministre des Affaires étrangères en 2009. Il a fait défection en mars 2011. Ayant maintenu de bonnes relations avec les dirigeants de la CIA, c'est lui que Kadhafi avait chargé des négociations secrètes avec les Américains et les Britanniques au lendemain du 11 Septembre.

Si les appareils sécuritaires sont le premier pilier du régime, puisqu'ils assurent sa survie, la Compagnie pétrolière nationale (NOC) garantit la pérennité financière du système. Très tôt, Kadhafi a fait en sorte d'en disposer exclusivement. La production et l'exploitation pétrolière n'entraient pas dans les prérogatives du Congrès général

---

1. Cette section est chargée principalement de la traque des opposants à l'étranger. L'OSJ comprend également une section intérieure.

du peuple, théoriquement l'instance politique la plus importante. Il fallut attendre la création du Council for Oil and Gas, sous l'autorité du Premier ministre, pour voir enfin la gestion de la manne pétrolière présentée au Congrès.

La Lafico est le troisième pilier du pouvoir. Surnommée la *cassa forte* (« coffre-fort ») par les Italiens, ses avoirs sont disséminés dans une centaine de pays et une dizaine de centres off-shore. La traque financière lancée par les services américains dans les années 1970-1980 et la prudence maladive de Kadhafi expliquent en partie cette dissémination. La transition libyenne n'a pas pour finalité de démanteler ces piliers, mais bien au contraire de les consolider en exploitant au mieux le nouveau contexte international.

Après avoir démontré l'impuissance de l'opposition et sa propre souplesse idéologique et géostratégique, Kadhafi engagea avec Washington et Londres des négociations sur les conditions de sa « réhabilitation ». Il parvint à un accord sur les modalités d'organisation du procès des deux accusés libyens, qu'il livra à un tribunal écossais réuni aux Pays-Bas en 1999. Auparavant, il avait entamé avec Jacques Chirac des négociations sur un règlement de l'attentat contre l'appareil de l'UTA par une indemnisation financière.

Le règlement de ces dossiers permit la levée des sanctions de l'Union européenne et la suspension de celles de l'ONU. Le 11 Septembre et la réorientation de la stratégie américaine dans le monde arabo-musulman offrirent au dirigeant ainsi « réhabilité » l'occasion d'engager des discussions directes avec les Américains contre leur ennemi commun, al-Qaïda. Washington n'avait pas oublié que la Libye avait été la première à lancer un mandat d'arrêt international contre Oussama Ben Laden en 1998. Les négociations directes s'engagèrent à Londres deux mois après les attentats de New York et un accord fut conclu un mois après la chute de Bagdad, en avril 2003... L'ONU leva définitivement ses sanctions cinq mois plus tard.

À la suite des menaces explicites proférées par George W. Bush et transmises à Tripoli par le président algérien Bouteflika, Kadhafi décida de démanteler son programme d'armes de destruction massive (ADM), et chargea son fils Saïf d'entrer en contact avec Londres à cet effet. Un message sur le standard du MI6 provoqua très vite l'ouverture des pourparlers[1] et Tripoli annonça sa renonciation à ses programmes ADM en décembre 2003. Un mois plus tard, Washington levait les sanctions économiques imposées en 1986. Les compagnies pétrolières américaines furent autorisées à revenir en Libye dès avril 2004.

UNE « LIBÉRALISATION » SABOTÉE

La « réhabilitation » internationale et la normalisation avec Washington se sont accompagnées du lancement de timides réformes économiques, exigées par les Américains. En gage de sa bonne foi, Kadhafi a pour la première fois installé à la tête du gouvernement un libéral

---

1. *El-Hayat* du 18/7/2011.

(Choukri Ghanem)[1] avec pour mission de « réformer l'État et l'économie ». Sa manière d'introniser le nouveau promu devant le Congrès général du peuple éclaire sa méthode et sa véritable intention – ne rien changer sur le fond : « Si j'ai envie de parler, c'est pour vous dire que rien ne me satisfait. Tout cela je n'en suis pas responsable ; je n'ai rien à voir avec le système économique, social, judiciaire ou éducatif [...]. Tout est falsifié depuis le début... Qu'attendiez-vous de ces types, ils falsifient tout ! Des slogans creux et des affiches sans contenus. Non, je vous prie de ne pas m'attribuer ce genre de choses [...]. Que pouvons-nous faire ? Je ne suis pas un expert économique ou administratif. Je ne vous ai jamais dit que je tenais la solution des problèmes économiques. »

Regardant Choukri Ghanem, il lui a lancé : « Trouvez une solution. » Puis s'adressant à l'assemblée : « Cette personne va entrer en action. Vous vous êtes habitués à ce qu'on vous présente une personne issue des Comités

---

1. Docteur en économie internationale de la Fletcher School of Law & Diplomacy de Tufts University, aux États-Unis, Ghanem a débuté sa carrière à la direction du commerce international au ministère libyen de l'Économie (1963-1968), avant d'être muté, après le coup d'État, au ministère du Pétrole, où il restera jusqu'en 1977. Après la proclamation de la Jamahyria, il a quitté le ministère du Pétrole pour enseigner à l'Arab Development Institute de Tripoli (1977-1988). Il a donné des cours à la School of Oriental & African Studies de Londres (1982-1984) et à l'Université d'Al-Fateh de Tripoli (1988-1993). En 1993, il a été choisi par la Libye pour occuper, à Vienne, le poste de secrétaire général adjoint, puis secrétaire général par intérim de l'OPEP, avant d'en diriger la division « recherche ».

révolutionnaires. Celui-là vous ne le connaissez pas. C'est
moi qui l'ai fait venir de l'étranger. Il n'a pas besoin de
votre argent. Peut-être que s'il travaillait à l'Organisation
mondiale du commerce (OMC) on le paierait son poids
en or. Il a une expérience mondiale. J'ai essayé tout le
monde et vous avez échoué. C'est la première fois que
vous avez affaire à quelqu'un qui vous dira la vérité. Ce
n'est ni un traître ni un ambitieux.»

Le processus de normalisation avec Washington a été
ralenti par « l'affaire Abdallah », qui ne fut réglée qu'à
l'été 2005, puis par « l'affaire des infirmières bulgares »
et surtout par la méfiance des deux parties, un diplomate
libyen parlant de « relations d'un homme avec sa maîtresse cachée». Dès sa nomination, Ghanem s'est heurté
à l'opposition des « milieux révolutionnaires» téléguidée
par Kadhafi lui-même afin que l'impétrant soit en permanence sous contrôle. Six mois après sa nomination,
le Premier ministre faisait déjà l'objet de critiques très
virulentes de la part des Comités révolutionnaires. D'où
son découragement : « Mes prérogatives ne me permettent pas de prendre toutes les décisions nécessaires au
succès de ma mission. En échouant à réaliser le changement demandé, mes collaborateurs perdent leur estime
à mon égard et ne m'écoutent plus. Lorsque je prends
une mesure, ils la contournent en allant vers d'autres
parties.» Au cours de la session annuelle du Congrès
général du peuple de janvier 2005, il dressa en vain un
réquisitoire contre « les structures révolutionnaires qui
nous ont lié les mains » et se fit vite rappeler par Ahmad
Ibrahim, l'un des cousins du Guide, et Abdelqader al-
Baghdadi, à l'époque « secrétaire du Comité populaire

du Service d'inspection et de contrôle populaire », que « dans le système jamahyrien, il n'y a qu'une seule référence, le Guide Kadhafi, et un seul pouvoir, celui des Comités populaires. Toutes les autres institutions sont à leur service. Le gouvernement ne détient pas un pouvoir exécutif. C'est un simple service technique ». Puis Kadhafi lui fit la leçon : « Dans les autres pays, la nomination des membres du gouvernement se fait du haut vers le bas, mais dans le système populaire libyen, elle se fait du bas vers le haut »...

Démis de son poste lors de la session du Congrès général du peuple de mars 2006, il fut nommé à la tête de la NOC. Kadhafi avait rassuré Washington tout en sauvant le système. Il pouvait à nouveau multiplier les provocations, se tenant pour offensé de devoir attendre le début 2007 pour recevoir la visite de Condoleezza Rice à Syrte, alors qu'elle en était à son neuvième déplacement au Moyen-Orient, et de n'être pas payé de retour par les Américains. Ainsi, poussé par sa fille Aïcha, il promit des hommages spectaculaires à la mémoire de Saddam Hussein, dont une statue et une place à proximité de celle qui porte le nom du héros national libyen, Omar al-Mokhtar. Après la libération de près de 150 Frères musulmans au printemps 2006, il les réintégra dans leurs anciennes fonctions avec rappel de salaires. Enfin, il fit libérer une soixantaine de combattants du Groupe islamique combattant libyen (GICL).

15 FÉVRIER 2011 : L'EXPLOSION D'UNE RAGE TROP LONGTEMPS CONTENUE

L'étincelle qui a mis le feu à la poudrière libyenne est venue de Benghazi, capitale de la Cyrénaïque, région par nature rebelle au pouvoir de Tripoli, et particulièrement allergique au clan Kadhafi. Benghazi est sociologiquement à l'opposé de Tripoli. La région est essentiellement peuplée de bergers alors que Tripoli est davantage une ville de commerçants qui s'adaptent facilement. Les Turcs, les Italiens, puis la monarchie senoussite n'ont pas eu des relations faciles avec cette ville. Le directeur du cabinet du roi y fut assassiné en 1954, entraînant un boycottage royal de la ville jusqu'en mars 1969, soit six mois avant le renversement de la monarchie. Les camarades de Kadhafi au Conseil de la révolution issus de Benghazi ont rapidement perdu pied et quitté le navire révolutionnaire.

Le 15 février 2011, après l'interpellation par les services de sécurité de Fathi Terbel, avocat des familles des victimes du massacre de la prison de Bouslim (1 287 tués, majoritairement des islamistes, en 1996 et dont on a découvert les dépouilles dans une fosse commune en septembre 2011) et les tirs directs sur des manifestants venus réclamer sa libération (2 morts et 15 blessés), les villes de Cyrénaïque se sont soulevées. Dans la nuit, les manifestations se sont généralisées dans Benghazi, Ajdabia, Bayda, Derna et Tobrouk. Kadhafi, qui ne portait pas cette région dans son cœur, avait privé la capitale de l'Est de tout investissement. En quarante-deux années de règne, il n'y avait toléré qu'une seule infrastructure, un malheureux hôpital dont l'achèvement dura une vingtaine d'années.

L'opposition libyenne traditionnelle ne s'était jamais remise de la répression qu'elle avait subie, notamment dans les années 1980 et 1990[1]. À partir de 2000, une nouvelle vague d'opposants a émergé des réseaux sociaux et des « cyber-activistes » installés en Europe et aux États-Unis ont pu créer des ponts avec de jeunes activistes apparus en marge de « l'ouverture » récente du régime. Ce sont eux qui, enthousiasmés par les révoltes tunisienne et égyptienne, ont appelé, début février, à une « journée de colère » le 17 février dans les grandes villes libyennes. La violence de la répression, notamment exercée par les mercenaires, a vite transformé les manifestations en émeutes.

La rage accumulée contre le régime pendant des décennies explose alors au grand jour : les bâtiments symboles de l'idéologie et de l'oppression du pouvoir – Sécurité centrale, bureaux des Comités révolutionnaires, centres du Livre vert – sont attaqués et incendiés par une foule libérée de la peur. Les commandants militaires originaires de Cyrénaïque rallient les insurgés, notamment le général Abdelfatah Younès, ministre de l'Intérieur et commandant des troupes parachutistes (bataillon al-Saïka), ce qui leur permettra de neutraliser les troupes loyalistes qui s'étaient regroupées dans leurs

---

1. Nationalistes du Front national pour le salut de la Libye, monarchistes du Rassemblement national constitutionnel et Frères musulmans.

casernes à Benghazi. Younès, l'un des putschistes de 1969, sera assassiné à Benghazi le 28 juillet 2011. En une semaine, l'ensemble de la Cyrénaïque passe aux mains des insurgés. En revanche, ce scénario ne s'est pas produit en Tripolitaine où le ralliement des tribus et des unités de l'armée, qui ont fait basculer le rapport de force en Cyrénaïque, n'a pu avoir lieu. Kadhafi a en effet déployé son aviation, malgré l'opposition du chef d'état-major de l'armée de l'air et d'autres figures historiques du régime qui émettaient des réserves sur ce mode de répression. Le général al-Rifi al-Sharif, chef d'état-major de l'armée de l'air, convoqué par Kadhafi à Tripoli le 21 février, a en effet refusé d'obéir. Toutefois, le Guide a fait savoir aux chefs des principaux clans des grandes tribus de l'Ouest que tout mouvement en direction de Tripoli serait attaqué par l'aviation. Cette menace a eu un effet d'autant plus dissuasif que les hésitations américaines à intervenir militairement, comme le réclamaient les chefs de l'insurrection en Cyrénaïque, ont été interprétées par les tribus de l'Ouest et par les généraux tentés par la défection comme un signe de la « protection » du régime par les États-Unis. Ainsi, le général al-Mehdi al-Arbi, commandant d'un bataillon blindé très bien équipé à Zawia (ouest de Tripoli), avait annoncé dans un communiqué son ralliement à l'insurrection et son intention de « marcher sur Bab Azizia », avant de se murer dans un silence complet après les menaces de Kadhafi de faire anéantir son bataillon par l'aviation. Prétendant ne pas être l'auteur du communiqué, il dut s'engager dans les combats de Zawia contre les insurgés. Ce temps de latence permit à Kadhafi d'étouffer le début d'insurrection en Tripolitaine et de préparer la reconquête du terrain perdu en Cyrénaïque, d'où les insurgés avaient entamé une « marche vers Tripoli » le long de la côte.

LA SCANDALEUSE AFFAIRE DES INFIRMIÈRES BULGARES

Dans l'hostilité des Benghaziotes au régime, une place non négligeable est tenue par leur conviction que le virus du sida qui a frappé 426 de leurs enfants leur a été volontairement inoculé par les services de renseignements pour châtier une ville dont les habitants avaient fomenté dix-neuf coups d'État contre Kadhafi. À l'appui de cette thèse, les Benghaziotes observaient que le sida s'était propagé dans la seule aile B de l'hôpital Al-Fateh sans jamais toucher les autres ailes, ni les quatre autres hôpitaux de la ville. Il y avait eu à leurs yeux volonté délibérée de frapper la ville dans ce qu'elle avait de plus sensible : la vie de ses enfants. Les cinq infirmières bulgares et le médecin palestinien accusés du crime étaient, de toute évidence, innocents. Les professeurs Luc Montagnier et Vittorio Colizzi avaient conclu, en 2003, que le sida et l'hépatite C étaient apparus dans l'hôpital avant leur arrivée. Leur expertise avait été confortée par la revue *Nature et* 114 prix Nobel. La double condamnation à la peine capitale des inculpés – d'abord à Benghazi en 2004, puis à Tripoli deux ans plus tard – était donc, comme l'a déclaré le professeur Montagnier, « un déni de la science ». Leurs aveux leur avaient été arrachés sous la torture : décharges électriques, suspension par les bras ou les pieds, viol des infirmières, morsures de chien, rien ne leur avait été épargné.

Les Benghaziotes rappellent aussi qu'en 1991, un avion venant de Benghazi et transportant plus de 100 passagers s'est crashé à proximité de l'aéroport de Tripoli. Le fait que les traces de l'impact aient été rapidement effacées, la boîte noire jamais examinée et aucune enquête ouverte leur fait penser que l'appareil a été abattu délibérément par un missile sur ordre de Kadhafi. La terre du point d'impact a été prélevée au bulldozer et dispersée pour la soustraire à toute analyse.

LA FRANCE, DE LA COMPLAISANCE À LA GUERRE

Choquant vivement les opinions publiques en Occident, la menace de Kadhafi d'exterminer les « rats et les microbes » qui avaient osé se rebeller et de « les buter jusque dans leurs trous » a créé un climat favorable à l'intervention menée, à l'initiative de la France, à partir du 19 mars sous mandat du Conseil de sécurité de l'ONU (résolutions 1970 et 1973). La coalition internationale stoppa alors l'offensive des loyalistes contre Benghazi et les fit reculer jusqu'à Ajdabia, les empêchant en outre de reconquérir deux poches d'insurrection en Tripolitaine : Misrata sur la côte à l'est de Tripoli, et les villes amazighs de la bande montagneuse au sud de la capitale. Toutefois, elle ne permit pas aux groupes armés désorganisés des insurgés de reprendre leur marche vers la capitale. Malgré ce soutien occidental important, certes, mais exclusivement aérien, les contestataires de l'Est échouèrent longtemps dans leurs tentatives de reconquête du terrain. L'absence d'une chaîne de commandement, de puissance de feu, de moyens blindés et de transmissions sûres explique ces résultats décevants, ainsi, peut-être, que l'infiltration des rangs, jusqu'aux plus hauts grades, par les services de Kadhafi. En outre, une rivalité opposa le général Khalifa Haftar, exilé aux États-Unis depuis 1987 et rentré à Benghazi, au général Abdelfatah Younès, qui finit par s'imposer, jusqu'à son élimination. Les Américains, les Qataris et les Émiriens soupçonnaient ce dernier de poursuivre des contacts coupables avec Tripoli, sans pour autant avancer de preuves. On lui prête aussi une intervention qui a permis au chef des renseignements Abdallah Sanoussi et à l'un des fils de Kadhafi de fuir Bengazi après le succès de la rébellion.

Une rivalité s'est également faite jour entre les dirigeants politiques lors de la constitution du Conseil national de transition (CNT) destiné à regrouper l'opposition et à diriger la révolte, et à la tête duquel s'est imposé Moustapha Abdeljalil, le ministre de la Justice qui avait démissionné le 21 février. Cet homme pieux aurait été un bon prêcheur de mosquée, mais il est aussi dépourvu de charisme qu'une huître et la direction d'une équipe composite par gros temps est au-dessus de ses capacités. Il nous a suffi de l'observer quand il annonça l'exécution du général Younès pour nous en convaincre. Abdelhafiz Ghoqa, avocat militant des droits de l'homme qui fait face au régime depuis de nombreuses années à Benghazi, a dû se contenter de la deuxième place. Plusieurs exilés reconnus pour leurs compétences ont rejoint la rébellion, notamment Mahmoud Jibril, un universitaire internationalement reconnu qui a dirigé, de 2007 à 2011, le Comité pour le développement économique de la Libye et plaidé pour les privatisations et la libéralisation des politiques économiques, sans être entendu.

Après avoir misé sur Kadhafi dès son arrivée à l'Élysée, le président Sarkozy a décidé de stopper les avions et les chars qui fonçaient sur les villes de Cyrénaïque en prélude au bain de sang promis par le dictateur. Au terme de plusieurs décennies de relations agitées, qui ont vu les deux pays se faire la guerre au Tchad autour de la bande d'Aozou et la Libye, soutenant le terrorisme, faire exploser un avion d'UTA au-dessus du Niger, le président français avait d'abord estimé que le temps était venu de prendre un nouveau départ dans les relations entre les deux nations.

Toutefois, l'invitation du Guide à Paris en décembre 2007 reposait sur un malentendu. Le Libyen pensait qu'on le remerciait ainsi d'avoir remis à la France des infirmières bulgares injustement détenues et scandaleusement torturées. Par la semaine passée à l'hôtel de Marigny et la tente bédouine qui y fut dressée, il voulait démontrer à son peuple qu'on ne pouvait lui refuser aucun caprice. Nicolas Sarkorzy songeait surtout à engager un partenariat dans lequel les entreprises françaises signeraient des contrats pour 10 milliards d'euros. Anne Lauvergeon, alors présidente d'Areva, s'était d'ailleurs montrée réticente : elle ne croyait pas au nucléaire civil dans un pays aussi déstructuré et incertain que la Libye.

Au programme du séjour, rien n'avait été épargné pour flatter l'ego du visiteur, des entretiens solennels à l'Élysée à la partie de chasse dans le domaine « royal » de Rambouillet. Lors de la rencontre avec le Medef, les chefs d'entreprise ont patienté plus d'une heure avant d'être admis à voir le Guide, bouffi et somnolent, ânonner quelques phrases aussi inaudibles qu'incohérentes, mais le spectacle valait bien cette attente ! Kadhafi a de loin préféré l'accueil, bien plus « chaleureux », qui lui a été réservé en Espagne, où l'on a tiré 21 coups de canon avant le diner de gala offert par le roi Juan Carlos. Paris ne voyant pas venir les contrats promis, Claude Guéant fit plusieurs déplacements pour rencontrer le Guide ou ses fils. Le conseiller diplomatique du président, Boris Boillon, discuta en vain plusieurs fois avec lui, en arabe et sous la tente. Des invitations officielles furent adressées par l'Élysée à Saïf al-Islam et à Motassim, sans recevoir ne fût-ce qu'une réponse de courtoisie. Tout en destinant plusieurs des contrats promis à la France à d'autres pays, dont une grande partie à des sociétés transalpines, Kadhafi invita le président à lui rendre visite à Syrte. Sarkozy, qui avait peu apprécié l'absence de Kadhafi à la cérémonie de lancement de son Union pour la Méditerranée en juillet 2008, fit répondre qu'il était prêt au voyage s'il avait pour objet la signature de contrats. Kadhafi ne cherchait qu'à montrer à son peuple qu'il était courtisé et adoubé par les Européens et qu'il n'y avait, de ce fait, pas la moindre perspective d'alternance, tout en tenant en haleine des partenaires mis en concurrence pour l'accès au marché et au pétrole libyens.

Lorsque la colère populaire explosa à Benghazi, Nicolas Sarkozy savait que Kadhafi s'apprêtait à déstabiliser la Tunisie post-Ben Ali. Il décida alors d'agir très vite et de faire oublier la contre-performance enregistrée par la diplomatie française lors de la révolte en Tunisie ainsi que ses hésitations à l'égard de l'Égypte. Les diplomates et les militaires reçurent pour instructions de se préparer à une intervention, à condition qu'elle ne soit pas éventée. Mais les réunions du G8 en France, puis le sommet extraordinaire de l'Union européenne à Bruxelles ne portèrent pas leurs fruits, et les plans de Sarkozy ne furent pas adoptés. À la veille du sommet européen du 11 mars 2011, la reconnaissance du CNT par la France et la réception de ses représentants, conduits à l'Élysée par Bernard-Henri Lévy, à l'insu d'Alain Juppé alors à Bruxelles, ont donné à plusieurs pays du Vieux Continent l'impression déplaisante que le président français leur forçait la main en les plaçant devant le fait accompli et en se présentant comme le leader de l'Europe. Alain Juppé, encore ministre de la Défense, avait pourtant fermement condamné la répression en Libye dès le 24 février, et souhaité la fin du règne du Guide. Il plaida, devant le Conseil de sécurité à New York, la résolution 1973 qui allait permettre de neutraliser l'offensive de Kadhafi. Sa mission fut facilitée par la complicité du représentant permanent de la Libye auprès de l'ONU, Abdelrahman Shalgham. Il avait fait défection et même mené campagne contre Kadhafi, ce qui ne l'avait pas empêché d'assurer par téléphone Saïf al-Islam de son allégeance. Ainsi maintenu en poste, il contribua à l'adoption de la résolution.

Bernard-Henri Lévy s'était illustré, début mars, par sa prise en charge médiatique de la cause des rebelles, l'introduction des premiers représentants du CNT auprès de Nicolas Sarkozy et la révélation de l'engagement français à reconnaître le CNT comme seul représentant légitime du peuple libyen. Les diplomates de carrière

faillirent s'étrangler en voyant voleter autour d'eux avec autant de vigueur cette « éloquente mouche du coche » !
BHL nuira à la composante libérale du CNT en lui forçant la main pour transmettre au Premier ministre israélien la promesse d'une reconnaissance précipitée. Nicolas Sarkozy, en quête d'un succès spectaculaire et utile à sa réélection sur la scène internationale, avait trouvé en BHL une caution propre à neutraliser toute contestation venant de la gauche. Dans la matinée du samedi 19 mars, et avant qu'une réunion ne se tienne à l'Élysée en présence d'Hillary Clinton, du secrétaire général de la Ligue arabe et de plusieurs ministres arabes et européens, Sarkozy avait ordonné que les premiers avions de chasse français neutralisent, dès 14 heures, les forces en marche sur Benghazi. Il tenait à annoncer ces bombardements pendant la conférence de presse suivant le sommet de l'Élysée. Son habituelle rapidité a été précieuse : il s'en fallut de peu que la rébellion fît long feu. Si les loyalistes étaient entrés dans la ville, il aurait été impossible de les bombarder sans causer d'immenses dégâts collatéraux, et Kadhafi aurait pu mettre à exécution sa menace d'éradiquer les « rats » qui le contestaient. Les Libyens ne sont pas près de l'oublier et les rues de Benghazi sont depuis lors pavoisées de drapeaux français.

Les invectives hystériques sur cassettes d'un Kadhafi terré dans un de ses bunkers comme jadis Saddam Hussein et Oussama Ben Laden, font songer à Hitler, qui, lui aussi, ordonnait à des masses inexistantes de mourir pour leur Führer. Le 11 juin, le Guide s'est laissé filmer en train de feindre de disputer une partie avec Kirsan Ilioumjinov, président de la Fédération internationale d'échec. Le comportement du père déteignant sur son fils, Saïf a promis de poursuivre la guerre, déclarant dans *Le Temps* de Genève du 5 juillet qu'il se battrait « jusqu'au dernier homme, jusqu'à la dernière femme, jusqu'à la dernière balle ». Il a ajouté : « Les rats sont très fiers d'eux-mêmes. Ils n'étaient personne. Maintenant, ils sont reçus à l'Élysée, au 10 Downing Street et chez Obama. » Et de proposer une curieuse « réconciliation » : « Vous voulez la paix ? On est prêts. Vous voulez la démocratie ? On est prêts. Vous voulez des élections ? On est prêts. Vous voulez que la Libye devienne comme la Suisse ? On est prêts. Vous voulez la guerre ? On est prêts aussi. » Avant d'ajouter à propos d'élections qu'il se dit prêt à les organiser à tous les niveaux : « Il suffit de demander… » Comme si quarante-deux années n'avaient pas suffi à apprendre ce que valent de telles promesses !

Une guérison longue et douloureuse

Enfin délivrée de la funeste famille, la Libye de demain n'est pas au bout de ses problèmes. L'opposition qui s'est courageusement soulevée contre le tyran n'a pas eu, pendant plus d'une génération, la possibilité de se structurer et de bâtir une société civile. Quel que soit le destin du héros du sanglant opéra-bouffe libyen, suicide à la Hitler, pendaison à la Saddam Hussein ou exil doré à la Ben Ali, il aura largement compromis l'avenir de son pays. Un risque terroriste y existe : l'académie militaire de West Point a publié, en décembre 2007, un rapport sur une série de documents saisis par l'armée américaine dans une cache du commandement d'al-Qaïda, dans la ville irakienne de Sinjar, à la frontière avec la Syrie. Parmi ces documents figurent les dossiers de 595 volontaires étrangers, ce qui fournit des données précises sur la nébuleuse djihadiste. Il apparaît que les Libyens, au nombre de 112, y occupent une place prépondérante, en deuxième position après les 244 Saoudiens. La plupart ont entre 24 et 25 ans, et tous sont enregistrés comme « étudiants en Libye ». Ils sont en grande majorité originaires de la région de Cyrénaïque, haut lieu historique de la confrérie islamiste des Senoussi depuis le XIXᵉ siècle et fief du Groupe Islamique Combattant Libyen dans les années 1990. Deux tiers d'entre eux sont originaires de la ville de Darnah, au cœur de la Cyrénaïque. Enfin, 85 % des Libyens répertoriés étaient candidats aux opérations suicides. Rien n'interdit de penser que les islamistes viennent à constituer la force la plus structurée en Cyrénaïque.

Deux ex-figures djihadistes occupent les devants de la scène. Il s'agit du tandem Abdelhakim Belhaj, commandant des troupes qui ont libéré Tripoli et Ismaïl Sallabi, le chef militaire des islamistes à Benghazi. Belhaj a combattu en Afghanistan à la fin de l'occupation soviétique et se retrouvait aux côtés de l'Occident dans ce conflit, avant de tenter de renverser Kadhafi au milieu des années 1990, puis de s'enfuir à nouveau vers l'Afghanistan. Il fut à la tête du GICL qui avait refusé d'adhérer à l'appel au djihad planétaire lancé par Ben Laden en 1998. Capturé en 2004 en Malaisie par la CIA puis remis à Kadhafi, il a été emprisonné jusqu'en 2010. Aujourd'hui, cet homme prodigue des paroles rassurantes. S'agit-il d'endormir ses interlocuteurs, a-t-il mûri ? En tout cas, il se dit reconnaissant pour l'intervention de l'OTAN et prône un « État civil ». En revanche, le frère d'Ismaïl Sallabi, Ali, établi au Qatar, n'a pas cessé d'harceler Mahmoud Jibril, accusé d'être un libéral et un laïc. Le plus surprenant, c'est que le président du CNT aurait dû trancher et faire la synthèse entre les deux légitimités, celle des libéraux qui ont participé à la campagne militaire et mené l'offensive diplomatique et celle des islamistes très présents sur le terrain, pour créer une dynamique vertueuse et installer les prémices d'un État de droit en Libye, en attendant le verdict des urnes. Les hésitations du président du CNT handicapent le décollage de la nouvelle Libye. Mais le pire n'est jamais sûr et, la sympathie internationale pour la Libye post-Kadhafi aidant, il est peu probable que nous assistions à la naissance d'une Somalie pétrolière sur la rive sud de la Méditerranée.

Syrie

UNE MINORITÉ LE DOS AU MUR

À la grande surprise des Syriens eux-mêmes, leur pays a rejoint les peuples déterminés à abattre la dictature et à lutter pour leur liberté. Les appels à manifester à Damas, lancés sur Facebook pour les 4 février et 15 mars 2011, avaient vite été étouffés par une massive présence policière. Mais l'étincelle est venue de la ville de Deraa, dans le Houran frontalier de la Jordanie.

À la mi-mars, deux femmes médecins se félicitent au téléphone de la chute de Ben Ali et de Moubarak, de la libération de leurs peuples respectifs et ajoutent : « Espérons que cela nous arrive ! » Elles ne savent pas que leurs lignes sont placées sur écoute. Conduites en prison pour être interrogées, elles sont brutalisées. Une quinzaine de collégiens de 12 à 15 ans tracent alors des graffitis sur le mur de leur école pour réclamer la relaxe des deux médecins et célébrer la liberté retrouvée des Tunisiens et des Égyptiens. Ils sont arrêtés et torturés :

ongles arrachés, cigarettes écrasées sur la peau. Quand les parents se présentent à la préfecture pour réclamer leur mise en liberté, ils sont humiliés et chassés par le directeur de la Sécurité politique, Atef Najib, qui n'est autre que le cousin germain, aussi puissant que crapuleux, du président Bachar el-Assad.

Les choses dégénèrent très vite à Deraa. Les premiers rassemblements pacifiques s'organisent le vendredi 18 mars, jour de prière. Les hommes de Najib ouvrent le feu, faisant quatre morts et des dizaines de blessés. Les manifestations se politisent alors : au-delà de la libération des médecins et des collégiens, on réclame désormais des réformes, la suppression de l'état d'urgence et du tribunal de la sûreté de l'État. Le régime qualifie les dizaines de milliers de manifestants de « salafistes » et de « terroristes à la solde de l'étranger ». Devant l'ampleur des manifestations, Najib fait appel à son autre cousin germain, Maher el-Assad, frère du président, qui dispose de la force de frappe du régime : la Garde présidentielle et la 4e division de l'armée, toutes deux suréquipées, bien entraînées et composées de soldats souvent alaouites et donc dévoués à la dictature héréditaire des Assad. Les chars sont aussitôt envoyés à Deraa. Les hélicoptères interviendront deux semaines plus tard dans plusieurs villes, sans pour autant faire reculer les manifestants.

UNE GRANDE CAPACITÉ DE NUISANCE

L'armée syrienne a été constituée par Hafez el-Assad dans la perspective d'un conflit qu'il jugeait inévitable à terme avec la majorité sunnite du pays. C'est pourquoi les unités opérationnelles sont majoritairement composées d'Alaouites et commandées par ces minoritaires. Elles ont pour mission de protéger le régime et ses centres névralgiques, notamment à Damas, tandis que la masse des troupes, vouée aux missions ingrates, est composée de sunnites et commandée par eux, sous le contrôle vigilant d'officiers subalternes alaouites.

La communauté, qui s'est installée au pouvoir dès le coup d'État de Hafez el-Assad en 1970, n'avait pas vocation à gouverner une Syrie majoritairement sunnite, dont elle ne partageait guère, au début du XXe siècle, le sentiment d'appartenance nationale et qu'elle ne souhaitait pas rejoindre. Elle a même ouvertement milité pour le séparatisme, voire pour le rattachement de la montagne alaouite au Liban. Elle pratiquait alors très habilement la *taqiyat*, une sorte de duplicité permanente qui lui a permis de tromper son environnement et d'afficher des convictions de façade par opportunisme tactique. En un demi-siècle, les Alaouites ont noué des alliances avec au moins six partenaires différents, souvent aux antipodes les uns des autres. Les convictions ne durent en général qu'un temps, l'alliance la plus solide et la mieux fondée étant celle nouée avec leurs « demi-frères », les chiites d'Iran.

Comparée aux quatre autres États déjà engagés dans des révolutions, la Syrie est un pays totalement à part. Elle a cette particularité d'être au cœur d'enjeux qui dépassent de loin son peuple et sa géographie, encore plus que l'Égypte, pourtant quatre fois plus peuplée et qui héberge la Ligue des États arabes. C'est que la puissance de la Syrie repose sur un réseau très complexe d'alliances et sur des capacités de nuisance qui lui procurent un rôle et une influence hors de proportion avec sa taille, sa population ou sa richesse.

La Syrie des Assad a porté à un niveau structurel une alliance avec l'Iran, dont elle retire un surcroît de puissance exercé jusqu'auprès des monarchies arabes du Golfe. Elle a ainsi joué un rôle majeur dans l'Irak post-Saddam, au point d'organiser en sous-main, depuis son territoire, la majeure partie des attaques terroristes qui ont visé les forces américaines. Elle héberge les organisations radicales palestiniennes et d'autres encore qu'elle a satellisées depuis une quarantaine d'années, tels les Kurdes du PKK que Damas utilise régulièrement contre la Turquie. Surtout, elle joue au Liban, occupé pendant une trentaine d'années par son armée, un rôle pervers et subversif, et y conserve une nombreuse clientèle. La majeure partie des dirigeants y montre beaucoup de zèle à servir les intérêts de la Syrie. Abdelhalim Khaddam, sorte de « Gauleiter » syrien qui fit la pluie et le beau temps au pays du Cèdre pendant plus d'un quart de siècle, alors qu'il occupait les postes de ministre des Affaires étrangères puis de vice-président de la République syrienne, nous a confié : « Seuls trois hommes politiques ont forcé et mérité mon respect au Liban : le chrétien libéral Raymond Eddé, l'ex-Premier ministre sunnite Rachid Karamé et le chef des Forces libanaises Samir Geagea. Ils avaient des convictions dont ils n'ont pas varié quand nous les avons sollicités. »

Avec autant de cartes en main, la petite Syrie est devenue un acteur majeur sur la scène régionale. Or ces avantages stratégiques ont été acquis grâce à la culture propre des Alaouites. Il est indispensable de saisir ce qu'est l'essence même de leur enseignement religieux si l'on veut comprendre la Syrie des Assad. Leur force est d'abord due à leur sens manœuvrier qui leur a permis de sauvegarder leur identité face à la domination des Empires ou de la majorité sunnite : « Nous, Noçaïris, sommes le corps, et les autres cultes un vêtement. Le vêtement ne change pas la nature de l'homme et le laisse tel qu'il était. Ainsi, nous demeurons toujours Noçaïris, quoiqu'à l'extérieur nous adoptions les pratiques religieuses de nos voisins. » Déjà, au XVIIᵉ siècle, le voyageur Henri Maundrell avait remarqué qu'« à l'imitation du caméléon, ils prennent la teinture de la religion, quelle qu'elle puisse être, des personnes avec lesquelles ils conversent. Avec les chrétiens ils font profession du christianisme, ils sont mahométans avec les Turcs et juifs avec les Juifs ».

Les Alaouites ont adopté ce nom au début du XXᵉ siècle pour tourner une page dégradante de leur existence. Jusque-là, et depuis leur apparition au XIᵉ siècle près de Bagdad, ils étaient appelés Noçaïris, en tant que partisans d'Ibn Noçaïr Annoumayri, qui fonda cette religion dérivée du chiisme. Ésotérique et sans prosélytisme, elle s'apparente au druzisme. Ses adeptes vont jusqu'à traiter en divinité et placer au-dessus du Prophète son gendre Ali. L'initiation, qui dure neuf mois, est exclusivement réservée aux hommes, qui accèdent aux secrets de leur livre saint *Kitab majmou al a'yad* (« le livre des fêtes »). Les fêtes religieuses sont célébrées la nuit dans la maison des notables. À l'instar des Druzes, les Alaouites n'ont ni sanctuaires ni lieux de culte, et quand le sultan mamelouk Baïbars les obligea à bâtir des mosquées, ils le firent loin des habitations et ne les fréquentèrent jamais. Les successeurs d'Ibn Noçaïr fondèrent un autre centre religieux à Alep, mais ces deux foyers furent dispersés par les attaques sunnites au XIᵉ siècle.

Les Alaouites se sont alors réfugiés dans les montagnes qui surplombent la côte syrienne, entre la Turquie et le Liban, dans ce qui fut appelé djebel al-Nossaryya («la montagne des Noçaïris»). Pour se protéger, ils se sont renfermés sur eux-mêmes, vivant d'agriculture et d'élevage, et se sont structurés autour de cinq tribus, les Rachawinat, Haddaddine, Khayatine, Motawirat et Mawakhissa.

UNE RÈGLE D'OR : MENTIR POUR SURVIVRE

Comme nous l'expliqua Naufal Elias, qui fut leur avocat à Lattaquié dès 1934, l'organisation sociale y tournait autour de l'agha, qui se comportait en roi absolu pour maintenir son autorité sur sa tribu. De ce fait, qu'il soit fermier, métayer ou petit propriétaire, l'Alaouite était à l'entière merci de son suzerain. Or ce dernier entretenait son peuple dans l'ignorance et la misère. Si la femme n'y portait pas le voile, elle n'en était pas moins réduite au statut de servante vouée aux travaux des champs les plus pénibles et à la procréation. Selon le père Louis Jalabert, la religion alaouite ne lui reconnaît même pas d'âme. À l'époque ottomane, les soldats de l'Empire avaient des « droits » sur les filles alaouites des villages de la montagne, et celles qui étaient au service des familles sunnites de la côte étaient à la disposition de leur patron.

Presque jusqu'aux années 1980, les domestiques en Syrie et au Liban étaient principalement recrutées chez les Alaouites, dont les plus pauvres « avaient coutume de vendre leurs filles ou de les louer pour dix ans comme bonnes à tout faire pour une somme forfaitaire payable à l'avance. Ils justifiaient cette dépravation par la précarité de leur condition, mais il ne s'agit là que d'un prétexte car il existait des Syriens plus pauvres qu'eux et néanmoins attentifs à défendre leur honneur[1] ».

Pour survivre dans un environnement hostile, les Alaouites se sont forgé la règle d'or que cite Abou Moussa al-Hariri[2] : « La secte adopte la sincérité entre ses adeptes comme son premier pilier, et le mensonge pour les autres comme le meilleur moyen de parvenir à ses objectifs. C'est ainsi que la règle qui imprègne intimement la personnalité des Alaouites, exigeant la protection de leur réalité intérieure et profonde *(bâtin)* envers l'extérieur *(zâhir)*.» Cet impératif commande la duplicité ; l'Alaouite doit adopter un comportement extérieur diamétralement opposé à ses convictions et à son authenticité d'Alaouite. Nécessaire, le mensonge devient une obligation impérieuse.

Ainsi les Alaouites se sont jadis fait passer pour des chrétiens auprès de la France, et ont même écrit au pape

---

1. *Les Musulmans en Syrie et la terreur noçaïrie*, cité par Gérard Michaud, in *Les Frères musulmans*, Paris, Gallimard, coll. « Archives », 1983. Michaud est le nom de plume qu'avait pris le chercheur français Michel Seurat. Ses écrits lui ont sans doute valu d'être pris en otage sur la route de l'aéroport de Beyrouth, alors contrôlée par l'armée syrienne et ses supplétifs chiites et palestiniens. Il est mort en détention, en 1986.
2. Mohamed Attawil, *L'Histoire des Alaouites*, Beyrouth, Dar al-Andalous, 1966, cité par Abou Moussa al-Hariri, *Les Alaouites*, Beyrouth, 1980.

pour qu'il les « réintègre » dans la chrétienté. N'étaient-ils pas des croisés restés en Orient ? Le 7 mai 1923, une délégation affirmant représenter les cinq sixièmes des Alaouites adressa un télégramme au président français Alexandre Millerand à propos de la fédération syrienne. Il était signé par des « Alaouites chrétiens[1] ».

En 1930, le père Jalabert relatait plusieurs démarches pour redevenir chrétiens : « Très habiles, diplomates comme tout Oriental sait l'être, ils ne parlaient qu'à mots couverts, d'autres motifs, peut-être plus décisifs que les belles raisons que développait l'orateur de la bande… Comme chrétiens, ils seraient défendus par les chefs religieux auxquels ils se seraient donnés ; et ceux-ci, dont ils se figuraient le crédit tout-puissant, se feraient leurs intermédiaires auprès des autorités françaises pour leur assurer l'émancipation et la liberté… Ils se retournaient vers les Latins et demandaient purement et simplement à devenir "Latins jésuites". »

En juin 1930, l'Alaouite Mohammed Tamer chargea la supérieure du couvent de Safita de s'adresser au pape dans ces termes : « De grâce, ô père vénéré et saint, nous le peuple alaouite, malheureux plus que tous les peuples du monde, plus ignorant que tous les peuples du monde… nous voulons être vos enfants, c'est-à-dire chrétiens du groupe des Latins[2]… » Tout cela se passait sous le mandat français. Mais dès que les Alaouites ont compris que leur montagne allait être rattachée à Damas, ils se sont dits musulmans et ont tout mis en œuvre pour

---

1. Archives du Quai d'Orsay, Syrie-Liban doc. 412.
2. Texte intégral dans *Les Jésuites en Syrie, 1831-1931*, Paris, Les éditions Dillen.

prouver leur appartenance à l'islam. Le 16 juillet 1936, un groupe d'Alaouites partisans de l'union syrienne écrivit au ministère français des Affaires étrangères : « Il est notoire que les Alaouites vinrent de l'Irak, qui est le berceau du chiisme, pour habiter leurs monts. Tout prouve que nous sommes arabes, nos traditions, nos mœurs, nos coutumes, notre langue, notre culture [...]. Les Alaouites ne sont que les descendants des tribus arabes qui formaient jadis sur la terre d'Irak l'armée du calife Ali[1]. » Cette proclamation de circonstance était précédée par une fatwa authentifiée de la veille, selon laquelle le mufti pro-nazi de Jérusalem, Amin el-Husseini, avait décrété, à leur demande : « Les Alaouites sont des musulmans et tous les musulmans doivent coopérer ensemble et cesser de se déchirer entre eux... » Puis, treize oulémas alaouites confirmèrent leur appartenance à l'islam : tout Alaouite est musulman, croit aux deux *chahadas* et pratique les cinq obligations de l'islam.

Cette brusque découverte de leur nouvelle foi était liée à l'irrévocable décision de rattachement des Alaouites à la Syrie. Ils décidèrent alors de s'identifier à l'islam sunnite par crainte de nouvelles exactions. L'un des premiers théologiens du sunnisme radical, Ibn Taïmmiyya, avait décrété au XIVe siècle qu'« il est illicite de contracter le mariage avec de tels gens » et qu'« un homme ne peut cohabiter avec son esclave si elle est noçaïrie, ni prendre femme parmi eux... ». Il avait même appelé à la guerre sainte contre les Alaouites : « La guerre sainte et les mesures rigoureuses contre eux sont au nombre des actions les plus

---

1. Archives du Quai d'Orsay, Syrie-Liban, doc. E-493.

agréables à Dieu et des devoirs les plus sacrés... Ces gens ci-dessus appelés Nocaïris [...] sont plus infidèles que les Juifs et les chrétiens, plus infidèles encore que bien des idolâtres. »

UNE ALLIANCE STRUCTURELLE AVEC L'IRAN ET DES COUPS DE POIGNARD

Quand la révolution khomeyniste a triomphé en Iran, les Alaouites se sont découverts une nouvelle vocation. Ils ont voulu redevenir une branche du chiisme et s'allier à la puissance chiite régionale par excellence. Dès l'accession des Alaouites au pouvoir, l'imam chiite libano-iranien Moussa Sadr leur délivra une fatwa reconnaissant l'alaouitisme comme une branche du chiisme. La nouvelle revue *Nahj al-islam* du ministère des Wakfs (biens religieux), représentant officieusement l'islam officiel et donc sunnite, a répété dans de multiples numéros que les termes « alaouite » et « chiite » sont synonymes.

Le regretté Gérard Michaud a révélé en 1983 qu'« il a été décidé au cours d'une réunion au sommet de la communauté alaouite, qui s'est tenue durant l'été 1980 à Kardaha, d'envoyer quelque 200 étudiants à Qom pour qu'ils se spécialisent dans le rite chiite jaafari ». Il précisait que le frère du président Assad, chargé de gérer les intérêts des Alaouites, venait de proposer un troc aux Bédouins et aux habitants de la Djézireh non naturalisés : contre l'octroi de la nationalité syrienne, ils devaient s'affirmer chiites.

Dans le même temps, les services de renseignements syriens envoyaient les plus brillants étudiants alaouites dans les universités sunnites d'Égypte et d'Arabie où ils s'illustrèrent en suivant des enseignements religieux. Ayant côtoyé les plus radicaux des islamistes, ils furent affectés, dès leur retour, aux services de renseignements, avec pour mission d'infiltrer et d'instrumentaliser leurs ex-camarades. Ainsi, les services syriens sont admirablement introduits auprès des organisations islamistes qui pratiquent le terrorisme, ce qui leur permet de les contrôler et de les diriger vers des cibles sélectionnées par Damas.

D'aucuns prétendent, non sans raison, que les Alaouites de Syrie procèdent de la même façon avec Israël que naguère avec le Vatican, la France, le pouvoir sunnite à Damas ou la République islamique d'Iran. Fidèles à leurs valeurs propres, ils afficheraient à son endroit une apparente hostilité radicale, tout en ménageant leurs intérêts stratégiques. Champions des diatribes contre l'État hébreu, les Assad, père et fils, ont tué plus de Palestiniens que lui. Assad était parvenu avec lui, grâce à la médiation d'Henry Kissinger, au partage des zones d'influence au Liban, dit accord des « lignes rouges », entré en vigueur en 1976. Les deux pays ont des intérêts communs : ils ont besoin d'un « processus de paix » qui ne débouche jamais sur la paix. Ainsi, Israël pourra poursuivre sans relâche la colonisation des territoires palestiniens afin de créer de nouveaux faits accomplis destinés à écarter la perspective d'un État palestinien viable à ses côtés. Et les Alaouites pourront entretenir la « mobilisation » du peuple « contre les projets des sionistes », ce qui leur permet de confisquer leur liberté aux Syriens pour se maintenir durablement au pouvoir.

Toutefois, si Damas tente de « tricher » et de changer le rapport des forces, l'État hébreu n'hésite pas à réagir.

Ce fut le cas, par exemple, quand la Syrie lança un programme nucléaire clandestin en construisant une centrale à l'extrême est du pays avec l'aide de l'Iran et de la Corée du Nord. L'installation fut bombardée et détruite par un raid israélien en septembre 2007, sans que la Syrie eût la moindre réaction ! Il n'est donc pas surprenant que son principal allié dans la région la suspecte de collusion avec Israël. En recevant à Téhéran le président libanais nouvellement élu Michel Souleiman, le 24 novembre 2008, le Guide de la révolution, Ali Khamenei, n'hésita pas à qualifier, en farsi puis en arabe, la politique syrienne à l'égard d'Israël de « trahison tout au long de ces trente dernières années. Elle n'a en effet autorisé aucune action de résistance à Israël sur le Golan. Mais nous allons éliminer Israël et reconquérir Jérusalem grâce au Hezbollah. C'est la mission que nous lui avons assignée ». Le président libanais pâlit en prenant acte de cet ordre de mission.

Cette suspicion permanente a été exprimée en termes diplomatiques par un ambassadeur iranien au cours d'une cérémonie d'adieu dans les années 1990. Interrogé sur ce qu'il retenait à l'issue de ses quatre années de séjour à Damas, il répondit : « Au cours de ma mission, vous nous avez vendus et rachetés plus de cent fois. Mais pour être sincère et franc, vous n'avez jamais livré la marchandise. » Les Syriens éclatèrent de rire[1]. Mais les frictions entre les deux alliés ne sont pas seulement diplomatiques, comme le montra l'élimination d'Imad Moughnieh, à Damas, en février 2008. Il trouva la mort

---

1. *Al-Akhbar*, le 2/07/2011.

à Kfarsousa, à deux pas de l'un des sièges du renseignement syrien, dans une mystérieuse explosion de sa voiture.

Ce chiite libanais rompu au terrorisme international, entraîné par l'OLP d'Arafat et reconverti dans le Hezbollah, y avait acquis une telle stature qu'il était sur le point de rendre superflu le relais syrien entre Téhéran d'un côté, le Hezbollah et le Hamas palestinien de l'autre. Devenu l'homme qui concevait et exécutait les opérations et par qui transitaient armement et financement iraniens, cet as du renseignement prenait trop d'initiatives sans en référer à ses homologues syriens. Il fut mis en garde, ainsi que ses maîtres iraniens, par le général Mohamed Nassif Kheïr Bek, pilier du régime alaouite, chargé depuis Hafez el-Assad de traiter avec l'Iran et les chiites en général. À l'arrivée d'un vol spécial en provenance de Téhéran transportant Imad Moughnieh et des officiels iraniens, le Syrien leur lança : « Arrêtez de nous prendre pour des imbéciles ! À chaque voyage, Imad présente un passeport avec un nom différent. Pourtant, nous nous connaissons bien ! » Aucun dirigeant syrien n'a assisté aux obsèques solennelles du « grand martyr » Moughnieh à Beyrouth. Les chiites voient en lui un saint et se recueillent par milliers devant son mausolée, alors que pour les Occidentaux, les Koweïtiens et d'autres Arabes, il fut un grand terroriste.

Mais la relève a été vite assurée au sein de la famille, à travers son beau frère, Mustapha Badreddine, qui fut son adjoint. Cet homme sans visage est recherché par le Tribunal spécial pour le Liban (TSL) dans le cadre de l'assassinat d'Hariri. Deux mariages entre les enfants de Badreddine et ceux de Hassan Nasrallah ont scellé leur alliance pour diriger le Liban, depuis leurs cachettes respectives. Déjà, au début des années 1980, Badreddine avait été recruté par les Iraniens pour attaquer les ambassades de France et des États-Unis au Koweït, ainsi que le convoi de l'émir. Arrêté et condamné, il resta en prison malgré les interventions répétées d'Arafat. Après l'invasion du Koweït par Saddam Hussein, en 1990, Badreddine fut convoyé à Téhéran par le fidèle secrétaire du dictateur, Abd Hammoud, dans l'espoir d'un soutien diplomatique.

Le clan Assad avait plusieurs raisons de se débarrasser de Moughnieh. Il était persuadé que le TSL, créé pour juger les assassins de l'ancien Premier ministre libanais Rafic Hariri tué en février 2005, était susceptible de mettre la main sur les preuves impliquant les plus hautes autorités syriennes dans cette exécution opérée avec 1,8 tonne d'explosif.

L'assassinat mystérieux du général Mohamed Salman, bras droit d'Assad à la Présidence et traitant des affaires les plus sensibles telles le nucléaire, les relations avec l'Iran, ainsi que la brutale dispartition d'autres hauts gradés ont tous en commun leur implication dans l'assassinat de l'ancien Premier ministre libanais. De la sorte, Assad voulait rompre les fils d'une enquête qui aurait pu conduire à sa propre inculpation. Il en attendait un autre bénéfice majeur : en offrant aux Occidentaux, notamment aux Américains, qui le poursuivaient pour détournement d'avion et assassinat de passagers américains, la tête du terroriste Moughnieh sur un plateau d'argent, il leur signifiait : « Je suis capable de vous débarrasser de vos pires ennemis, que vous avez vaine-

ment recherchés pendant une quarantaine d'années.
» C'était surtout faire un somptueux cadeau à Israël, qui
venait de subir une cinglante défaite dans la « guerre des
33 jours » qui, à l'été 2006, l'avait opposée au Hezbollah
commandé par Moughnieh. Mais c'était là le prix à payer
pour faire avaler en Occident la fable d'une « conver-
sion » syrienne. Toujours la stratégie alaouite de dissi-
mulation.

Fondée sur une base identitaire et religieuse, l'alliance
syro-iranienne reste, de loin, préférée par Damas à celle
proposée par des puissances occidentales dont les dirigeants sont fragilisés par l'alternance démocratique et le
poids d'une opinion publique. Entre le régime alaouite
de Damas et le régime chiite de Téhéran, la constance
est de rigueur, malgré de sanglantes infidélités. Pendant
la guerre irako-iranienne (1980-1988), le Baas au pouvoir à Damas a été un indéfectible soutien des Perses
de Téhéran et un adversaire résolu de ses camarades
arabes du même Baas irakien, dirigé par Saddam Hussein. Pourtant, l'Iran est une république islamique depuis
1979, alors que la Syrie se réclame de l'identité laïque
du Baas au pouvoir depuis 1963. Mais le parti-État n'y
est que la vitrine d'un pouvoir d'essence alaouite mis au
service de cette communauté. Cela explique que l'alliance
se soit consolidée avec la création, en 1983, du Hezbollah au Liban par un décret signé de la main de l'ayatollah Khomeiny et accompagné d'une copieuse dotation
d'armements sophistiqués et d'un financement très
généreux.

LA FRANCE, CIBLE ET DUPE DES ASSAD

La France a longtemps été la victime des agissements des Assad père et fils. Rares sont les attentats, les assassinats, les enlèvements de Français au Liban qui n'aient pas été ordonnés ou parrainés par la Syrie, quoique tous aient été signés par des organisations fantoches censées dissimuler l'implication de Damas et de ses alliés. En 1981, l'assassinat de l'ambassadeur de France au Liban, Louis Delamare, a été perpétré à quelques mètres seulement d'un barrage syrien, au cœur de Beyrouth. Damas a toujours œuvré pour l'élimination de l'influence française au Liban, afin d'avoir les coudées franches pour satelliser et vassaliser le pays du Cèdre. Le « rayonnement » de la Syrie s'y exerce par une terreur masquée sous quelques slogans anti-israéliens et antioccidentaux.

Un des moments cruciaux de la tumultueuse relation franco-syrienne fut le « vrai-faux bombardement » d'une caserne à Baalbek abritant les milices chiites du Liban aux ordres de Damas et de Téhéran. Ces milices étaient accusées d'être impliquées dans la destruction, en octobre 1983 à Beyrouth, du Drakkar, QG des forces françaises sous mandat de l'ONU, attentat qui fit 58 morts. Le secrétaire général du ministère français des Affaires étrangères, Francis Gutmann, fut chargé d'avertir la milice de l'imminence du bombardement afin qu'elle puisse évacuer les lieux. L'amiral Bernard Klotz, qui commandait le *Clemenceau*, était toutefois tenu dans l'ignorance de cette « trahison » qui faillit coûter la vie aux pilotes. Il nous a confié qu'il avait appris ce « détail » au cours d'un déjeuner à bord du *Clemenceau* auquel il avait convié les chefs militaires de ces milices. Ces derniers l'avaient en effet chargé de... remercier Gutmann de les avoir avertis de l'imminence du raid ! Pour avoir révélé cet épisode peu glorieux dans un précédent ouvrage, Gutmann m'a poursuivi de sa rancune en bloquant le recours aux conseils de l'Observatoire des pays arabes que je dirige par une entreprise dont il était membre du conseil d'administration.

Si François Mitterrand a été amené à avaler sans trop rechigner les couleuvres syriennes au point d'accepter de se rendre à Damas, en 1984, après l'assassinat de son ambassadeur et l'attentat contre le Drakkar, Jacques Chirac a vu la Syrie à travers le prisme de son amitié – présumée intéressée – avec Rafic Hariri et sa descendance. Chirac avait intronisé Bachar comme futur successeur de son père en le recevant solennellement à l'Élysée en 1999, soit un an avant la disparition de Hafez el-Assad. Il fut le seul chef d'État occidental à se rendre aux funérailles du dictateur, dans l'espoir de jouer au tuteur de Bachar, alors âgé de 35 ans. Finalement, le patrimoine génétique du jeune président alaouite l'a emporté : Bachar, fidèle aux enseignements alaouites, a fait à Chirac les promesses qu'il voulait entendre sans la moindre intention de les honorer, alors que la France tenait les siennes rubis sur l'ongle. Son président a fini par se rendre compte que Bachar se moquait de lui quand il chassa du pouvoir son protégé libanais Hariri. S'estimant trahi, il frappa un grand coup diplomatique en scellant une réconciliation spectaculaire avec George W. Bush, qu'il avait sévèrement contré lors de l'invasion américaine de l'Irak en 2003.

La commémoration du soixantième anniversaire du débarquement de Normandie, en juin 2004, fut l'occasion de s'entendre sur une résolution censée rendre au Liban sa liberté et lui laisser la chance d'assumer sa vocation démocratique en tant que pionnier du monde arabe. Ce fut la résolution 1559 de septembre 2004, élaborée par Maurice Gourdault-Montagne, le sherpa de Chirac à l'Élysée, et Condoleezza Rice, conseillère à la Sécurité nationale de George W Bush. En substance, elle visait à empêcher le renouvellement anticonstitutionnel du mandat du président libanais prosyrien Émile Lahoud, à désarmer les forces illégales de la milice du Hezbollah et les organisations palestiniennes, enfin à faire se retirer l'armée syrienne du Liban.

HARIRI HUMILIÉ, MENACÉ PUIS ASSASSINÉ

En novembre 2003, quelques mois après la chute de Saddam Hussein, Gourdault-Montagne s'était rendu à Damas, mandaté à la fois par Chirac, le chancelier allemand Schröder et le président russe Poutine, pour porter un message commun à Assad : « Il faut bouger dans le bon sens, de façon vertueuse et constructive pour la Syrie et pour la stabilité régionale. Nous souhaitons un retrait de votre armée du Liban, pas un nouveau redéploiement. » À quoi Assad réagit brutalement : « Vous êtes porteur d'un message américain. » Pourtant, à l'inverse de Washington, Paris ne souhaitait pas abattre le régime syrien mais seulement rendre son indépendance au Liban.

Après avoir largement contribué à torpiller le projet américain en Irak par la transformation de son territoire en base arrière du djihad planétaire contre les forces d'occupation américaines et son ouverture aux baasistes irakiens, hier honnis et combattus, Assad réagit violemment. Les menaces commencèrent à pleuvoir sur les adversaires de la politique syrienne au Liban. L'ancien ministre Marwan Hamadé, bras droit du chef druze Walid Joumblatt, échappa de peu à un attentat à la voiture piégée en octobre 2004. Nous avons appris par la suite, à l'occasion d'une réconciliation entre Walid Joumblatt et le chef du Hezbollah Hassan Nasrallah, que la livraison de cette voiture piégée avait été réclamée en urgence par le chef des renseignements syriens à Beyrouth, le colonel Jameh Jameh. Nasrallah dit plus tard en guise d'excuses : « Nous ne savions pas que cette voiture allait être destinée à Marwan Hamadé. Si nous l'avions appris, nous ne l'aurions pas livrée.» L'affaire illustre bien la nature et l'ampleur de la collaboration entre les renseignements du directoire syro-irano-hezbollahi qui sévit au Liban.

Jacques Chirac somma alors les Syriens de ne pas attenter à la vie de ses amis Hariri et Joumblatt. Voyant sans doute dans cette mise en garde une provocation et une ingérence dans ses affaires intérieures, Assad convoqua, le 26 août 2004, Hariri, qui dut interrompre ses vacances en Sardaigne, pour lui intimer l'ordre de voter l'amendement constitutionnel qui permettrait à Lahoud de s'offrir un nouveau mandat. Il lui lança : « Moi c'est Lahoud et Lahoud c'est moi. Si tu n'approuves pas avec ton groupe l'amendement, je ferai s'écrouler le Liban sur ta tête et sur celle de Walid Joumblatt !» Avant d'ajouter : « Si tu penses que Chirac et toi allez réussir à me sortir du Liban, vous

vous trompez[1] !» Humilié et menacé, le Premier ministre fut pris d'un fort saignement de nez provoqué par le climat plus que tendu de l'algarade.

En 1989, Assad père avait usé des mêmes termes à l'endroit de l'ancien Premier ministre algérien Sid Ahmad Ghozali, qu'il recevait dans le cadre d'une médiation de la Ligue arabe : «Frère Ahmad, quand vous parlez du Liban vous touchez à une affaire de politique intérieure syrienne !» Assad fils est suspecté d'avoir ordonné la liquidation d'Hariri, devenu trop puissant au Liban, trop influent en Syrie auprès de la majorité sunnite et par trop omniprésent sur la scène internationale. Alors qu'il fallait des mois à Assad pour décrocher un rendez-vous auprès de Chirac, Bush, Blair ou Poutine, Hariri l'obtenait en un quart d'heure. Au besoin, il s'appuyait sur Jacques Chirac, qui n'hésitait pas à le recommander aux autres chefs d'État.

Pour Damas, il fallait donc éliminer le «comploteur» Hariri, qui avait pris le chemin de l'opposition au Liban. Son assassinat aurait été planifié entre les alliés régionaux : la Syrie, le Hezbollah et l'Iran. Ce 14 février 2005, quand Chirac apprit la nouvelle de la mort de son ami intime, il entra dans une colère noire. Il se rendit place d'Iéna auprès de la veuve d'Hariri, Nazek, pour la consoler et décida de partir à Beyrouth pour présenter ses condoléances à la famille et exprimer la détermination de la France à ne pas laisser le crime impuni. Puis il œuvra à la mise en place d'une commission d'enquête internationale sous l'égide du Conseil de sécurité de

---

1. Propos consignés par la Commission d'enquête internationale et remis au TSL, voir *Al-Moustaqbel*, le 13/08/2011.

l'ONU et à la création et au financement du tribunal international. Il réussit à placer Assad et son régime en quarantaine internationale et exerça des pressions si fortes qu'elles entraînèrent une humiliante retraite de l'armée syrienne du Liban en avril 2005.

Chirac s'impliqua dans les dédales de la vie politique libanaise au point de vivement inciter, en février 2006, les adversaires de la Syrie et du président Lahoud à profiter du premier anniversaire de l'assassinat d'Hariri pour marcher sur le palais présidentiel et caillasser la garde républicaine afin qu'elle tire sur les manifestants. Dans la foulée, le Conseil de sécurité de l'ONU serait alors convoqué pour décréter que Lahoud était un président illégitime – son mandat avait été artificiellement prolongé de trois ans – et pour appeler à l'élection d'un successeur dans un rapport de force favorable aux souverainistes libanais. Mais la détermination de Chirac n'était pas partagée par toute l'administration française. Une « fuite » ayant fait avorter son plan, Lahoud publia alors un communiqué dénonçant Jacques Chirac personnellement, en épargnant le peuple français et l'administration.

Affolés par la détermination du président français, les Syriens ont fait beaucoup d'efforts pour se racheter à ses yeux. Dès l'été 2006, le général Mohamed Nassif, le stratège du palais, chargé des questions de sécurité, remit à Paris une lettre d'Assad destinée à Chirac et comportant 12 points devant conduire à une normalisation. Le président français refusa d'en prendre connaissance. Puis, en novembre, le général Assef Chawkat, l'un des principaux chefs des renseignements syriens et beau-frère d'Assad, fournit à ses homologues français plus de

200 CV de terroristes islamistes notoires et en fut chaleureusement remercié.

Pour sa part, Nicolas Sarkozy rêvait de rompre avec la politique levantine de Chirac. Il partageait l'admiration de son entourage au ministère de l'Intérieur pour les capacités syriennes dans le renseignement et « l'expertise » en matière de terrorisme international. En outre, aucun chef d'État n'a envie de risquer les représailles de Damas. Tous ont peur des formes qu'elles pourraient prendre : bombes dans un avion, un train, un métro, prises d'otages, etc. À ces motifs d'une « réhabilitation » de la Syrie sur la scène internationale est venue s'ajouter la forte implication de l'émir du Qatar. Dès l'élection de Nicolas Sarkozy à l'Élysée et avant sa prise de fonctions, l'ambassadeur de Doha à Paris, Mohamed al-Kawari, s'est démené pour faire recevoir son émir avant tout autre chef d'État arabe. Il obtint gain de cause et, grâce à l'entregent de l'émir, appuyé sur les intérêts économiques français dans son petit mais très riche émirat, les Qataris réussirent à mener à bien la réconciliation franco-syrienne. L'épouse préférée de l'émir Hamad, sheikha Moza, reçut, pour marquer la gratitude de Damas, l'un des plus beaux terrains de Syrie, situé sur la crête du mont Yaafour, qui offre une vue superbe sur la ville de Damas à l'est et les monts de l'Anti-Liban à l'ouest, et elle y fit construire trois villas de rêve.

Dans l'euphorie du moment, Paris ferma les yeux sur la nature réelle du régime et sur les hommes avec lesquels la France allait devoir traiter. Assad engrangea des bénéfices immédiats, inespérés et sans contreparties substantielles de cette attitude : participation au lancement de l'Union pour la Méditerranée en juillet 2008, aux côtés de plus de 45 chefs d'État et de gouvernement ; présence du Syrien à la tribune d'honneur place de la Concorde pour le défilé du 14 juillet sans qu'il ait eu à prononcer un mot de repentance pour avoir fait tuer tant de Français, civils et militaires.

Pendant l'enquête sur l'assassinat d'Hariri, les patrons du renseignement syrien, notamment Mohamed Nassif et Assef Chawkat, ont régulièrement sollicité leurs homologues français pour savoir si les enquêteurs de l'ONU détenaient des preuves tangibles contre leur pays. Il faut dire qu'à l'époque, les Syriens constataient avec angoisse la virulence de la réaction de la communauté internationale à ce crime. Pourtant, ce n'est pas le premier dirigeant politique au Liban dont la mort leur fût imputé : du chef druze Kamal Joumblatt en 1977 aux présidents maronites Béchir Gemayel et René Mouawad, assassinés respectivement en 1982 et 1989, en passant par le mufti sunnite Hassan Khaled et tant d'autres. Mais jusque-là, l'impunité était de rigueur !

En 2008, Paris a apprécié que la Syrie ait permis l'élection d'un président au Liban après l'arrêt des assassinats politiques promis par Damas. Mais depuis lors, aucun autre engagement syrien n'a été honoré : ni le bornage des frontières, ni la reconnaissance officielle de l'appartenance des fermes de Shebaa au Liban, ni le démantèlement des sept bases syriennes surarmées implantées au Liban et confiées à des organisations palestiniennes satellites en guise de couverture[1], ni l'arrêt des

---

1. Voir la précieuse étude de *Middle East Studies* concernant les camps palestiniens au Liban et les bases militaires « palestiniennes » à la disposition de la Syrie.

convois d'armements au profit du Hezbollah. Par la suite, la reconnaissance diplomatique du Liban fut actée et un ambassadeur envoyé à Beyrouth.

Nicolas Sarkozy, qui s'est rendu plusieurs fois à Damas, est intervenu auprès de Washington pour faire inscrire l'évacuation du Golan à l'ordre des débats d'Annapolis entre les États-Unis, Israël et l'Autorité palestinienne et il a plaidé à la Maison-Blanche pour l'envoi d'un ambassadeur américain à Damas. Les Syriens voulaient compter sur la France pour écarter la menace du tribunal TSL. Ils firent dire à l'un des chefs de leurs services spéciaux, à l'été 2008, au cours d'un appel téléphonique à Paris sur une ligne qu'ils savaient placée sur écoute : « Si tout devait bien se passer, nous ferons en sorte qu'aucun terroriste de quelque origine que ce soit ne puisse nuire à la France. » Message très significatif : c'était là reconnaître que la Syrie contrôle une partie du terrorisme international et laisser supposer qu'elle était impliquée dans les précédents attentats dirigés contre la France et que, si elle ne les avait commandités, elle les avait du moins tolérés !

Malheureusement pour leurs partenaires, les Alaouites ne pratiquent pas le renvoi d'ascenseur, et moins que jamais quand on leur a tout cédé d'emblée. Fort d'avoir présidé à la réhabilitation internationale de la Syrie, Paris a souhaité jouer un rôle régional en intervenant dans les négociations de paix israélo-syriennes. Damas a froidement renvoyé la France dans ses buts et lui a fait savoir par la voix du président Assad, sur le perron de l'Élysée en novembre 2009, que si elle souhaitait jouer un rôle, elle n'avait qu'à seconder les efforts de la Turquie !

C'est alors que Nicolas Sarkozy comprend enfin, mais trop tard, qu'il s'est fait duper par son hôte. Dix jours après le déclenchement du « printemps syrien » réprimé dans le sang, sachant que ce régime n'a aucune intention d'engager des réformes qui conduiraient inéluctablement à sa perte, le président français réagit avec fermeté dans les enceintes internationales pour sanctionner le fourbe. La France avait entraîné dans son sillage, dès 2009, le roi Abdallah d'Arabie alors que Moubarak résistait à la nouvelle orientation de la diplomatie française. Pourtant, le souverain n'était pas dupe du régime syrien. Reçu au Vatican par Benoît XVI en novembre 2007, il avait lâché au sujet d'Assad : « C'est un menteur, je ne peux lui faire aucune confiance.» Ce qualificatif est revenu régulièrement dans la bouche d'autres chefs d'État ou de gouvernement de la région après la révolte du printemps 2011, dont ceux de la Turquie et du Qatar, qui connaissent bien le perfide.

UN OCCIDENT FRILEUX ET APEURÉ

L'attitude des puissances occidentales s'explique : elles ont été échaudées par les expériences malheureuses suivant la chute des dictatures. Toutes ont en tête l'exemple calamiteux de l'Irak d'après Saddam. D'autant plus que dans les pays où les dictateurs ont vite abandonné le pouvoir – la Tunisie et l'Égypte –, la transition est synonyme de difficultés et d'incertitudes. Plus généralement, aucune formation politique indépendante n'est tolérée dans les régimes dictatoriaux, la relève du pouvoir incombe à une opposition embryonnaire, inexpérimentée et désorganisée.

Cet état de fait explique les tâtonnements et la prudence de l'Occident face à la féroce répression menée par l'armée syrienne. Il aura fallu plus de cinq mois de révoltes populaires et le constat que la volonté des Syriens de tourner la page était irréversible pour qu'enfin les États-Unis et l'Union européenne appellent le dictateur à quitter le pouvoir. Ils le firent après que des pays arabes, Arabie en tête, et la Turquie eurent franchi le pas. Damas a bénéficié non seulement du soutien de la Russie et de la Chine, membres permanents du Conseil de sécurité, mais aussi de trois autres pays qui aspirent à devenir membres permanents de ce Conseil mais se comportent avec légèreté : le Brésil, l'Inde et l'Afrique du Sud. Le principe de la « responsabilité de protéger » les civils syriens massacrés par leur armée n'a pu être mis en place. Redoutant l'heure de vérité, Assad a pris des mesures, au début de février, pour déminer le terrain social : création d'emplois pour les nouveaux diplômés, soutien aux agriculteurs frappés par la sécheresse, don de fioul de chauffage aux nécessiteux, création d'une caisse pour aider 2 millions de Syriens pauvres.

Assad cultivait plusieurs illusions. Il a cru que la majorité sunnite du pays le soutenait, malgré l'exécration de son régime, parce qu'il menait la politique panarabe qu'elle souhaitait. En lâchant la bride aux islamistes, en lançant une chaîne de télévision religieuse, en réintégrant un millier d'enseignantes portant le niqab dans leurs fonctions et en fermant le seul casino du pays, il était convaincu de faire changer le regard que porte cette majorité sur son pouvoir. Oubliait-il ou feignait-il d'oublier les massacres de Hama perpétrés par son père, son alliance avec la seule puissance islamiste antiarabe de la région, l'Iran, le fait qu'il ait accordé aux nouveaux convertis au chiisme le droit de défiler en se flagellant et en se tailladant le crâne pour commémorer en plein Damas la mort d'Hussein bin Ali alors que les sunnites sont privés de fêter le Mawlid, fête commémorant la naissance du Prophète ?

Dans son discours d'investiture en 2000, Bachar s'était engagé à suivre à la lettre la ligne politique paternelle. Or, les recettes qui ont fait le « succès » de celui-ci dans les dernières décennies du XXᵉ siècle se sont révélées inadaptées. Après l'assassinat d'Hariri à Beyrouth, la colère et l'humiliation ressenties par les Libanais ont poussé le tiers de la population dans la rue pour réclamer la fin de l'occupation syrienne. L'ampleur de ce « printemps de Beyrouth », qui a pu être constatée en direct à Paris et à Washington grâce aux satellites d'observation, prélude aux révolutions arabes. Hélas, il fut avorté tant par la médiocrité de ses initiateurs souverainistes que par la campagne de terreur syrienne contre les intellectuels et les politiques libanais dont une quinzaine furent tués. Au lieu de profiter de la dynamique vertueuse du « printemps de Beyrouth » pour renverser le président nommé par les Syriens et instaurer un nouveau régime, les politiciens se sont alliés avec leurs adversaires du Hezbollah aux élections législatives ! Par cette ânerie, ils ont assuré la promotion du parti de Dieu, qui a relevé l'occupation syrienne par une occupation de l'intérieur légitimée par la « résistance » et a exercé une mainmise totale sur le pays du Cèdre.

RÉPRESSION : TEL PÈRE, TEL FILS...

Dès les premières manifestations à Deraa, le régime syrien a voulu employer les mêmes méthodes qu'à Hama en 1982. Bachar sous-estimait la colère et l'impressionnant courage du peuple syrien. Il n'était d'ailleurs pas le seul : fin février 2011, un homme d'affaires syrien installé entre le Golfe et Damas nous confiait encore son scepticisme face à une possible intifada syrienne. « Le mécontentement est certes très profond, mais nous sommes mentalement paralysés par deux facteurs, le massacre de Hama omniprésent dans notre mémoire collective, et l'arrivée de plus d'un million d'Irakiens après le changement de régime à Bagdad. » Pour mesurer à sa juste valeur le traumatisme de Hama, il faut rappeler que son souvenir a été entretenu par le régime, qui refuse, depuis 1982, de délivrer aux ayants droit des certificats de décès pour les morts et les disparus, les empêchant de disposer de leur héritage. Dans son acharnement, le régime continue à confisquer arbitrairement nombre de terrains sans raison ni indemnisation et à écarter les Hamiotes des fonctions locales.

À Deraa, en ce milieu du mois de mars 2011, la répression a de multiples visages. L'armée, dépêchée pour soutenir la police locale, tire sur la foule qui scande des slogans hostiles au régime. Les services de renseignements ont coupé l'eau, l'électricité, le téléphone et empêché les approvisionnements en vivres. Ils identifient, capturent les meneurs et postent des francs-tireurs sur les toits des édifices publics afin de pouvoir imputer leurs dommages à des « salafistes insurgés à la solde de l'étranger ». Les *chab-bihas*, bandits sans foi ni loi, jouent le rôle de supplétifs de l'armée. Pis encore, les mosquées sont encerclées et investies et les blessés ne peuvent bénéficier des soins élémentaires. Ceux qui parviennent aux hôpitaux en sont aussitôt extraits et interrogés sous la torture. Des ambulances sont mitraillées. Certaines sont employées aux déplacements des agents de sécurité. Depuis lors, des fosses communes ont été mises à jour. Assad a fini par le reconnaître, à la mi-mai, en recevant Bassel Abazeïd – les corps de son père et de ses quatre frères y avaient été enfouis.

Les manifestants de Deraa ont donné le style du bal de la liberté : à leur exemple, on a déboulonné les statues des Assad et foulé aux pieds leurs portraits dans toutes les villes et villages de Syrie et jusque sur les autoroutes. Une course est même engagée avec les autorités, qui tentent d'envoyer des engins de levage pour soustraire les statues sacrées à la colère du peuple. Les places portant le nom des Assad sont rebaptisées « place de la Liberté ». Le chef du Hezbollah libanais Hassan Nasrallah a plus de chance, ses portraits n'ont pas été remplacés après leur déploiement à l'issue de la guerre de 2006 et ils échappent donc à ces outrages. Il est vrai que les Assad ayant décidé que la Syrie serait toujours gouvernée par leur dynastie, aucun autre portrait ne pouvait être toléré longtemps sur la voie publique.

Les soldats qui refusent de tirer sur la foule sont immédiatement passés par les armes. Leur mort est imputée aux « terroristes islamistes », la lutte contre ces derniers justifiant l'emploi de chars et d'hélicoptères. Les défections au sein de la troupe se sont multipliées, sans pour autant représenter une réelle menace pour l'unité de l'appareil répressif. Des vidéos prises à Deraa et diffusées sur Internet montrent Maher al-Assad, lunettes de soleil sur le nez, debout à proximité d'un tas de cadavres, devisant au téléphone. Sur une autre vidéo, deux soldats, sans doute filmés par des camarades désapprouvant le procédé, disposent des chargeurs sur les corps des morts amassés sur la terrasse de la mosquée Karak à Deraa afin de démontrer que les insurgés étaient armés. L'un d'eux disait : « La commission viendra pour les filmer. » L'autre réclamait une copie de ce film macabre[1].

LA TORTURE SYSTÉMATIQUE DES ENFANTS

Pour étouffer à tout prix la contestation, le régime pratique la torture à grande échelle. Deux journalistes étrangers en ont été victimes et témoins : le Jordanien Souleiman Khalidi de Reuters et l'Algérien Khaled Sid Mohand, pigiste pour *Le Monde*. Ils ont pu décrire, après leur libération, les tortures subies et celles infligées à des Syriens sans recours. Ils ont témoigné de ce qu'ils ont pu voir lors de leur détention : il y a ceux qui sont suspendus par les pieds, la tête en bas, rejetant une bave blanche et émettant des gémissements inhumains ; ceux dont la tête est couverte d'un sac, les testicules gonflées à force d'être serrées par une ficelle en plastique ; ceux qui subissent les électrochocs à travers des pinces placées sur les genoux, la poitrine ou les parties génitales ; ceux

---

1. *Acharq Al-Awsat*, le 6/06/2011.

qui sont sauvagement battus et insultés avant d'être jetés dans des cellules sans fenêtres pleines de cafards. Forts d'une très longue pratique de leur art, les tortionnaires syriens y sont passés maîtres !

Le témoignage d'un ex-détenu publié dans *Asharq Al-Awsat* du 28 mai en dit long sur les pratiques qui prévalent dans les prisons des Assad. « Ne sentant plus mes genoux à force d'être obligé de rester accroupi, j'ai demandé de rencontrer le médecin de la prison, lequel m'a donné des coups de pied, une gifle, et m'a demandé : ça va mieux comme ça ? » Plusieurs parents ont constaté en recevant les corps sans vie de leurs enfants qu'ils avaient eu le ventre ouvert dans le but, sans doute, de voler des organes pour les vendre à des patients en attente de greffe. Ils n'ont bien évidemment pu faire constater le fait ni par la médecine légale ni par une justice totalement contrôlées par le régime.

Certains enfants sont torturés à mort seulement parce qu'ils ont défilé dans la rue ou apporté du ravitaillement pour leurs parents, encerclés par l'armée. C'est le cas de Hamza el-Khatib, 13 ans, qui manifestait à Deraa le 29 avril et qui a été enlevé, avant que sa dépouille ne soit remise à sa famille quatre semaines plus tard. Son corps était tuméfié par la torture, son pénis sectionné, et il portait les traces de trois balles. La vidéo sur Facebook a fait le tour du monde, et une journée de manifestations nationales lui a été dédiée dans toute la Syrie. Hélas, le cas de Hamza est loin d'être isolé.

Le sadique acharnement sur le corps d'un enfant n'est pas fortuit. Il s'explique par la volonté d'adresser sciemment un message à la population. En fait, le régime recourt à la torture des enfants jusqu'à ce que mort s'ensuive en guise d'ultime arme de terreur. Si ce n'était pas le cas, on aurait fait disparaître le corps de Hamza comme celui de milliers d'autres victimes de tous âges. Les témoignages recueillis par le Haut Commissariat aux droits de l'homme de l'ONU et ceux réunis par les ONG internationales, telles Human Rights Watch ou Amnesty International, montrent la férocité et la sauvagerie des services de renseignements syriens. Les exécutions extrajudiciaires sont légion. Les nuques brisées sont très courantes, comme l'extinction des cigarettes sur les corps dénudés des détenus contraints à chanter « Dieu, la Syrie, Bachar et c'est tout ! ». De la technique de torture dite la « chaise allemande », la victime sort paralysée. Mais selon un spécialiste, on trouve aussi celle de la « roue » ou encore l'écartèlement des quatre membres tirés par des câbles pendant que le supplicié est fouetté par des câbles électriques sur l'ensemble du corps. L'un des crimes les plus odieux du régime fut commis contre le chansonnier qui créa l'hymne de la révolution devenu extrêmement populaire : « Bachar dégage ! » *(irhal ya Bachar)*. Au début de juillet, Ibrahim Kachouche a été égorgé comme une bête – pour mieux souligner la nature monstrueuse de son forfait – avant d'être jeté dans l'Oronte à Hama. La ville tout entière le pleura à ses obsèques. Dans le même registre, le caricaturiste Ali Farzat a été enlevé en plein jour au cœur de Damas, à proximité de plusieurs ministères, et battu sur les endroits de son corps « coupables » : les yeux, les mains et les doigts de la main droite qui avaient dessiné les images « criminelles ». Il avait eu la chance de rencontrer Assad à l'occasion d'une exposition de ses œuvres au Centre culturel français à Damas, et il lui avait demandé une licence pour créer le *Canard enchaîné* arabe. En 2001, il obtint la seule autorisation délivrée depuis l'arrivée du Baas au pouvoir en 1963. Mais elle reposait sur un malentendu : le *Canard* syrien critiquait le régime au lieu de l'encenser et, deux ans plus tard, la licence lui fut retirée. « Il était mon ami, dit Assad, je suis intervenu pour qu'il puisse créer son journal, *Al-Doumari*. Mais il m'a poignardé dans le dos. » Fin août, l'ingrat a été laissé pour mort et jeté au bord de l'autoroute menant à l'aéroport. Un taxi l'a aperçu, a ralenti mais n'a pas osé s'arrêter. C'est une voiture surchargée d'ouvriers et opportunément tombée en panne au même endroit qui l'a conduit à l'hôpital. Il a été sauvé mais le message était clair. La nouvelle loi sur la liberté de la presse annoncée par le raïs est destinée à soigner la communication du régime et à tromper les étrangers. Les Syriens, eux, savent à quoi s'en tenir.

La terreur n'a pas épargné les journalistes syriens vivant à l'étranger et employés par les chaînes de télévision satellitaires Al Jazeera et Al Arabiya. Les Syriens qui y présentent les journaux, dirigent les débats ou interviewent des invités en direct ont reçu des menaces de mort visant aussi leurs familles. Celles-ci ont dû, sous la contrainte, publier des communiqués reniant leurs enfants ! Les téléspectateurs d'Al Arabiya ont été privés du talent de la belle Zeina Yazigi, retirée de l'antenne en raison des menaces du régime syrien, tout comme Roula Ibrahim sur d'Al Jazeera.

Grâce aux militants de l'opposition et à Internet, les images ont toutefois montré le traitement insoutenable réservé aux détenus, arrachés à leur lit bien avant l'aube ou pris en flagrant délit de manifestation pacifique. Il s'agit souvent de jeunes qui subissent, menottés, des sévices filmés par des soldats. L'une des premières vidéos prises à Bayada, près de Banyas, a été catégoriquement démentie par le régime, qui l'a attribuée à l'armée américaine en Irak. Quand la totalité de l'enregistrement a été diffusée, on y vit le chef de la sécurité politique occupé à sauter avec ses hommes sur le dos et le ventre de détenus menottés en leur distribuant insultes et coups. Il fut finalement muté.

La couverture médiatique de la révolte populaire de 2011 est aux antipodes du silence qui entoura le massacre de Hama en 1982. Le seul trait commun aux deux situations est l'exclusion rigoureuse des journalistes étrangers. Ces témoins gênants se voient refuser quasi systématiquement le visa, et ceux qui étaient déjà en Syrie ont vite été expulsés. Seuls quelques « privilégiés », dont des Français, sont conviés non pour couvrir la révolte d'un peuple, mais pour déjeuner à la table de la Présidence et prodiguer des conseils sur la meilleure manière d'améliorer l'image du régime en Occident.

En 1982, les Occidentaux invoquaient le « manque de preuves » pour ne pas condamner Assad. J'ai été témoin, le 5 mars 1982, d'une scène unique, boulevard Saint-Germain. En fin de journée, un rassemblement de l'opposition syrienne devait se tenir pour condamner le massacre. Les manifestants arrivaient avec leurs banderoles et leurs slogans, quand, soudain, de faux manifestants, les *chabbihas* de l'époque, mandatés par l'ambassade de Syrie à Paris, ont sorti des armes blanches et déroulé des « banderoles » dont les supports ont servi de bâtons pour disperser les manifestants, faisant plusieurs dizaines de blessés bien avant l'intervention de la police. On imagine que de telles scènes ne peuvent plus se répéter dans aucune capitale occidentale. En fait, les *chabbihas* sont toujours là, mais, désormais, ils disposent de passeports diplomatiques. Ils ont sévi, fin août 2011, place du Châtelet à Paris contre un rassemblement de Syriens pacifiques. La police a interpellé neuf d'entre eux, mais a dû libérer sur-le-champ six détenteurs du précieux document. Cela n'a pas empêché les agents de l'ambassade de coincer un manifestant syrien dans une impasse, de le rouer de coups et de tenter de faire passer sur sa tête la roue de leur voiture diplomatique.

UNE INGÉNIEUSE FÉROCITÉ

La terreur peut aussi être d'ordre psychologique. Un notable syrien m'a confié en 2009 avoir été convoqué au siège des services de renseignements de son quartier à Damas sans connaître les motifs de cette invitation. Fouillant en vain sa mémoire en quête de ce qui aurait pu déplaire au régime, il a alerté tous ses amis haut placés qui ont feint de ne rien entendre. On ne plaisante pas avec les *moukhabarats*! Après une nuit blanche, il s'est donc présenté avant 8 heures du matin au commissariat muni de la convocation. Poliment reçu, il fut invité à prendre place dans une salle où une vingtaine d'autres personnes attendaient leur tour. Dix minutes passèrent et un bruit commença à se faire entendre, fait de coups, de pleurs, de cris, de gémissements et d'insultes. Les auditeurs se regardèrent en se disant « à qui le tour ? ». Certains d'entre eux furent appelés dans la pièce voisine, et les autres continuèrent à patienter, tandis que l'on percevait de plus en plus nettement les hurlements des tortionnaires : « Avoue ! Reconnais ton crime, sale chien ! » « Quand on entend cela, m'a dit mon interlocuteur, les heures passent comme des siècles. » Vers 15 h 30, il fut enfin appelé, mais c'était pour lui rendre sa pièce d'identité et le laisser partir sans autres explications. De cette savante torture psychologique, l'homme est sorti presque muet, et il vit depuis dans la terreur de recevoir une nouvelle convocation. Nul n'a pu savoir ce qu'on lui reprochait ou s'il devait un jour repartir chez les *moukhabarats*. Deux ans plus tard, il m'a dit : « Ma vie a été détruite par ce rendez-vous. » Combien de Syriens ont-ils subi ce mode de torture psychologique ? Personne ne le sait. Les tortionnaires sont assurés de l'impunité par le décret 69 du 30 septembre 2008 signé par Assad et qui interdit toute poursuite contre les agents de la sécurité de l'État, des renseignements militaires et d'autres agences de services secrets pour les crimes commis dans l'exercice de leurs missions.

À chaque promesse présidentielle de réformes, de levée de l'état d'urgence, d'autorisation de manifester ou d'amnistie, ou encore lorsque Assad a annoncé au secrétaire général de l'ONU que les opérations militaires avaient cessé, les Syriens ont constaté que les forces de l'ordre redoublaient de violence et que le nombre des morts augmentait. Malgré la sauvagerie de cette répression, la révolte s'est propagée de ville en ville à l'exception des deux plus importantes, Damas et Alep. Les timides tentatives de manifester à l'issue des prières du vendredi à Damas ont été étouffées dans l'œuf par un déploiement policier massif et des contrôles d'identité accompagnés de la confiscation des papiers et des téléphones portables. On a entrebâillé les portes des mosquées pour faire sortir les fidèles au compte-gouttes et empêcher les rassemblements dans les rues adjacentes... La hantise du régime était en effet l'apparition d'un « Tahrir » à Damas. Pour l'éviter, il a transformé les principales places de la capitale en parkings pour les véhicules de l'armée.

Le régime bénéficie de l'état d'esprit propre aux Damascènes dont la devise, depuis les premières invasions de la ville par les Abbassides au milieu du VIIIᵉ siècle, est : « Quiconque épouse ma mère devient mon beau-père. » Les commerçants syriens ont toujours cherché à conserver de bonnes relations avec le pouvoir en place. En plus de quarante ans de règne, le régime a introduit en leur sein une nouvelle classe de commerçants sunnites et alaouites, adossée aux sphères politiques. On les entend dire ouvertement : « Le régime assure notre sécurité et permet la prospérité de nos commerces. Nous payons ces deux avantages en acceptant la restriction de nos libertés et en versant les taxes qui l'enrichissent. » Cet état d'esprit a entretenu l'ambiance frileuse dans la capitale jusqu'à la fin août. Et il est vrai que la libéralisation économique de 2005 leur a profité, car ils se sont associés avec Rami Makhlouf au sein de ses deux structures, Cham holding et Syria Holding, pour contrôler le cœur de l'économie syrienne. Les commerçants de Damas sont connus pour leur roublardise et leur discrétion. Ils vivent bien en dessous de leurs moyens, en cachant leurs très grosses fortunes. C'est tout le contraire du bling-bling de leurs homologues libanais, qui, eux, affichent un standing supérieur à leurs moyens. À l'inverse du commerçant de Beyrouth, le Damascène ne fume pas le cigare et ne roule pas en Mercedes. La tradition toujours en vigueur dans le célèbre marché Hamidiyat de Damas veut que chaque commerçant envoie ses fils, dès l'âge de 15 ans, faire un « stage d'été » chez un collègue avec pour mission d'écouter ce qui s'y dit, de regarder ce qui s'y trame, tout en servant le thé à la menthe ou le café aux clients.

Si la capitale est restée longtemps calme, les banlieues qui l'encerclent, situées dans la préfecture du Rif de Damas, ont été, dès mars, très impliquées dans la révolte. En effet, la création de « nouvelles villes » illégales qui constituent cette ceinture populaire a été encouragée par Assad et le Baas pour y installer des « déshérités » venus des provinces afin de contrôler et d'étouffer la bourgeoisie de Damas.

À partir des années 1970, les nouveaux gouvernants d'origine provinciale et modeste se sont à leur tour embourgeoisés. Les banlieues misérables – qui ont bénéficié de quelques raccordements aux réseaux d'eau et d'électricité – sont devenues une des toutes premières menaces pour le régime. Surpeuplées et abandonnées à leur sort, elles épuisent les forces de répression du régime. Le même phénomène s'applique à la deuxième ville du pays, Alep, qui, tournée vers la Turquie voisine, est la capitale économique du pays. Le régime s'y est allié avec trois clans familiaux aux pratiques réputées mafieuses, ceux de Berri, Fayad et Awad. Les Assad leur ont accordé carte blanche dans tous les trafics, à la seule condition de réprimer dans l'œuf toute contestation, aux côtés de l'armée et des *chabbihas* du régime.

BACHAR, CHEF NOMINAL D'UN « DIRECTOIRE »

Sur la photo officielle de la famille présidentielle, on aperçoit souriants et bien habillés le président Bachar, son épouse Asma, mince et blonde Homsiote née et élevée à Londres de parents syriens, et leurs deux enfants dont l'aîné porte le nom de son illustre grand-père, Hafez. Les conseils en communication du couple ont fait de ce portrait officiel une icône moderne et sympathique, qui rompt avec l'image traditionnelle des chefs d'État arabes, souvent âgés, gros ou malades. Derrière cette vitrine présidentielle se joue une tout autre partie. Certes pas avec ceux qui incarnent les institutions : le vice-président de la République, les présidents du Parlement et du gouvernement ne sont là que pour le décor.

La réalité du pouvoir appartient à un directoire et la partie apparente de l'iceberg a pour nom Bachar. Il a atterri à la présidence par accident à cause de la disparition de son aîné, Bassel, en 1994 au volant d'une grosse cylindrée, alors qu'il roulait à une vitesse excessive sur une route mouillée. Bachar fut rappelé de Londres où, à 28 ans, il poursuivait encore des études d'ophtalmologie. Au sein de la famille, il n'était pas connu pour être un leader à l'instar de Bassel, le cavalier et l'officier parachutiste, ou de son frère cadet Maher, âgé alors de 25 ans, qui admirait et suivait Bassel à la trace. Long comme un jour sans pain, Bachar zézaie et ne possède aucun talent oratoire. Il n'en est pas moins imbu de lui-même. Lors des sommets arabes, le benjamin des chefs d'État était le seul donneur de leçon, et la télévision syrienne montre toujours ses visiteurs acquiesçant du chef quand il leur parle. Lors de son accession à la Présidence, les intellectuels ont débordé d'espoir, commencé à se réunir, à débattre et ont poussé l'audace jusqu'à diffuser un « communiqué des 99 » en septembre 2000, réclamant la fin de l'état d'urgence et de la loi martiale, l'amnistie des prisonniers politiques, le retour des exilés, l'établissement d'un État de droit, des libertés d'associations, d'expression, de presse. Bachar a alors fait libérer 600 prisonniers politiques et a promis la fermeture de la prison de Mazzé dans la banlieue de Damas de très sinistre réputation.

Le « printemps de Damas » a duré un an. Certains y ont vu une ruse du régime, qui offrait au jeune président une période d'état de grâce et poussait l'opposition à dévoiler ses intentions. La fin de la partie fut sifflée en septembre 2001, avec l'arrestation de plusieurs intellectuels et politiques. Dans la foulée du 11 Septembre, et devant les menaces américaines sur l'Irak voisin, le régime s'est alors cabré et est devenu intraitable à l'égard de la moindre contestation ou divergence.

Damas bruisse de rumeurs selon lesquelles, si ce n'était son jeune âge, Maher aurait été le successeur préféré de son père à cause de sa poigne et de son tempérament fougueux. Ou plus exactement à la limite de la paranoïa. Le coup de pistolet qui perfora l'estomac de son beau-frère, le général Assef Chawkat, en 1999 en plein palais présidentiel, atteste de ses coups de folie. Chawkat fut transféré d'urgence à Paris et hospitalisé au Val-de-Grâce. En 2011, Maher a hérité du sobriquet terrible de « boucher de Deraa » et le Premier ministre turc Erdogan l'a accusé de « commettre des horreurs et des actes de barbarie ».

Intronisé président de la Syrie à 35 ans, Bachar s'entoure de sa famille. Pourtant, son père avait déclaré à TF1, dans un langage tout alaouite : « Non je ne soutiens pas mon fils pour me succéder, lui-même ne m'en a jamais parlé. On dit cela peut-être parce qu'il est actif ; j'ai entendu que ses amis l'aiment bien et que les Syriens le respectent. Mais il n'y a aucun article dans notre constitution ou nos lois qui accorde à la parenté le droit à la succession. » Convaincu au départ qu'il ne succèderait pas à son père, Bachar avait eu une jeunesse nonchalante, refusant de s'engager dans l'armée et s'adonnant à ses passions, les jeux vidéo et les grosses motos. Néanmoins, après la disparition de Bassel, il fut obligé d'intégrer une académie militaire, d'en sortir capitaine au bout d'un an, puis il fut promu commandant deux mois plus tard et colonel au bout de douze mois. Il dut toutefois patienter six heures après le décès de son père pour devenir général, commandant en chef des armées et secrétaire général du parti Baas. Qui osera prétendre que les fils de dictateurs ne sont pas des surdoués ? Son frère Maher hérita de la garde présidentielle, puis de la 4ᵉ division, des forces d'élite chargées de sanctuariser le régime. Il garda un œil vigilant sur les services de renseignements et l'évolution du Liban, sans négliger ses intérêts économiques, choisit la banlieue ultra-huppée de Yaafour pour s'installer dans une « forteresse ».

Le directoire repose sur deux autres piliers. Le cousin germain Rami Makhlouf, 42 ans, neveu d'Anissa, la veuve d'Hafez el-Assad, est l'homme le plus riche de Syrie, car il contrôle à lui seul entre 40 et 60 % de son économie. Les bénéfices annuels de sa licence de téléphonie mobile, Syriatel (55 % du marché), s'élèvent à près de 2 milliards de dollars. Sans oublier qu'il est le propriétaire de toutes les zones franches portuaires, aéroportuaires et terrestres qui présentent la particularité, unique au monde, de permettre des achats non seulement à ceux qui quittent le territoire national, mais aussi à ceux qui y pénètrent, privant ainsi les douanes de recettes substantielles. L'ex-député Ryad Saïf, qui avait critiqué l'attribution de la licence de téléphonie sans appel d'offres, s'est entendu répondre qu'il fallait « garder ce secteur sensible entre des mains sûres ». Puis son fils, enlevé par des « inconnus », a disparu à jamais et il a été jeté en prison pendant sept ans. Pour évincer son partenaire égyptien Orascom de Syriatel, Rami a fait intervenir la justice, qui a désavoué le propriétaire d'Orascom, Najib Sawiris, et confié la gestion de ses intérêts à Yhab Makhlouf, frère de Rami, et à Nader Kalïi, son directeur de cabinet !

UN QUARTERON DE PRÉDATEURS

Rami a collectionné les bonnes affaires et investi le secteur de la contrebande, dont celle des cigarettes. Il a été suspecté de blanchiment d'argent en relation avec la banque libanaise al-Madina qui a fait faillite. Un seul homme lui a tenu tête, le concessionnaire exclusif de Mercedes en Syrie, Omar Sankar, qui a refusé de céder sa position et a été soutenu par la marque allemande. En représailles, Rami a fait supprimer par le gouvernement les représentations exclusives des marques étrangères. En 2008, Makhlouf a été visé par des sanctions américaines unilatérales, suivies en 2011 par des sanctions européennes. Mais sa fortune a été transférée vers les Émirats arabes unis, où il possèderait deux tours à Dubai, enregistrées au nom de son épouse et de ses enfants. Dénoncé par la rue comme un mafieux, il a vu les bureaux et sièges de Syriatel partout dévastés et incendiés par les manifestants. Trois mois après le début de la révolte, il a dû convoquer une conférence de presse pour annoncer, non sans une certaine confusion, d'une part son intention de consacrer sa fortune aux pauvres – sans toutefois en chiffrer l'importance ni préciser la partie destinée aux bonnes œuvres – et d'autre part sa résolution de lancer une souscription pour se séparer de ses parts sociales. L'éditorialiste du journal londonien *Asharq Al-Awsat*, Abdelrahman Rached, a écrit à ce sujet : « Si on veut devenir milliardaire dans le monde arabe, pas besoin d'être tenace comme un Bill Gates, il suffit seulement de mettre la main sur le pouvoir pour

devenir riche en l'espace d'un clin d'œil. » Le sacrifice
de ce cousin qui gère la fortune du clan et dont le frère,
Hafez, contrôle les renseignements dans la capitale n'a
servi à rien. La révolte n'a fait que redoubler d'ampleur.
Enfin, n'oublions pas « Monsieur gendre », le général
Assef Chawkat, 61 ans, mari de l'aînée des Assad, Bouchra, 51 ans. Jusqu'en 2008, il a été le principal chef
du renseignement syrien. Ce secteur est si sensible qu'il
serait suicidaire de le confier à un seul homme, ce qui
reviendrait à lui remettre les clés du coup d'État. Mais
dans la répartition des responsabilités, il a été l'officier
incontournable dans ce secteur, et il a possédé le quasi-
monopole des contacts avec ses homologues français. En
raison des suspicions qui ont entouré son rôle dans
l'assassinat d'Hariri, Chawkat a été écarté des contacts
internationaux et chargé d'épurer l'armée des infiltrations
intervenues lors de la période d'affaiblissement du
régime, avant de reprendre du galon. Il a été peu associé
à la répression de 2011, la fratrie se méfiant d'un ambitieux qui a une profonde connaissance des rouages du
régime et qui dispose de relations internationales importantes, notamment parmi les dirigeants français. Sa
femme Bouchra, qui faisait la pluie et le beau temps du
vivant de son père, n'est plus écoutée par la fratrie. En
effet, Chawkat était marié quand elle jeta son dévolu
sur lui et l'aîné des frères, Bassel, s'opposa à son union
avec ce père de plusieurs enfants. Mais Bouchra est
tenace ; elle a du charisme et sait ce qu'elle veut. Hafez
avait un tel faible pour elle qu'il ordonna au président
libanais Émile Lahoud de nommer ministre de la Santé
dans deux gouvernements successifs son gynécologue, le

docteur Karam Karam. Après la disparition de Bassel, Bouchra a pu épouser l'homme de sa vie et l'accompagner dans son ascension. Il occupe désormais le poste de vice-ministre de la Défense. Il pourrait jouer un rôle à l'heure de la relève, car il n'aura pas trop de sang frais sur les mains.

Ce quarteron de prédateurs a fait face avec la dernière énergie au soulèvement populaire. Dès le mois d'avril 2011, Maher a réuni les cinquante principaux officiers de son état-major pour leur délivrer un message simple : « Le régime ne doit pas tomber, je vous accorde carte blanche pour le sauver.» À supposer que Bachar soit réellement réformiste, que vaudraient les promesses d'un président dépassé par des hommes qui tiennent de tels propos ? D'autant plus que Maher, qui ne croit pas aux réformes, entend bien mettre les Syriens à genoux avant de leur lâcher quelques miettes. En août 2011, des slogans ont fait leur apparition au sein de la garde prétorienne du régime : *« Bachar al-Iyadé, Maher al-Quiadé »*, (« Que Bachar aille consulter à sa clinique, et que Maher prenne le commandement !»).

LA DÉFECTION DE PERSONNALITÉS IMPORTANTES

Certaines défections, au début de septembre 2011, sont annonciatrices de fortes turbulences. Le procureur général de Hama, Adnan Bakour, s'est réfugié en Turquie, d'où il a annoncé sa démission en délivrant un décompte précis des forfaits dont il a été témoin : 72 manifestants pacifiques tués le 31 juillet par l'armée et les services de renseignements et allant rejoindre dans une fosse commune 420 corps de victimes tuées dans les mêmes conditions. Il a précisé qu'il a été contraint de délivrer de fausses attestations prétendant que ces personnes avaient été massacrées par des « bandes armées ». Le procureur a aussi dénoncé l'arrestation arbitraire de quelque 10 000 Hamiotes. La réplique des autorités a consisté à accuser des inconnus d'avoir enlevé le procureur et de l'avoir forcé à faire de telles déclarations. Après ces allégations, l'intéressé a délivré un autre message pour dire qu'il était libre et pour confirmer ses accusations. Plusieurs muftis respectables, qui n'appartiennent pas aux mouvances extrémistes, commencent à élever la voix et à dénoncer le fait que l'armée, dont l'équipement a tant coûté au peuple, soit détournée de son unique mission, défendre le pays, pour être employée pour écraser le peuple.

À partir de septembre, les défections au sein de l'armée se sont multipliées, dont celles de plusieurs colonels et commandants. Les Américains estiment déjà à près de 10 000 le nombre de soldats qui ont fait défection ou déserté. Dans plusieurs villes, les loyalistes et les déserteurs se sont violemment affrontés. À ce jour, l'avantage revient à l'armée de Bachar, puisqu'elle dispose des armes lourdes et fait appel à l'aviation militaire ! Mais la dynamique des défections peut s'avérer mortelle pour le régime, dès lors qu'elle s'accélère et qu'elle touche les hauts gradés de l'armée.

LE PATRIARCHE ET LA CASSETTE

S'accrochant à toutes les branches à sa portée dans la tempête, Assad instrumentalise les communautés chrétiennes d'Orient pour qu'elles défendent son régime en Occident. Dès la première conférence sur le « dialogue national » organisée par le gouvernement le 7 juillet à Damas, la télévision a placé en évidence un prêtre, Élias Zahlawi, à qui les organisateurs ont très vite donné la parole, en présence du vice-président syrien Farouk al-Charaa, pour un discours de soutien inconditionnel au régime.

L'exploit est de taille : Assad a fait du chef de la principale Église chrétienne du Liban son avocat en Occident. Il n'a pourtant pas dû être aisé de convaincre un homme d'Église qui, mieux que personne, sait que l'occupation syrienne de son pays a réduit les effectifs et laminé l'influence des communautés chrétiennes, leur faisant perdre l'essentiel de leur pouvoir et de leurs bases territoriales ! Les chrétiens ont été contraints de fuir leurs villages devant l'avancée des forces syriennes et de leurs alliés du moment dans la Bekaa, l'Akkar et dans d'autres régions. Or le miracle a eu lieu : le 5 septembre 2011, le nouveau patriarche maronite Mgr Raï, en visite officielle à Paris, a plaidé la cause du dictateur syrien et du Hezbollah auprès du président Sarkozy !

J'ai rencontré le patriarche pour la première fois à l'occasion d'un déjeuner organisé par un think tank à sa sortie de l'Élysée. Je l'ai entendu avec stupeur nous réciter l'argumentaire de Damas quant à la « crainte d'une aggravation du conflit en Syrie pouvant déboucher

sur une guerre civile et l'avènement d'un régime islamiste », au « danger d'émergence d'États confession-
nels ». Ce faisant, le nouveau converti d'Assad n'a pas
émis la moindre réserve sur sa dictature héréditaire et a
paru tout ignorer de l'aspiration légitime d'un peuple
conduit à se rebeller par sa soif de liberté et de justice.
À l'en croire, l'agitation n'est due qu'à l'action des salafistes et des Frères musulmans, et la chute du dictateur
promet aux chrétiens le triste sort de leurs coreligion-
naires d'Irak après le renversement du dictateur par
l'armée américaine ! Pour ce qui est du Liban, le prélat
souhaite que le Hezbollah garde son arsenal militaire
aussi longtemps que les fermes de Shebaa seront occu-
pées et que les réfugiés palestiniens n'auront pas retrouvé
leur pays d'origine, et « on doit d'autant plus le comprendre que l'armée, chez nous, est impuissante ». Peu
importe donc que plusieurs résolutions du Conseil de
sécurité de l'ONU aient exigé son désarmement depuis
2004.

J'avoue que j'ai écouté la rage au cœur et le rouge au
front, car je suis né dans la montagne libanaise, ce stu-
péfiant plaidoyer. Le soutien inconditionnel du patriarche
à la tyrannie et son appel à une alliance entre les minorités pour mieux la maintenir ont d'ailleurs provoqué la
vive réaction de l'un des piliers de l'opposition démocratique syrienne, Michel Kilo, qui l'a remis à sa place
dans un article publié dans un journal de Beyrouth, *Assa-
fir*, le 17 septembre. Marie Seurat, née Mamarbachi en
Syrie, a fait de même dans *Le Monde*. On ne compte
plus les réactions publiques d'intellectuels chrétiens
d'Orient indignés par l'appui sans réserve d'un patriarche

à une dictature honnie par le peuple. L'avocat libanais
Abdel Hamid el-Ahdab, descendant d'une grande famille
sunnite, avait invité les minorités à ne « pas rentrer dans
leurs coquilles, se cabrer ou s'opposer, par peur, aux
révolutions arabes, d'autant qu'elles sont majoritairement
respectueuses de la liberté et de la dignité humaine ». Il
les incite à coopérer « à l'instauration d'une pensée arabe
libre et digne. Qu'elles ne perdent surtout pas cette occasion, on les en conjure[1] ».

En associant le destin des chrétiens d'Orient à celui
d'une dictature dont la chute est inéluctable, le
patriarche les met en danger. Pourquoi devraient-ils, en
accompagnant sur son conseil Assad dans sa descente en
enfer, s'exposer aux yeux des futurs vainqueurs – la majorité sunnite du pays – pour des affidés du régime déchu ?
Interrogé sur la réaction de Nicolas Sarkozy à son plaidoyer, Mgr Raï a cité une phrase : « Nous ne pouvons plus
accepter les dictatures au nom de la stabilité. » À son
retour à Beyrouth, il a été reçu comme un ayatollah
Ouzma par les alliés chiites de la Syrie et de l'Iran. Son
siège de Bkerké ne désemplit pas des créatures de Damas
qui l'encensent à qui mieux mieux, et l'ambassadeur syrien
vient chanter ses louanges en compagnie du mufti de
Damas. Dans les fiefs de la Békaa du Parti de Dieu, il a
été l'hôte du représentant du Guide de la République islamique d'Iran ; dans le Sud, on le surnomme « l'imam des
patriarches ». Et, marionnette de l'alliance du « Croissant
chiite », il semble avoir déclaré la guerre aux sunnites, qui
représentent pourtant plus de 80 % des musulmans !

---

1. *L'Orient-Le Jour*, le 24 juin 2011.

Patriarche des grecs orthodoxes, la communauté la plus nombreuse en Syrie dont le siège se trouve à Damas, Mgr Ignace IV Hazim a été mieux inspiré. À son retour d'une hospitalisation à l'étranger, au printemps 2011, il a subi l'habituel débriefing des services de renseignements, et pour ne pas sembler entretenir de rapports étroits avec le régime, il s'est reclus dans son appartement de l'université de Balamande, au Liban-Nord, jusqu'à la fin septembre, dans le souci d'afficher sa neutralité et celle de sa communauté.

Pourquoi donc Mgr Raï a-t-il rompu avec tant d'éclat avec l'attitude traditionnelle des patriarches maronites, dont on dit que « la gloire du Liban leur a été confiée » ? L'explication exige un retour au temps où le général Ghazi Kanaan était le gouverneur réel du Liban (1982-2002), avant d'être rappelé en Syrie, puis nommé ministre de l'Intérieur et enfin « suicidé » dans son bureau en 2005. Cet as du renseignement et de la subversion, connaissant les Libanais et leurs faiblesses, décida en 1998 de faire obstacle au patriarche Sfeir, qui rêvait d'indépendance et condamnait l'occupation syrienne. Il chercha à lui susciter des opposants au sein de l'Église maronite et approcha dans cette intention trois évêques : NNSS Émile Saadé, Youssef Béchara et Béchara Raï. Les deux premiers allèrent se confier au patriarche, faisant échouer la tentative, mais Mgr Raï, flatté ou séduit, reçut à maintes reprises Kanaan dans son évêché d'Amchit, à proximité de Byblos – lors d'une visite, il était accompagné d'une journaliste de la radio VDL. Ce fut là sans doute le moment choisi, sous couvert de sécuriser les lieux, pour installer discrètement un dispositif de micros et de caméras.

Quelques mois plus tard, à la suite d'une déclaration de Mgr Raï qui lui avait déplu, Kanaan convoqua le prélat à son QG d'Anjar. L'évêque s'y rendit la tête haute, mais, à sa stupeur, les reproches de son hôte s'achevèrent sur... des enregistrements clandestins captés à son insu dans les locaux de l'évêché. Leur contenu était sans doute ravageur, car Mgr Raï, effondré, en pleurs, annonça au maître chanteur qu'il se suiciderait s'il était divulgué, puis ne sortit plus de chez lui trois jours durant ! Ghazi Kanaan est aujourd'hui mort et enterré, mais la cassette est gardée bien au chaud dans les archives syriennes. Avant la visite du patriarche à Paris, un évêque, qui est son ami intime, fut invité à Damas et reçu en très haut lieu. Était-ce pour prendre note des « éléments de langage » que son visiteur devrait tenir au président français ? Le Vatican le sait. Était-il au courant des turpitudes de son évêque avant son « élection » à la tête de l'Église maronite en mars 2011 ? Je l'ignore, mais les croyants peuvent se poser des questions sur la descente du Saint-Esprit sur Bkerké !

Otage d'une puissance étrangère qui le fait danser à son pipeau, le patriarche est en bien fâcheuse posture. Le gouvernement américain a annulé les rendez-vous traditionnels accordés au chef spirituel des maronites en visite, dont celui avec le locataire de la Maison-Blanche, ce qui l'a contraint à transformer le voyage en simple visite pastorale. Prendre ses distances à son égard ne comportait pas de risque électoral, la communauté maronite des États-Unis désapprouvant unanimement le « coup d'État » de son patriarche.

Un scénario chaotique et sanglant

Ces manœuvres de dernière minute retardent la chute d'Assad mais ne l'empêcheront pas. Elle interviendra au terme d'un scénario chaotique et sanglant, accompagné d'un désastre économique. La Syrie est boudée par les touristes, l'activité y est au ralenti, le coût de l'effort de guerre est exorbitant, les investisseurs étrangers se font de plus en plus rares et les capitaux ont pris la fuite au moment où les monarchies du Golfe ouvraient la manne financière dès que Hafez el-Assad fronçait les sourcils, se sont ouvertement prononcées contre le régime baasiste.

Reste le précieux soutien de l'Iran désargenté, en raison des sanctions internationales, mais qui se montre généreux dans la mesure de ses moyens limités. En revanche, Téhéran ne lésine pas sur l'aide militaire et opérationnelle apportée à l'allié syrien, indispensable couloir de transit de l'armement iranien vers les bases du « Hezbollahland » au pays du Cèdre. Téhéran leur a envoyé des experts et du matériel sophistiqué, indispensables pour la guerre électronique, afin d'identifier, de localiser, de traquer les blogueurs et les utilisateurs de Facebook et autres réseaux sociaux.

Dépêché en urgence absolue à Téhéran en juin 2011, le général Mohamed Nassif a négocié l'établissement d'une base navale à Lattaquié, au cœur du pays alaouite, pour y installer les Pasdarans. Cela montre bien l'inquiétude des deux parties, soucieuses de se réserver un canal de communication militaire en prévision de la perte de Damas et d'un repli sous la contrainte sur le terrain sûr du pays alaouite. Désormais, la Turquie est devenue un voisin trop curieux de la nature des chargements transportés par train, par bateau ou par avion et n'hésite plus à confisquer les cargaisons d'armes. Damas a d'ores et déjà réactivé le PKK qui intensifie ses opérations en Turquie.

Damas a voulu rappeler sa capacité de nuisance avec l'enlèvement, dès le déclenchement de la révolte syrienne, de sept cyclistes estoniens dans l'Est du Liban, détenus sur le territoire syrien pendant plusieurs mois. Il en va de même avec l'explosion dirigée contre un convoi de soldats italiens de la Finul, au Sud-Liban le jour où l'Union européenne adoptait des sanctions à l'encontre de Damas. Fin juillet, un second attentat a été perpétré contre une unité française de la même Finul, provoquant la menace explicite de Paris de retirer son contingent. En effet, la France ne peut plus compter sur la coopération de l'armée libanaise, désormais soumise aux volontés du Hezbollah.

Sur le plan intérieur, la violence du régime syrien va attiser la haine contre la communauté alaouite. Dans le tourbillon, ses membres hostiles à la politique des Assad, tel l'intellectuel Aref Dalila, qui a écopé de huit ans de prison, ou encore l'opposant Mounzer Makhous, issu d'une très grande famille alaouite, tout comme trois dirigeants alaouites de Homs qui se sont désolidarisés du régime en octobre, risquent d'être inaudibles. Globalement, la communauté alaouite pourrait se trouver contrainte de refluer vers la montagne côtière, privant le reste de la Syrie de tout accès à la Méditerranée.

Une Syrie fédérale ou confédérale pourrait-elle voir le jour sur les décombres de la Syrie actuelle ? Ce scénario pessimiste est fondé sur le fait que la révolte pacifique en cours ne peut plus être stoppée par des expédients. Dos au mur, isolé sur la scène arabe et internationale, acculé à ses derniers alliés, l'Iran et le Hezbollah, Assad est décidé à vendre très cher sa peau. Pour faire diversion, il tentera de provoquer des déflagrations partout où il le pourra : en Turquie, en Irak, au Liban, en Israël, sur le Golan, à Gaza, et il ne manquera pas d'abattre les ultimes cartes de son réseau terroriste international.

Une agence de presse iranienne a détaillé le 5 octobre l'apocalypse promis par Assad au ministre turc des Affaires étrangères au cas où son pays serait attaqué : en six heures, il embraserait la région et les pays du Golfe. Le déchaînement de violence n'épargnerait pas les ressortissants occidentaux, ni les compagnies aériennes du Moyen-Orient...

Bien que l'Iran et le Hezbollah aient pris quelques « distances médiatiques » par rapport à l'allié syrien, le Guide iranien Khamenei et le chef du Hezbollah sont devenus les cibles privilégiées de la colère des manifestants syriens. Mais l'Iran soutiendra férocement un allié qui lui procure un débouché sur Israël, un accès aux Palestiniens et une présence en Méditerranée, et qui lui permet de constituer le « Croissant chiite ». Téhéran est fort capable d'exercer sa nuisance dans le Golfe, en Irak, en Turquie, au Liban... pour faire pression sur tous les acteurs régionaux et internationaux et permettre à Assad de garder la tête au-dessus de l'eau. Cela suffira-t-il à sauver un régime à bout de souffle et en guerre contre son peuple ? Il est permis d'en douter.

L'ESPOIR A LE VISAGE DE LA JEUNESSE

Quelle que soit l'issue de la crise, la Syrie changera sans nul doute de statut. Perdant celui d'acteur majeur sur la scène régionale, elle fera l'objet de tiraillements entre les deux puissances rivales dans la région : la Turquie et l'Iran. La première aura trois avantages majeurs : limitrophe de la Syrie, prospère, elle dispose du soutien des pays arabes et de l'Occident. Et elle a pris des positions raisonnables applaudies par la majorité sunnite des Syriens. À l'opposé, l'Iran a soutenu le régime alaouite à outrance, et les manifestants ont régulièrement brûlé les portraits des dirigeants de l'Iran et de ceux du Hezbollah.

Que dire de la relève possible ? Au vu du rassemblement lent mais progressif de l'opposition syrienne autour du Conseil national syrien – dans un pays où la vie politique est cadenassée –, on ne peut qu'être frappé par l'impressionnante coordination qui marque les manifestations et lance mots d'ordre et slogans chaque vendredi dans toutes les villes du pays. Le mystère est d'autant plus surprenant qu'on connaît le contrôle tatillon des services de renseignements sur les hommes, leurs déplacements et leurs échanges électroniques. On peut supposer que cette structure efficace et toujours invisible est constituée de jeunes militants qui, partageant des valeurs de modernité, ont réussi à s'organiser et à déjouer les espions des *moukhabarats*, alors que leurs aînés sont politiquement déstructurés et totalement dépassés par les événements. Elle dispose d'une branche installée à l'étranger qui facilite la communication et diffuse aux médias les numéros de téléphone des militants de l'inté-

rieur, ville par ville et quartier par quartier. Nous avons
constaté que ces numéros de portable fournis sont assez
souvent d'origine irakienne, jordanienne, libanaise, turque,
ou servis directement par les satellites. Les auteurs de cette
coordination invisible auront leur mot à dire dans l'équipe
de la relève. En Syrie, l'espoir a le visage de la jeunesse.

Nous ignorons quand et comment va s'achever le règne
d'Assad faute d'instruments de mesure fiables – partis politiques dignes de ce nom, élections ou instituts de sondage.
À la fin septembre, nous avons assisté à deux phénomènes
inquiétants : une militarisation de la contestation due à
l'accélération des défections au sein de l'armée, et le lancement d'une campagne d'assassinats politiques, entre autres
le fils du mufti de la République, un loyaliste sunnite.

Seules certitudes : les sunnites représentent la communauté majoritaire et les Frères musulmans restent la formation la plus solidement ancrée dans le pays malgré son
éradication militaire et juridique. Ses trois principaux dirigeants sont originaires de la ville doublement martyre de
Hama, dont l'attitude oscille entre la tentation du radicalisme
et celle de l'imitation de son grand frère turc. On peut légi-
timement penser que les Frères musulmans syriens cherche-
ront plutôt à s'inspirer du modèle en vigueur à Ankara.

On ne passe pas de la dictature à l'équilibre du jour
au lendemain dans un pays composé de plusieurs ethnies
et communautés et où les ingérences étrangères peuvent
se faire à coups de livraisons d'armes et de millions de
dollars. Que le régime sombre ou non dans un bain de
sang, l'avenir est commandé par une réconfortante évidence : pour la première fois, l'oppresseur a peur du
peuple et le peuple n'a plus peur de lui.

Arabie

Réformer l'irréformable ?

Parti de Riyad l'esprit relativement tranquille pour se faire opérer dans un hôpital américain en novembre 2010, le roi Abdallah d'Arabie – 88 ans – arrive au Maroc pour s'y rétablir lorsque l'onde de choc des « mauvaises nouvelles » commence à déferler sur le convalescent. Non seulement le Tunisien Ben Ali a été renversé, mais, surtout, le précieux allié égyptien, Moubarak, est gravement menacé. Et quelle n'est pas la surprise du monarque en découvrant que le président américain pousse son principal allié au Moyen-Orient vers la sortie ! La fibre bédouine du roi ne supportant pas l'ingratitude, il contacte aussitôt Obama pour lui recommander vivement de soutenir le raïs égyptien, qui vient d'ailleurs de faire savoir qu'il ne comptait pas briguer un nouveau mandat en septembre 2011. Vaine démarche ! Les dirigeants israéliens et saoudiens et leurs lobbies respectifs sollicitent les Américains dans le même sens, mais ils ne parviennent pas à se faire entendre. Entre-temps, les peuples d'autres pays arabes ont réclamé à leur tour le changement.

Abdallah s'enquiert de la situation dans son royaume et on le rassure : le calme règne et d'ailleurs les chefs wahhabites ont opportunément rappelé leurs fatwas décrétant le devoir d'obéissance à *wali el-amr* (« le roi »). Il n'empêche, celui-ci abrège sa convalescence et rentre au pays fin février. Car le roi sait à quoi s'en tenir sur les risques que court la monarchie. Dès son intronisation en 2005, il avait reçu un groupe de 104 intellectuels réformistes et leur avait annoncé : « Votre programme est le mien. » Il connait aussi bien les revendications des wahhabites radicaux que celles des minoritaires chiites et ismaéliens traités en citoyens de deuxième zone.

Dès son arrivée à l'aéroport de Riyad, Abdallah annonce un programme de subventions de 35 milliards de dollars. Trois semaines plus tard, il y ajoute 100 milliards destinés au logement, à l'emploi, aux chômeurs, aux infrastructures... Le roi, conscient de la fragilité de son royaume, a décidé d'apaiser le front intérieur pour mieux faire face à la menace extérieure de l'Iran et protéger ses intérêts à l'échelle régionale. Dans la tornade du « printemps arabe », il cherche à sortir de la posture défensive traditionnelle de son pays et opte pour une stratégie offensive susceptible d'améliorer la position de la monarchie. Il le fait d'autant plus résolument que la « doctrine Carter », qui établit l'Arabie saoudite en vigie des intérêts américains dans le Golfe, semble ne pas avoir survécu au 11 septembre 2001 et aux révolutions arabes. Affaiblie, la puissance américaine est enlisée dans des conflits interminables qui occupent le gros de ses troupes et aggravent ses difficultés financières.

Depuis la mise en place de la « doctrine Carter » en 1980, les États-Unis n'ont fait que renforcer leur présence dans la région du Golfe afin de préserver leurs intérêts. En 1983, la Force de déploiement rapide *(Rapid Deployment Forces)* est devenue l'*United States Central Command* (CENTCOM), l'un des dix commandements interarmées américains, dont la sphère d'influence s'étend de l'Égypte à l'Afghanistan. Depuis 1995, Bahreïn accueille le siège de la Ve flotte, tandis que les GI disposent de bases aux Émirats arabes unis, au Koweït et en Oman. Après les attentats du 11 septembre et le refroidissement de leurs relations avec Riyad, les États-Unis vont s'appuyer davantage sur ces pays : leurs unités de combat stationnées en Arabie sont évacuées en 2003, notamment vers le Qatar.

LA CRAINTE DES VISÉES DE L'IRAN

La crainte de voir l'Iran tirer profit de la déstabilisation des pétromonarchies, conjuguée à la nécessité de sécuriser leurs approvisionnements pétroliers, conduit les Américains à maintenir leur appui à des régimes autoritaires. Toutefois, si Washington a accepté de mettre en sourdine son soutien à l'expansion du « printemps arabe » au Golfe, l'administration Obama ne peut faire l'économie – notamment pour des raisons de politique intérieure – d'une posture réclamant que des réformes démocratiques soient rapidement engagées au sein des monarchies. Plus généralement, les réticences américaines renvoient à la remise en cause sans précédent de la sacro-sainte alliance avec l'Arabie saoudite au lendemain des attentats du 11 septembre, dans lesquels 15 des 19 kamikazes étaient saoudiens. Par la suite, la dynastie des Saud s'était montrée des plus méfiantes à l'égard du projet de Grand Moyen-Orient élaboré par les néoconservateurs américains en février 2003, soit un mois avant l'offensive contre l'Irak de Saddam Hussein. Le projet visait en effet à convertir les États de la région à la démocratie libérale, seul moyen aux yeux de l'administration de George W. Bush d'y installer paix et stabilité. C'était là surtout un changement de cap majeur dans les relations entre Washington et ses traditionnels alliés sunnites de la région, Arabie et Égypte notamment. Après avoir longtemps cautionné ces régimes autoritaires, l'Amérique leur signifiait qu'il leur fallait engager la réforme de leur mode de gouvernance. C'était faire, fût-ce à son corps défendant, les affaires de l'Iran, au moment où ce pays poursuivait un programme nucléaire dont la vocation militaire ne faisait guère de doute.

Avec l'arrivée de Barack Obama dans le Bureau ovale en janvier 2009, la volonté américaine de sceller une réconciliation avec le « monde musulman » raviva les espoirs de voir le partenariat retrouver à la fois vigueur et légitimité. Vingt-quatre heures avant son « discours historique aux musulmans » du 9 juin 2009 au Caire, le nouveau président se rendit en Arabie, berceau de l'islam. Cette visite visait surtout à réaffirmer le soutien de Washington aux régimes sunnites « modérés ». Reçu chaleureusement, Obama se dit frappé par la sagesse du monarque. Mais son soutien ultérieur aux révoltes arabes, suivi par le lâchage de son allié Moubarak, a ravivé les craintes de l'Arabie et des monarchies voisines d'une démocratisation contrainte. Abdallah peut désormais douter de la validité de « l'assurance tous risques » contractée par son père auprès de Roosevelt, lors de leur rencontre sur le destroyer *USS Quincy* dans le canal de Suez, le 14 février 1945. Le monde est passé de l'hégémonie américaine à une partie dans laquelle les États-Unis ne sont plus que l'un des joueurs, le plus important certes, mais pour combien de temps ? Aussi le roi a-t-il réservé à la Chine, et non à un partenaire occidental, son premier déplacement à l'étranger en y effectuant une visite d'État. Ses visites suivantes furent consacrées à l'Asie : Inde, Malaisie, Pakistan et Turquie. Depuis 2005, Abdallah a pu confirmer son intuition : les « États-Unis ne délivrent pas la marchandise promise ». Il vient encore de les tester sur trois crises extrêmement sensibles pour son pays : le lâchage de l'allié de trente ans, qui se retrouve derrière les barreaux d'une cage, et le double échec face à l'Iran et à Israël. Dans ce dernier cas, le roi a été stupéfait de constater que dans tous les bras de fer engagés par Netanyahou contre Obama, c'est le premier qui l'a emporté.

LA MISE AU PAS DE L'OPPOSITION À BAHREÏN

Le souverain a saisi l'occasion offerte des visites de ses pairs venus le féliciter de son rétablissement pour mettre en application une clause des accords d'entraide qui lient les six monarchies arabes du Golfe. L'Arabie a pris la tête de la force d'intervention qui a traversé, le 14 mars 2011, le pont Fahd – long de 25 km – reliant la province orientale du royaume à Bahreïn afin de relever les forces locales dans leur opération de maintien de l'ordre, sans toutefois affronter directement les manifestants de l'opposition chiite. Bahreïn est un archipel de quelque 750 km² dont la population autochtone avoisine les 540 000 personnes. Le pays, conquis par la dynastie sunnite des Al-Khalifa venue d'Arabie à la fin du XVIIIᵉ siècle, est à majorité chiite (70 % de la population), mais les membres de cette communauté, considérés comme des citoyens de seconde zone, sont privés de l'accès à tout poste « sensible ». L'opposition chiite dénonce la naturalisation, pendant les cinq dernières années, de 60 000 sunnites, souvent originaires de Syrie, de Jordanie, du Yémen ou du Pakistan, qui n'ont le plus souvent ni résidé dans le pays ni payé d'impôts jusque-là. Les forces de sécurité sont composées pour moitié de ces nouveaux citoyens, notamment de Baloutches pakistanais.

Or Manama vit et prospère grâce aux « touristes » saoudiens qui, fuyant leur milice religieuse, se rendent dans l'archipel voisin pour goûter à une vie moins austère : ils y trouvent alcool, musique, bars et jolies filles. Le père de l'actuel roi de Bahreïn avait menacé les députés de dissoudre leur Assemblée s'ils votaient une interdiction de l'alcool : « C'est notre pétrole ! », leur avait-il lancé.

Les chiites constituent l'essentiel des 30 % de chômeurs du royaume. Leurs liens avec l'Iran suscitent l'inquiétude des pays du Conseil du Golfe (CCG) et expliquent l'empressement des monarchies à intervenir au côté de Riyad (notamment les Émirats arabes unis, le Koweït et le Qatar). L'ensemble des pays du CCG justifie cette intervention en faisant valoir qu'à l'échelle de leur organisation régionale, les chiites représentent à peine 15 % d'individus, même s'ils sont majoritaires au Bahreïn. Par ailleurs, ils invoquent le fait que les expériences électorales dans d'autres pays arabes ne débouchent pas sur la démocratie, l'Iran manœuvrant toujours pour maintenir au pouvoir ses clients ou alliés. La preuve en a été faite au Liban, où le Hezbollah a perdu les élections de 2010 mais est parvenu à mettre en place une majorité artificielle qui lui a permis de prendre le pouvoir et d'évincer la majorité sortie des urnes. De même en Irak, où le Premier ministre Nouri al-Maliki, chiite allié de l'Iran, est parvenu à conserver son poste à l'issue des élections législatives de mars 2010, au prix de tractations et de pressions diverses alors qu'il était arrivé en deuxième position derrière la coalition d'un autre chiite Iyad Allawi.

La majorité chiite du Bahreïn fait allégeance à l'ayatollah Sistani, d'origine iranienne, principal guide des chiites irakiens. Celui-ci rejette le concept de wilayet el-Faghih qui fait du guide suprême de la révolution iranienne le vicaire du Prophète sur terre, à qui tous les chiites du monde, quelle que soit leur nationalité, doivent allégeance. Toutefois, les Iraniens ont embrigadé des Bahreïnis dans leurs services de renseignements, les ont entraînés en Syrie ou en Iran et ont créé un Hezbollah local. L'existence de cette « menace », conjuguée aux incessantes revendications annexionnistes des Ira-

niens ont permis au régime des Al-Khalifa de rejeter les
demandes de réformes, si justifiées fussent-elles, au prétexte qu'elles servent les amis de Téhéran et déboucheraient immanquablement sur une alliance avec les
Perses. Un autre de ses voisins a suscité l'inquiétude de l'Arabie : le sultanat d'Oman. Cette fois, les préoccupations
sont d'ordre domestique. En effet, dès la mi-février, des
mouvements de grève survenus dans la ville industrielle
de Sohar ont été l'occasion de dénoncer la corruption
gouvernementale et l'inégale répartition des richesses.
Des bâtiments publics et des centres commerciaux ont
été saccagés et incendiés, et des affrontements violents
ont opposé les manifestants aux forces de l'ordre. Les
troubles se sont étendus à d'autres villes : Mascate,
capitale du sultanat, ou Salalah, deuxième ville du pays,
du fait de leur intégration à l'économie mondialisée par
les industries pétrolières et les activités portuaires. Le
sultan Qabous d'Oman, arrivé au pouvoir à l'issue d'un
coup d'État en 1970, n'a toutefois pas perdu le respect
de son peuple, qui lui sait gré de la prospérité et de la
modernisation du pays. Sa réponse aux revendications
des manifestants lui a permis de sauver la face : il s'est
empressé de limoger les ministres accusés de corruption
et d'annoncer la hausse des salaires dans les secteurs
public et privé, ainsi que la création de quelque
50 000 emplois dans la fonction publique. L'Arabie et
les autres pays du CCG se sont empressés de débloquer
20 milliards de dollars sur dix ans en faveur du Bahreïn
et d'Oman afin que leurs régimes puissent acheter la paix
sociale, comme il est de coutume dans la région.

Du fait du lien de parenté et de la proximité géographique entre les chiites de Bahreïn et ceux du Hassa, en Arabie, le succès d'une révolution chiite à Bahreïn aurait sans aucun doute stimulé les velléités de leurs frères d'Arabie et de tous les autres pays du Golfe, où ils représentent parfois 30 % de la population, comme au Koweït. Leur arrivée au pouvoir à Bahreïn aurait mis un terme à la présence de la Ve flotte américaine, qui y ancre en permanence une cinquantaine de navires de guerre. Positionnée à proximité de 60 % des réserves mondiales d'or noir, cette armada protège les six monarchies arabes du Golfe, aussi riches que fragiles et sous-peuplées. Et le départ de cette « force d'interposition » aurait permis à l'Iran de mettre à exécution ses menaces, maintes fois réitérées, à l'égard de ces États, sous la forme d'un conflit éclair, en dépit de l'armement sophistiqué dont ils se sont dotés. Et les installations de la Ve flotte auraient sans doute été mises à la disposition de la marine iranienne, mouillant près des côtes des monarchies arabes, et notamment de l'Arabie.

L'ART D'ACHETER LA STABILITÉ

On comprend donc aisément la réaction pour le moins discrète des Occidentaux, et des Américains en particulier, face à l'intervention saoudienne destinée à étouffer dans l'œuf la révolte chiite de Bahreïn. Tout en affichant une sympathie de principe, il n'était pas question d'offrir une nouvelle victoire à l'Iran, soumis à des sanctions en raison de son programme nucléaire et dont il faut contenir l'expansion régionale. Sans oublier que, bien qu'elle soit à l'origine de la doctrine qui a mobilisé et financé le terrorisme international à grande échelle, l'Arabie wahhabite reste un allié irremplaçable, du fait de son statut de premier producteur mondial de pétrole et de ses capacités à abonder sa production de plus de 2 millions de barils par jour dans un délai très bref pour pallier l'éventuelle absence d'un acteur du marché. Ses réserves gigantesques représentent par ailleurs près du quart du potentiel mondial. Aucun autre pays ne pourrait fournir les 10 à 12 millions de barils quotidiens dont l'Occident a besoin. Or les gisements se trouvent dans la région du Hassa, où vit la communauté chiite susceptible de se soulever et de perturber extraction et exportation.

La stratégie de l'Arabie pour contrer les mouvements contestataires chez ses alliés repose essentiellement sur sa puissance financière inégalée, adossée à des réserves de quelque 500 milliards de dollars. Riyad a ainsi gracieusement fourni du brut à l'Égypte et, surtout, elle lui a promis plus de 4 milliards de dollars, tout en mettant deux conditions à leur versement : que Moubarak ne soit pas trop maltraité − ce qui n'est plus du ressort des dirigeants puisque l'opinion publique s'est saisie de son sort − et que les nouvelles autorités restent solidaires du CCG face à l'Iran. En effet, l'Égypte nouvelle a semblé pressée de rétablir une coopération suspendue depuis trente ans avec Téhéran, et elle a autorisé la traversée du canal de Suez à deux navires de guerre iraniens au printemps 2011. Or, pour Riyad, le pays du Nil représente « la profondeur stratégique » du CCG face à l'Iran et les Saoudiens feront tout pour ne pas la perdre.

Une fois rassurée par l'apaisement de la contestation intérieure et le succès – provisoire – de son intervention au Bahreïn, l'Arabie a saisi l'opportunité de la situation en Syrie, à laquelle elle assistait sans déplaisir, pour marquer un point dans sa confrontation régionale avec l'Iran. Jouant à merveille de la carte religieuse, le roi a attendu le début du ramadan, quatre mois et demi après le soulèvement des Syriens, pour déclarer que la situation était « inacceptable » et rappeler son ambassadeur à Damas. Cette condamnation a été suivie par le CCG, qui a demandé au régime de Bachar el-Assad de mettre un terme à la répression sanglante des civils et a rappelé lui aussi la plupart de ses ambassadeurs de Damas. Une fois convaincue que la partie était perdue pour le régime syrien, détesté autant que craint pour ses capacités de nuisance, l'Arabie l'a donc lâché. Elle a agi, ce faisant, comme dans la crise au Bahreïn : selon son propre agenda et sans prendre en compte celui de Washington.

Riyad rêve de la chute du régime syrien et de l'ins-tauration d'un pouvoir sunnite qui lui serait favorable et tournerait le dos à l'Iran, afin d'encercler le Hezbollah au Liban, pays où les Saoudiens et leurs alliés ont tou-jours mordu la poussière, vaincus par l'alliance entre la Syrie, l'Iran et le Parti de Dieu. En mai 2008, l'ambas-sadeur d'Arabie au Liban avait dû fuir à Chypre, dissi-mulé sous une burqa, l'invasion de Beyrouth par la milice du Hezbollah. Cette dernière avait mis la main sur la précieuse documentation du siège des renseigne-ments saoudiens, tué ou capturé la plupart des officiers traitants, parmi lesquels figuraient plusieurs Jordaniens.

Parallèlement à cet activisme à deux visages – contre-révolutionnaire dans les monarchies et prudemment pro-révolutionnaire dans les républiques –, Riyad a pris en hâte l'initiative d'élargir le CCG pour y inclure les autres monarchies arabes, la Jordanie et le lointain Maroc, sans même les avoir averties et avoir mûri la décision au sein du CCG, alors que le Conseil du Golfe s'est toujours opposé à l'intégration du Yémen voisin, malgré les candidatures répétées de ce dernier au cours des quinze dernières années ! L'initiative royale repose sur la constatation que les monarchies arabes ont beaucoup mieux résisté au tsunami contestataire que les républiques. L'élargissement du « club » a pour objectif de faire bénéficier les monarchies jordanienne et marocaine du soutien financier des pays riches du CCG, ainsi que de l'ouverture de leur marché de l'emploi. En contrepartie, le Maroc et la Jordanie disposent de véritables armées et de services de renseignements efficaces et sont en mesure de voler au secours des pays du CCG en cas de besoin, surtout dans le cadre d'un hypothétique conflit avec l'Iran. Pourtant, les différences de gouvernance entre les huit monarchies sont multiples : le Koweït est doté d'un régime parlementaire turbulent, l'Arabie d'une monarchie de droit quasi divin, alors que le Maroc essaie de réformer son régime pour le rapprocher d'une monarchie constitutionnelle.

Nayef, prince de la répression

Mais cet activisme diplomatique et financier ne règle en rien la contradiction de fond qui gangrène le pays : comment un clan d'octogénaires peut-il affronter les défis du moment ? L'Arabie est en effet gouvernée par une fratrie dont les membres sont très âgés et souffrent de maladies incurables. Fin 2010, le roi Abdallah a subi deux opérations de la colonne vertébrale ; son frère, le prince héritier Sultan, 85 ans, n'est que l'ombre de lui-même et a passé ces trois dernières années, à l'exception de rares et brèves incursions en Arabie, entre les cliniques suisses et américaines et son palais d'Agadir au Maroc. Le numéro trois du régime, le prince Nayef, est lui aussi âgé et malade. Or, les règles de la succession exigent le transfert du trône d'un frère à l'autre jusqu'à l'extinction de la descendance du roi fondateur Abdelaziz, mort en 1953.

Il est donc vraisemblable que le royaume verra des octogénaires régner tour à tour sur un peuple de jeunes – les 15-25 ans représentent 40 % de la population du CCG – qui sont souvent éduqués et ont fréquenté des pays étrangers. L'aspiration à la liberté rend cette jeunesse sourde à la rhétorique des Saud et à leur : « Notre père, Abdelaziz, a unifié l'Arabie. » Selon l'*Arab Youth Survey* citant un sondage réalisé en février 2011 auprès des jeunes des pays du CCG sur leurs aspirations prioritaires, 92 % d'entre eux placent la démocratie en tête de liste. Après avoir longtemps privilégié le confort et la prospérité économique au détriment de la participation au processus décisionnel, les jeunes cherchent désormais à rejoindre l'espace politique pour dessiner l'avenir de la société. Ils ne se satisfont plus de l'offre socio-économique des régimes pour acheter la paix.

Grands et petits princes se préparent à l'inévitable. Les vingt fils du roi Abdelaziz encore en vie défendent leur « quota » au sein du pouvoir et se font adjoindre leurs propres fils pour qu'ils assurent la relève. Le roi avait nommé son aîné, Météb, à la tête de la Garde nationale, force prétorienne et armée parallèle du régime, qu'avait commandé l'actuel souverain jusqu'à son intronisation. Le prince héritier Sultan, qui détient le portefeuille de la Défense depuis 1962, a fait nommer son fils Khaled comme adjoint, tandis que le ministre de l'Intérieur, Nayef, confiait à son fils Mohamed le soin de mener la lutte antiterroriste, ce qu'il fait avec une très grande efficacité. Pour étoffer son cabinet, le ministre de l'Intérieur y a intégré au printemps 2011 un autre de ses fils, Saud, à l'époque ambassadeur à Madrid.

Connu pour sa brutalité et sa roublardise, le prince de la répression préfère les islamistes, qu'il tente d'acheter, d'intimider ou d'amadouer, aux libéraux, qu'il considère comme la seule vraie menace pour la monarchie absolue des Saud. Pour autant, cela ne le protège pas du danger islamiste. On a déjà signalé comment son fils Mohamed a failli perdre la vie, en 2009, lors d'un attentat-suicide unique en son genre. Un faux terroriste repenti, porteur d'un « suppositoire explosif », a été reçu au palais du prince pour négocier le ralliement d'autres membres d'al-Qaïda dans la péninsule Arabique. Après être entré en communication téléphonique avec le chef de l'organisation au Yémen et avoir confié son téléphone au prince pour « négocier sa reddition », le kamikaze s'est fait exploser, ne blessant que très légèrement sa cible. Le prince Nayef a multiplié les embastillements extrajudiciaires des opposants qui réclamaient une monarchie constitutionnelle. Très habile, il cultive l'art de la diversion. Quand ont éclaté les révolutions arabes, il a opposé une fermeté d'acier à quiconque prétendait enfreindre les lois en manifestant. Adroitement, il a détourné l'opinion des revendications politiques au profit de débats de société d'importance secondaire : il a ordonné aux gouverneurs des régions de faire la chasse aux jeunes aux cheveux longs pour les coiffer à la mode locale, et aux journalistes de la presse officielle de relancer les débats sur les femmes au volant et sur le rôle des *moutawas*, cette milice des mœurs qui sévit sans relâche.

La bizarrerie de certaines fatwas facilite ces manœuvres de diversion. L'une d'elles admet la présence d'un mâle étranger à la famille au côté d'une femme dès lors qu'elle lui « donne le sein ». Cela fait de lui un membre de sa famille, à l'instar de son mari ou de son fils. Partie d'Égypte, cette étrange fatwa a fait couler beaucoup d'encre en Arabie, où la mixité est appliquée avec la plus grande sévérité par les *moutawas*. Elle a suscité beaucoup de condamnations de muftis, au sein de la société civile, comme de la part des femmes elles-mêmes. Des centaines de milliers de Saoudiennes sont contraintes à se faire conduire par un chauffeur généralement d'origine asiatique, à qui on se doute qu'elles ne souhaitent pas « donner le sein ». Le 29 septembre, le monde a appris qu'une femme coupable d'avoir pris le volant était dispensée, par grâce royale, des dix coups de fouet auxquels elle avait été condamnée ! Quelques jours plus tôt, le roi s'est appuyé sur des arguments religieux pour accorder à la femme saoudienne le droit d'être électrice et éligible, à partir des prochaines élections en 2015. Il aura fallu du temps pour dénicher les précieux arguments qui vont permettre à la femme de participer à la vie du pays !

Une autre fatwa a interdit aux femmes d'occuper l'emploi de caissière dans les magasins, en opposition à une disposition gouvernementale antérieure. Le pouvoir s'est empressé d'appliquer cette prescription, contrairement à de précédentes fatwas restées lettre morte, notamment celle qui interdisait les paraboles. La femme demeure l'objet principal de la préoccupation des « barbus », soucieux de protéger la vertu de la gent féminine contre toute « menace » et, plus encore, de la garder sous leur domination. Les wahhabites se comportent en effet à l'égard des femmes comme s'il convenait de soigneusement dissimuler leur indignité dans la sphère privée pour y satisfaire les besoins de leurs maris.

Si les forces de répression intérieure ont réussi à briser l'échine d'al-Qaïda en Arabie entre 2003 et 2006 et à contribuer à la lutte internationale contre le terrorisme, mener un tel combat n'allait pas de soi dans le royaume fondé sur l'alliance entre les Saud et les wahhabites au XVIIIᵉ siècle. Mais après le 11 septembre et ses kamikazes saoudiens, le protecteur américain de la monarchie a exigé une clarification qui ne venait pas. Enfin, dans la nuit du 12 au 13 mai 2003, les Saud ont dû choisir leur camp dans la précipitation, quelques heures après les attaques de plusieurs *compounds* qui abritaient des expatriés arabes et occidentaux, faisant une quarantaine de morts et 160 blessés. Les grands émirs se sont réunis en hâte pour conclure qu'ils ne pouvaient plus tergiverser et que le discours du prince Nayef niant la participation de ses compatriotes aux attentats était pure absurdité. Comprenant que Ben Laden voulait l'évincer, la dynastie a donc rejoint la guerre contre le terrorisme. L'armée est restée à l'écart, alors qu'elle dispose d'un arsenal militaire dernier cri en quantités astronomiques : sa dernière commande à Washington frôle les 60 milliards de dollars ! Hélas, le matériel n'est pas tout, et une armée vaut d'abord par son esprit combatif, son entraînement et une chaîne de commandement éprouvée et efficace. Or, depuis qu'elle n'a pas su jouer son rôle de protectrice du Golfe lors de l'invasion du Koweït par Saddam Hussein en 1990, l'armée saoudienne n'a pas rétabli son prestige, encore écorné face aux va-nu-pieds de la rébellion des Houthis yéménites. Malgré ses énormes moyens, son recours immodéré à l'aviation et à l'artillerie lourde, elle a perdu 109 soldats et peiné à rétablir l'ordre aux frontières du pays. Sans le soutien des États-Unis, de la France et d'autres alliés, les troupes commandées par le numéro deux du ministère de la Défense, le général Khaled ben Sultan, auraient difficilement tenu le front. Le roi, très affecté, s'est interrogé devant ses conseillers : « Comment aurions-nous fait si nous avions eu affaire à l'Iran ? » C'est dire la grande vulnérabilité de l'Arabie si elle devait être confrontée à un soulèvement populaire ou à une agression extérieure.

LES CHIITES ET LES ISMAÉLIENS DISCRIMINÉS ET MALTRAITÉS

Jusqu'en 2003, les chiites du Hassa, au nombre d'un million et demi, souffraient du statut, fort défavorable, d'une minorité religieuse qualifiée d'« hérétique » et donc privée de l'égalité devant la loi. Pourtant, dix ans plus tôt, le roi Fahd avait conclu un accord politique avec leurs représentants. Il les avait autorisés à rentrer d'exil, en leur promettant l'égalité des chances, la libération de près de 400 prisonniers politiques, la restitution de leurs passeports à 5 000 de ces minoritaires et la reconnaissance de leur culte... Ces promesses n'ont été que très partiellement tenues.

La chute de Saddam Hussein, suivie par l'établissement d'un pouvoir chiite à Bagdad, l'émergence d'un Iran hégémonique qui a mis en place un « Croissant chiite » et les « exploits » du Hezbollah contre Israël ont poussé les chiites d'Arabie à revendiquer de plus en plus fort leur identité et à réclamer leur droit à l'égalité. Au cours du conflit de 2006 entre le Hezbollah et Israël, ils ont manifesté à huit reprises, alors que les manifestations sont formellement interdites en Arabie, en brandissant les drapeaux du Hezbollah et les portraits de son chef dont Riyad avait condamné, dès le premier jour, « l'aventurisme ». Les sunnites, qui avaient demandé une autorisation pour manifester, avaient alors été malmenés ! Plusieurs muftis wahhabites, dont leur doyen, Bin Jabraïn, avaient pris le relais du régime en rappelant le statut des chiites dans la doctrine officielle du royaume et en interdisant « à tout musulman de soutenir le Hezbollah ».

Or, la tension subsiste entre les deux communautés. Les wahhabites provoquent régulièrement les chiites chez eux, en établissant par exemple un barrage et en diffusant par haut-parleur les recommandations antichiites des muftis wahhabites ainsi qu'en distribuant des prêches et des livres discriminatoires produits par des officines gouvernementales. L'un des muftis les plus en vue, Salman al-Aouda, a dénoncé le « prosélytisme du chiisme iranien dans les pays arabes, qui cherche à convertir les sunnites et à créer une allégeance iranienne, alors que notre divergence doctrinale avec le chiisme est structurelle et insurmontable », avant d'énoncer une mise en garde contre « le feu qui couve sous la cendre ».

À ces discours traditionnels de l'institution wahhabite, le chef des religieux chiites du Hassa, Hassan al-Saffar, répond régulièrement par un appel à la « réforme pour éviter de nouvelles catastrophes ». Il a surtout plaidé pour « accepter le pluralisme, arrêter la mobilisation, répandre la tolérance et accorder à chacun ses droits », en rappelant que la Conférence interreligieuse de La Mecque (2003) a reconnu « huit communautés religieuses dans l'islam ».

Malgré le toilettage des manuels scolaires, le discours officiel n'a guère changé, comme l'a démontré une récente étude américaine. L'ambassadeur d'Arabie à Washington a reconnu les faits et réclamé de la patience et du temps. Mais la milice religieuse des *moutawas* continue en effet de sévir et, pour renforcer le contrôle des prêches, des caméras ont été installées dans les mosquées. Même les imams des plus saintes mosquées sont obligés de soumettre leurs textes à leur ministère de tutelle avant de les prononcer. Et les muftis continuent à prier devant les fidèles dans ces termes : « Ô Dieu, accorde la victoire aux musulmans en Irak, en Tchétchénie [...] détruis leurs ennemis infidèles... », avec deux variantes : « Fais que leurs femmes deviennent des prises de guerre entre les mains des musulmans », et : « Détruis les croisés, les Juifs, les laïcs et les athées », ce dernier terme visant les libéraux saoudiens.

L'autre minorité dont la protestation a pris beaucoup d'ampleur est celle des ismaéliens de Najrane, province montagneuse frontalière du Yémen au bord de la mer Rouge. Revendiquant 1,8 million de membres, elle pratiquait jadis la *taqiyat*, qui, on l'a dit, permet aux minoritaires de survivre dans un environnement hostile. Pendant soixante-dix ans, les gouverneurs de cette province avaient été des Soudeïri, qui montraient quelque souplesse. Nommé gouverneur, l'émir Michaal Bin Saud, neveu du roi et gendre du prince héritier Sultan, a lancé une campagne de « wahhabisation » agressive, faite de « nettoyage religieux et de colonisation structurée ». Les ismaéliens autochtones ont été chassés de leurs terres pour y implanter des exilés yéménites sunnites qui ont bénéficié de naturalisations massives, de dons de terres et de villas. Le gouverneur percevait 70 000 riyals au titre de commission pour chaque villa construite pour les Yéménites ! Venus de Riyad dans son sillage, des muftis ont voulu imposer leurs doctrines, leurs rites, leurs fêtes, leurs valeurs et leur hiérarchie aux religieux ismaéliens qualifiés de « charlatans ». Les heurts se sont multipliés, faisant des morts, et 17 condamnations à la peine capitale ont été prononcées...

Rompant avec la *taqiyat* à partir de 2000, les ismaéliens ont publiquement revendiqué leur droit à la différence et plaidé leur cause. Ils ont ouvertement dénoncé la « politique de colonisation » et réclamé la destitution du gouverneur et de cinq membres de son cabinet. Le roi Abdallah a fini par évincer son neveu en lui substituant son propre fils, âgé de 34 ans.

Dans le royaume wahhabite, le « deux poids deux mesures » est de règle dès qu'il s'agit des chiites, des ismaéliens saoudiens, des femmes ou des expatriés d'autres religions. Le roi, qui a formé un nouveau Conseil des grands oulémas de 21 membres, l'a ouvert pour la première fois aux représentants des diverses écoles du sunnisme, sans pour autant y intégrer un seul imam chiite. Une note diplomatique américaine détaille l'ampleur de la discrimination. On y apprend que, dans la province Est, le gouvernement a nommé 3 chiites sur les 59 membres de l'assemblée, alors que 11 élus sur 12 étaient chiites. Dans la dernière composition du Majles ech-Choura, les chiites, nommés par le roi, sont 5 sur 150 membres. Dans les 319 écoles de garçons du Hassa, seulement 9 directeurs et 30 directeurs adjoints sont chiites. Dans les 309 écoles des filles, aucune directrice n'est chiite. À l'université du Roi Faysal, on compte 7 fonctionnaires chiites sur 287, alors que le ministère de l'Éducation a officiellement supprimé la discrimination contre les chiites. Mais quand les étudiants chiites s'absentent pendant la principale fête chiite de l'Achoura, ils sont réprimandés. La discipline des sciences politiques leur est fermée, ainsi que tous les postes liés à la sécurité ou aux hydro-carbures. Les wahhabites ne font pas dans la dentelle. La discrimination touche jusqu'à la hauteur des immeubles ! Sur la route Dammam-Qatif, les agglomérations sunnites ont droit à huit étages, alors que les chiites sont limitées à quatre. La construction des mosquées des sunnites est financée par le gouvernement, alors que celles des chiites ne reçoivent jamais, quand elles sont autorisées, de financement public. Les livres religieux chiites sont interdits d'importation et les sites Internet sont systématiquement bloqués.

En 2008, quatre mosquées chiites ont été fermées et plusieurs personnalités jetées en prison. L'imam de la plus sainte des mosquées saoudiennes, celle de La Mecque, Adel al-Kalbani, Saoudien noir d'origine africaine qui se compare volontiers à Obama, a qualifié à maintes reprises les chiites de *kouffar*, c'est-à-dire d'impies qui iront en enfer. Pendant que le roi Abdallah se démène pour améliorer l'image de son pays en organisant des conférences internationales sur la tolérance entre les religions, à La Mecque, à Madrid, à New York, à l'Unesco, l'imam de La Mecque sape ses efforts, sans pour autant être démis de ses fonctions par le souverain ni susciter de réactions officielles. Il est vrai qu'il se sent soutenu par la fratrie des princes Soudeïri, branche la plus puissante des Saud qui contrôle les principaux ministères, l'Intérieur, la Défense, le gouvernorat de Riyad et celui de la province Est.

Pour gagner en popularité, certains muftis s'attaquent non seulement à la théologie des chiites, mais aussi à leurs dignitaires les plus connus, tel l'ayatollah Sistani, qu'un religieux nommé Mohamed al-Noujaïmi a qualifié d'« hérétique et hypocrite », suscitant l'indignation et la condamnation unanimes des 240 députés du Majles ech-Choura iranien. Comment cette stratégie wahhabite ne donnerait-elle pas envie aux chiites d'Arabie de répondre aux appels du pied de l'Iran ? Selon plusieurs rapports de services de renseignements du CCG, Téhéran a constitué des cellules dormantes dans plus d'un pays du Golfe, en s'appuyant particulièrement sur les minorités chiites maltraitées et sur la majorité de Bahreïn qui n'a pas voix au chapitre. Dans le seul Koweït, il y aurait entre 40 et 50 groupes bien entraînés aux ordres de l'Iran.

Si la vieille génération était habituée à un tel traitement, les jeunes sont beaucoup moins patients. Ils souffrent du chômage et de l'absence de perspectives, et sont, de ce fait, plus sensibles aux avances de l'Iran ou du Hezbollah. Les Américains sont préoccupés par cette situation dans une province qui est le moteur industriel de l'Arabie et abrite le siège de l'Aramco. L'un des religieux chiites de la région, cheikh Nemer, leur a récemment confirmé un propos qu'il leur avait tenu au lendemain de la chute de Saddam Hussein : « Le Koweït et l'Arabie se sont appuyés sur vos militaires pour se défendre face à un pays arabe... De même, la communauté chiite aurait le droit de chercher un soutien étranger au cas où elle se heurterait à d'autres saoudiens. » Un autre chef chiite d'Arabie exilé à Londres, Hamza el-Hassan, tout en jugeant la perspective « prématurée », a déclaré à la télévision : « Il est du droit de chaque persécuté d'accepter l'aide des États-Unis pour accéder à ses droits. » Que se passera-t-il si l'Iran remplace un jour les États-Unis dans cette offre d'assistance ?

LE ROI ABDALLAH, PREMIER DES RÉFORMATEURS

Les dynasties du Golfe accepteront-elles les réformes et la démocratisation, se rapprochant peu à peu des monarchies espagnole ou britannique ? L'hypothèse relève de la plus pure utopie. Mais le paradoxe saoudien réside dans le fait que le plus âgé des princes Saud est sans doute le plus sincèrement réformateur d'entre eux.

Physiquement diminué et moralement découragé par les manœuvres de ses frères et l'inertie du système, le roi Abdallah, qui avait inauguré son règne par un geste « révolutionnaire » en recevant dans son palais plusieurs dizaines de femmes dont les visages étaient découverts, est parvenu à remplacer les titulaires de trois ministères qui sont au cœur de toute réforme : la Justice, l'Éducation et l'Information. Il a limogé le très puissant chef du « Comité de prévention du vice et de promotion de la vertu » ainsi que plusieurs oulémas qui s'étaient opposés à ses initiatives. Il a notamment créé un nouveau pôle universitaire dédié à la science et la technologie, la King Abdallah University of Sciences and Technology (KAUST), premier établissement public mixte du royaume, inauguré en septembre 2009, suscitant l'ire du cheikh Saad Nasser al-Shatri, un wahhabite radical que le roi a aussitôt congédié.

Le souverain a nommé son gendre, Faysal ben Abdallad al-Saud, ministre de l'Éducation et désigné, pour la première fois dans l'histoire du pays, une femme comme vice-ministre, chargée de l'enseignement des filles. Par ces mesures, il a voulu signifier son souci de faire face à un chômage aggravé par l'arrivée annuelle de 400 000 jeunes demandeurs d'emploi sur le marché du travail, ainsi que son hostilité au cantonnement des femmes à la sphère domestique. Il a observé à ce propos qu'elles représentent la moitié du capital humain du royaume. Ce faisant, il a cherché à impliquer davantage les Saoudiennes dans la vie économique afin de parer à la fuite des capitaux orchestrée par les travailleurs étrangers – 78 milliards de dollars en 2008, chiffre en hausse de 33 % par rapport à l'année précédente, soit 16,8 % du PIB.

Dans le même esprit, le monarque a pris des mesures spectaculaires en graciant deux journalistes saoudiennes, Rosanna Alyani et Imane Rajab, coupables d'avoir participé à des émissions consacrées à la sexualité et au mariage en Arabie sur des chaînes de télévision étrangères[1]. Le monarque ne s'en est pas tenu là ; il a cherché à moderniser les institutions de son pays en profondeur. Ainsi, le ministre de la Justice a été chargé de créer des juridictions soustraites au contrôle exclusif des religieux ainsi qu'une justice civile compatible avec un État de droit. Il avait créé, en 2004, un Comité saoudien des droits de l'homme qui a publié plusieurs rapports jugés honnêtes par les organisations internationales, dans lesquels ni la police et ses méthodes musclées, ni les *mou-*

---

1. Il leur a été reproché d'avoir fait témoigner un Saoudien à visage découvert au sujet de ses pratiques sexuelles, ce qui avait été jugé offensant par la frange conservatrice de la société.

tawas et leur brutalité n'étaient épargnés. Ces rapports qui préconisaient l'élection d'une partie des membres du conseil consultatif font écho aux revendications de la branche réformatrice du pays. Le comité a également lancé une campagne d'information et dénoncé les violences conjugales, pudiquement tues jusque-là. Le président de cet organe a précisé que la campagne visait à diffuser la culture des droits de l'homme auprès des Saoudiens comme des immigrés, et que celle-ci se fondait sur la fraternité et le pardon.

DES OCTOGÉNAIRES FACE AUX ESPOIRS DE LA JEUNESSE

Ces tentatives de libéralisation de la société saoudienne se heurtent à l'héritage de neuf générations d'un wahhabisme belliqueux, encore incarné de nos jours par ceux qui œuvrent au maintien du statu quo. Abdelrahman al-Barrak a rédigé une fatwa dans laquelle il est écrit que « quiconque autorise la mixité autorise ce qui est interdit et devrait être mis à mort ». La question semble aujourd'hui cristalliser les tensions entre réformateurs et conservateurs. Ainsi, l'un des oulémas qui préconisaient la mixité, le chef de la milice religieuse de La Mecque, Ahmad al-Ghamedi, a été démis de ses fonctions par ses adversaires, décision aussitôt annulée par le roi.

La menace la plus redoutée des Saud est celle de l'Iran et de ses « chevaux de Troie ». La République islamique n'a pas dit son dernier mot au Bahreïn, où une « guerre d'usure » politique s'installe, tandis qu'elle renforce ses positions chez les voisins irakien et yéménite, et joue les grandes puissances régionales dans le but de soumettre ou de satelliser les monarchies arabes voisines. L'Arabie a dit et répété que le jour où l'Iran accèdera à la maîtrise du circuit nucléaire, elle devra suivre la même voie. Elle peut compter sur le savoir-faire du Pakistan, dont elle a financé le programme et qui a invité les dirigeants saoudiens à son premier test nucléaire. Sans attendre, Riyad a déjà engagé les premières démarches, notamment auprès de la France et des États-Unis, pour accéder au nucléaire civil.

L'Arabie doit à son rôle unique de premier producteur mondial de pétrole d'être surveillée de très près par une communauté internationale soucieuse d'éviter au royaume tout dérapage. Riyad est conscient de ce privilège et en jouit. Hanté par la peur du désordre et du chaos, l'État pétro-rentier des Saud a tous les moyens financiers nécessaires pour acheter la paix sociale. Pour l'instant du moins, cette « Riyal-politik » est efficace, mais le jour viendra où les Saoudiens revendiqueront plus de liberté et une participation à la gestion du pays. Faute d'idées et d'arguments pour contrer la vague de changements qui déferle sur les pays arabes, Riyad cherche à la contenir par une généreuse distribution de subsides et l'exaltation de la fierté nationale sur le thème : « Nous autres, nous ne sommes pas comme les Yéménites, les Égyptiens ou les Tunisiens. Nous sommes un peuple élu, supérieur, et n'aimons pas être comparés à eux. » Cet argument ne touche pas les 65 % des jeunes branchés sur Internet que la liberté séduit plus que les aumônes ou les flatteries. Les octogénaires qui vont se succéder sur le trône pourront-ils entendre leurs aspirations ?

III

UN PAYSAGE RECOMPOSÉ

Nouvelle donne au Maghreb

Le tsunami de la liberté a d'ores et déjà bouleversé la situation géostratégique au Maghreb. Les réactions de l'Algérie et du Maroc ont été aux antipodes l'une de l'autre. Cela ne saurait surprendre. Si l'Algérie est un État récent, la monarchie du Maroc plonge ses racines dans l'histoire ancienne du Maghreb. Alger se caractérise par la rigidité politique et la surdité de ses vieux dirigeants ; Rabat par l'écoute et la souplesse dans la gestion des revendications. Aveuglés par leur mépris des Tunisiens et de leurs prétendues « couardise, vénalité et soumission au pouvoir politique », les Algériens n'ont pas voulu croire au courage et à la détermination du peuple voisin. N'éprouvant pas d'affection particulière pour Ben Ali, leurs dirigeants s'étaient accommodés de ce spécialiste de la répression « scientifique », qui, pauvre en hydrocarbures, n'entretenait nulle ambition régionale pouvant faire de lui un rival à l'échelle du Maghreb ou du continent noir.

Le succès du printemps tunisien a réveillé une peur de la contagion, d'autant plus vive que les premiers jours de janvier 2011 ont vu l'éclosion d'une contestation violente à Alger. Le pouvoir, tétanisé par la menace, a paniqué et reculé pour désamorcer une crise dont l'aggravation aurait pu créer une dynamique susceptible de menacer le régime. Peu après, Kadhafi a été pris à son tour dans le tourbillon alors qu'il critiquait « l'ingratitude » des peuples tunisien et égyptien, accueillait Leïla Ben Ali et entrait en contact avec Alger pour préparer la revanche en Tunisie.

Dès les premiers jours du soulèvement libyen, les Algériens ont applaudi la révolte, mais leur régime a choisi de coopérer activement avec le Guide dont il admirait, comme les Occidentaux, l'efficacité en matière de renseignement. Toutefois, les facilités qu'il lui accorda furent inversement proportionnelles aux progrès de ses adversaires. Il souhaitait, faute de torpiller la dynamique du changement, rappeler à son peuple le coût exorbitant d'une guerre civile dont sa mémoire reste douloureusement marquée. Même si l'Algérie nie avoir soutenu le Libyen dans sa bataille sans espoir, elle a bel et bien accueilli, le 29 août, son épouse et trois de ses enfants avec leur suite, soit un total de 31 personnes.

MAROC : LE ROI MANŒUVRE POUR CALMER LE JEU

Pour sa part, le Maroc a géré son mouvement de contestation avec beaucoup de doigté, dans le souci d'éviter un affrontement brutal avec sa population. Dix-sept jours seulement se sont écoulés entre les premières manifestations et le discours solennel du roi annonçant des réformes, une feuille de route, une nouvelle constitution et un référendum.

Le Mouvement du 20 février marocain réunit des forces hétéroclites : intellectuels, islamistes issus de deux branches rivales – *Al-Adl Wal Ihsane* (« Justice et Bienfaisance ») du cheikh Yassine, et PJD (Parti Justice et Développement) d'Abdellilah Benkirane, proche des Frères musulmans –, gauche démocrate et jeunesse avide de « surfer » sur la vague venue de Tunisie et d'Égypte. Leurs revendications sont simples : l'instauration d'un État de droit, d'une justice indépendante, la lutte contre la corruption, l'augmentation du SMIC et la création d'emplois, notamment pour les diplômés chômeurs. Mais ces manifestations qui ont rassemblé régulièrement plusieurs milliers de personnes dans les principales villes du pays n'ont pas encore réclamé l'abolition de la monarchie.

Après treize semaines de travail par une Commission, le roi a présenté la nouvelle constitution. Elle ne pouvait, bien évidemment, pas satisfaire l'ensemble des forces représentées dans le Mouvement du 20 février. En dépit des concessions – fin de la sacralité du roi, officialisation de la langue tamazight, extension du pouvoir du Premier ministre et du Parlement –, le souverain conserve ses prérogatives religieuses, militaires et exécutives. Le Makhzen[1] a organisé des contre-manifestations

1. Terme qui désigne les structures sociales et administratives du régime.

pour montrer que le texte ne suscitait pas que des critiques, et la nouvelle constitution a été triomphalement adoptée par référendum avec 98,5 % de « oui » et un taux de participation d'environ 73 %. Des questions sur la transparence du scrutin existent toutefois, le nombre de votants étant curieusement réduit par rapport à la population du pays. Reste que les apparences sont sauves et que le régime a su manœuvrer habilement pour contenir la dynamique contestataire, apparaître aux yeux de l'Occident comme une monarchie réformiste et, surtout, reprendre l'initiative.

Les hommes les plus contestés par les manifestants ont été « grillés » par les révélations de corruption fournies par Wikileaks, tels le fondateur et président du PAM (Parti Authenticité et Modernité), Fouad Aali el-Himma, et le directeur du cabinet du roi, Mounir Majidi, les deux amis les plus proches du souverain. Le premier a dû quitter le PAM, provoquant la disgrâce de fait du parti au pouvoir, et le second s'est vu dans l'obligation de faire profil bas en réglant les dettes de ses entreprises. Il ne s'était jamais acquitté du loyer de leurs emplacements publicitaires et de leurs frais d'éclairage.

Le processus des réformes devrait s'achever avec les élections législatives, fixées au 25 novembre, pour que le futur parlement exerce ses nouvelles prérogatives et que le roi puisse, dans la foulée, nommer Premier ministre le chef de sa majorité. L'administration a pris la mesure du changement : elle partage désormais ses pouvoirs avec des élus locaux enhardis, qui ont souvent, hélas, repris à leur compte l'exercice du népotisme et du clientélisme.

Contrairement à l'Algérie, qui a décidé de s'isoler sur le plan régional et de résister à la dynamique de la « rue arabe », le Maroc se voit aujourd'hui invité par le club des riches monarchies du Golfe à intégrer leur CCG. Rabat peut d'autant plus s'en réjouir que le pays pourra ainsi sortir de sa situation géographique de finistère du monde arabe, coincé entre Atlantique et Méditerranée. Le Maroc s'est pourtant permis de faire la fine bouche et de ne pas se précipiter : lors de la première réunion du CCG, tenue à Djedda le 11 septembre pour débattre de l'adhésion du Maroc et de la Jordanie à l'organisation, le ministre marocain des Affaires étrangères, Tayeb al-Fassi al-Fihri, a préconisé la constitution de plusieurs commissions pour tracer une feuille de route, laissant entendre que son pays préférait une association à une intégration.

ALGÉRIE : DANS L'ATTENTE DE L'ÉTINCELLE

Le soulèvement des peuples arabes n'a pas vraiment atteint l'Algérie à l'heure où j'écris, bien qu'elle traverse une crise politique aiguë depuis plusieurs années, et que les ingrédients d'une explosion généralisée y soient réunis : penchant dictatorial du président Bouteflika, accusé d'avoir piétiné la Constitution en 2008 pour s'attribuer une présidence à vie ; corruption institutionnalisée, appauvrissement de la population traitée avec la *hogra*, ce mépris des puissants pour les pauvres, étalage insolent des privilèges et des fortunes des apparatchiks, sclérose d'une classe politique en fin de cycle. Les jeunes constatent que les septuagénaires au pouvoir ont fait main basse sur le pays et ses ressources depuis l'indépendance au nom de leur « légitimité historique » en leur laissant des miettes du revenu national. Plusieurs générations cohabitent dans des appartements insalubres et exigus, situation qui empêche les jeunes de se marier. Perdant tout espoir en un pays qui leur semble irréformable, ils prennent souvent le risque de s'exiler clandestinement à bord de barcasses en piteux état.

Selon un site Internet proche du général Mohamed Mediene, dit Taoufik[1] « la situation présente de troublantes similitudes avec celle qui a précédé octobre 1988 ». Il insiste sur « les absences prolongées du président, donné pour malade », avant de mettre en garde contre la violence urbaine qui sera « l'instrument d'arbitrage politique comme en 1988 ». Plusieurs facteurs expliquent que la poudrière n'ait pas encore explosé : absence d'un catalyseur de la colère et d'une coordination ; peur d'un retour aux années noires de la décennie 1990-2000 ; effet des mesures « généreuses » prises par le régime pour acheter un sursis. Bien qu'il soit conscient de la gravité de la situation, son premier souci ne semble pas, en effet, celui de s'attaquer aux causes profondes de la crise. Au contraire, les différents clans au pouvoir en usent pour améliorer

---

1. Taoufik (74 ans) est le chef du Département de renseignement et de sécurité (DRS) qui a révélé le scandale de la Sonatrach en 2009 pour affaiblir le président. À son poste depuis 1989, il a fait et défait cinq présidents et vu défiler une dizaine de Premiers ministres, trois ministres de la Défense, trois chefs d'état-major de l'armée. Taoufik et Bouteflika sont au fond deux malades qui s'accrochent au pouvoir, s'allient et parfois se défient.

leurs positions respectives, dans la perspective d'échéances dont la principale est la succession du président Bouteflika.

Les « affluents de la contestation sectorielle » n'ont pas encore constitué le « fleuve d'une colère » nationale à l'instar de tant de pays où la poigne du régime était encore plus sévère qu'en Algérie, telles la Tunisie ou la Syrie. Pour comprendre ce « mystère », il convient de rappeler que les Algériens sont encore vaccinés par la dernière révolution avortée et qui a débouché sur une violente guerre civile. Il semble que l'espoir se situe davantage dans une fuite individuelle à l'étranger que dans la construction d'un avenir collectif dans le pays. Le déroulement des révolutions arabes décourage les Algériens : ils ont le sentiment d'avoir suffisamment donné. L'enlisement de certaines transitions, les affrontements sanglants en Libye, au Yémen et en Syrie, les font réfléchir avant de s'engager dans une nouvelle contestation. Certains prétendent avoir fait la révolution en 1988 et décroché, avant les autres, le multipartisme et la presse indépendante. Il ne leur reste qu'à les appliquer !

En dévoilant de « brillants résultats financiers pour 2010 » afin de restaurer l'image du pays après le scandale de corruption qui a décapité la Sonatrach, le pouvoir a accentué le sentiment de frustration de la population. Pour le porter à son comble, les prix des produits alimentaires de base – sucre, huile et farine – ont connu, en janvier 2011, une hausse de 10 à 70 % en quelques jours. Elle a été amplifiée par la politique de limitation des importations conjuguée au rétablissement de taxes douanières sur certains produits européens. La lutte des importateurs de style mafieux liés à l'armée contre ceux qui sont liés à la Présidence a contribué à cette flambée des prix et provoqué les troubles de janvier en jetant leurs revendeurs dans la rue. La dégradation des conditions de vie des Algériens s'est traduite par une explosion de l'émigration clandestine, ainsi que par l'apparition de maladies liées à la pauvreté et à des conditions sanitaires désastreuses, comme la gale – on a recensé plusieurs milliers de cas ces derniers mois. Tout était donc réuni pour que des émeutes éclatent à Alger, avant même le début des événements de Tunisie. Les habitants des bidonvilles se sont rebellés contre les passe-droits dans l'attribution des logements sociaux. Les multiples plans quinquennaux lancés par le pouvoir ont beau prévoir la construction de plus de 2 millions d'unités, on n'en voit sortir de terre que la moitié au mieux. On se doute de l'état d'exaspération d'une population qui a triplé depuis 1962.

Le soulèvement a touché Ouargla, Djelfa, Bejaïa, Boumerdès, Oran, Tipasa et Sétif, avant que les Algérois entrent en scène, le 5 janvier. Outre des accrochages sévères, on a entendu des slogans visant le président, accusé de vouloir « fermer nos bouches pour nous empêcher de manger ». D'aucuns soutiennent que la contestation a été « orchestrée » afin de resserrer l'étau autour de Bouteflika. Cette thèse semble confortée par le fait qu'une partie de la presse a justifié cette « intifada » et dénoncé ouvertement la politique du président : « Si les émeutes sont l'expression d'une large frustration et d'un ras-le-bol, elles ne sont pas moins l'échec cuisant du pouvoir incarné par le président Bouteflika depuis 10 ans », pouvait-on lire dans la presse réputée proche des Services. Elle insistait sur le fait que, depuis l'arrivée au pouvoir de Bouteflika en 1999, « l'Algérie a engrangé plus de 600 milliards de dollars de recettes et aura dépensé, jusqu'en 2014, plus de 450 milliards de dollars sans parvenir à combler le fossé qui sépare deux communautés : celle des privilégiés, très minoritaire, et celle des démunis, largement majoritaire ». Pour faire bonne mesure, on rappelait « l'ampleur de la corruption dans le cercle présidentiel ». Si elle est réelle, cette manipulation des émeutes risque d'échapper à tout contrôle, comme celles d'octobre 1988, qui avaient mis un terme au régime du parti unique, ouvert la voie au multipartisme et, à la faveur de la Constitution de 1989, vu naître le FIS et officialiser l'islam politique.

« MAQUILLER LA MISÈRE »

À la différence de nombre d'autres régimes, l'Algérie dispose, comme l'Arabie saoudite, de moyens financiers colossaux qui lui permettent de réduire la contestation et de gagner du temps. Le pouvoir a pu lâcher du lest en supprimant les droits de douane et la TVA sur plusieurs produits de grande consommation pendant au moins huit mois. Il a également accéléré la reconstitution d'importants stocks de céréales et de sucre et annoncé le maintien de son subventionnement du prix de l'électricité. De même, il a décrété le doublement des indemnités des 285 000 chômeurs employés dans le cadre de travaux d'intérêt public à partir de juillet. D'autres catégories professionnelles ont obtenu des revalorisations de leurs salaires de 40 à 70 % selon les secteurs d'activité, avec effet rétroactif : employés de la Sonatrach, policiers et gardes communaux, militaires, douaniers, employés de la Santé et de l'Éducation nationale... Alger a également annoncé la mise en place de prêts à faible taux d'intérêt au profit des chômeurs qui envisagent de créer des micro-entreprises. Les autorités ont vivement invité le patronat à recruter et demandé aux imams de relayer ces appels. L'Agence nationale de soutien à l'emploi des jeunes (ANSEJ) a promis, en mai, la création de près de 500 000 emplois pour l'année en cours. Le pouvoir s'est également engagé à l'allègement de certains impôts et l'exonération de taxes douanières. Cette « générosité » ne va pas sans inconvénients : elle détruit les effets des programmes du FMI, qui comportaient la suppression des subventions, et elle met à mal l'économie de marché. Certes, les caisses débordent de quelque 200 milliards de dollars, mais, loin de servir à moderniser l'économie et la production hors hydrocarbures, cet argent est employé à « acheter du temps ».

La loi de finances complémentaire pour 2011 votée début mai entérine cette stratégie. Les dépenses publiques devront progresser de 25 % par rapport à la loi de finances initiale. Cette hausse est due à l'effet combiné d'un accroissement de 24,9 % des dépenses de fonctionnement et de 25 % des dépenses d'équipement. Selon le ministre des Finances, Karim Djoudi, la hausse des dépenses de fonctionnement est imputable à la constitution d'une provision de 400 milliards de dinars pour les régimes indemnitaires des fonctionnaires, y compris le paiement des arriérés, et 177 milliards de subventions supplémentaires pour la stabilisation des prix du blé, de l'huile, du lait et du sucre. La subvention des produits de grande consommation atteint ainsi 270 milliards pour l'année 2011. Le projet prévoit également une dotation additionnelle de 47 milliards pour le renforcement du dispositif d'aide à l'insertion professionnelle des jeunes.

La loi de finances creuse ainsi un déficit qui avoisinerait les 4 693 milliards de dinars (près de 34 % du PIB). D'où l'inquiétude conjuguée des experts du FMI et des partenaires privilégiés de l'Algérie. Début mai, Karim Djoudi a reconnu que la situation pèse sur les réserves : « l'état des finances publiques permet de tenir les engagements de l'Algérie jusqu'en 2014-2015, en l'absence d'améliorations notables de l'environnement économique. » Ce rafistolage ne fera que « maquiller la misère » jusqu'à la prochaine crise et aura de lourdes répercutions sur la compétitivité des entreprises et un coût social élevé. Dans un pays mono-exportateur, l'économie dépend exclusivement des prix des hydrocarbures !

DUEL AU SOMMET DE L'ÉTAT

Sur le plan politique, un pluralisme de façade a vu proliférer une multitude de partis, souvent issus de scissions ou de dissidences coordonnées par le DRS et, de ce fait, manipulables. À quelques exceptions près, les partis d'opposition se mettent tôt ou tard au service du pouvoir. Surtout, l'Algérie se distingue de la Tunisie par la vigueur de son islamisme et par l'étendue des deux branches, piétiste et djihadiste, de cette mouvance. En versant des subventions aux mosquées et en salariant les imams, Alger est parvenu à exploiter leur vaste réseau. À la demande du ministère des Affaires religieuses, les prêches se sont articulés autour du devoir de tout bon musulman de « respecter la vie et l'autorité de tutelle ». En revanche, l'islamisme radical et belliqueux d'Ali Belhadj (cofondateur du FIS) et d'al-Qaïda au Maghreb islamique (AQMI) reste incontrôlé.

Pour comprendre la lutte qui se livre au sommet de l'État, il convient de retracer brièvement l'historique des relations entre les deux clans du régime : la présidence de la République et l'appareil militaire. Si la première est la vitrine politico-civile du pouvoir, la seconde en est le cœur depuis l'indépendance. Les généraux contrôlent la scène politique par le biais du DRS, et la haute administration grâce aux « accréditations sécuritaires » indispensables à toute promotion ou nomination des dirigeants et des hauts cadres des entreprises publiques.

En janvier 1992, les généraux ont débarqué le président Chadli et suspendu les élections pour barrer la route au FIS au nom de « la sauvegarde de la République ». Ce sont eux qui ont nommé le Haut Conseil d'État et le Conseil de transition nationale, avant de désigner Liamine Zeroual comme président. Ils ont exploité et combattu le terrorisme de masse entre 1994 et 1997. Après la démission de Zeroual, ils ont rappelé Bouteflika, qu'ils ont fait roi, en 1999. Or, dès son arrivée au pouvoir, celui-ci a signifié son refus d'être un « trois quarts de président ».

Au fil des années, grâce à ses capacités manœuvrières, il a réussi à se libérer partiellement de l'emprise des militaires. Il a multiplié les promesses à la population et débloqué des milliards pour développer les infrastructures, en usant d'un discours volontariste et en dénonçant la « mafia des généraux ». De même, il a revendiqué la paternité des succès de la lutte antiterroriste et de la « pacification » de la situation, imputés à une « politique de réconciliation » qui a pourtant échoué. Il faut toutefois reconnaître qu'il est parvenu à restaurer l'image de l'Algérie à l'étranger, à renforcer ses relations avec l'Occident, la Russie, la Chine et l'Iran. Dès sa réélection de 2004, il a réussi à évincer le chef d'état-major Mohamed Laamari et à écarter plusieurs officiers généraux issus de la « guerre de libération » au profit de jeunes souvent sélectionnés sur des bases claniques et régionalistes, et qui sont devenus ses obligés. Mais il n'a pas réussi à se séparer du chef du DRS, l'homme fort du pays.

LA PROMESSE DE « PROFONDES RÉFORMES POLITIQUES »

Obsédé par son rêve de présidence à vie, Bouteflika a fait amender la Constitution en 2008 par un vote à main levée, après avoir accordé aux députés le triplement de leurs salaires, puis il s'est fait élire pour un troisième mandat en avril 2009. Durant ses deux premiers quinquennats, il avait toléré, voire encouragé, la corruption, phénomène institutionnalisé qui a profité à ses proches et qui, paradoxalement, allait se retourner contre son clan. Son état de santé l'a poussé à tenter de promouvoir son frère Saïd comme successeur dans des conditions que j'ai déjà relatées. Refusant d'abandonner la partie, et s'accrochant à son pouvoir, il a cherché à mettre au pas les « services ». Des manifestations d'indépendance, on est passé à un combat contre ceux qui l'ont fait roi.

Dans un discours lu en son nom le 19 mars à Mostaganem, le président a promis de « profondes réformes politiques ». Le mois suivant, s'adressant à la nation sur un ton si semblable à la voix d'un robot qu'on s'est interrogé sur son état de santé, il a énuméré ses « réalisations » depuis 1999, avant de proposer plusieurs commissions destinées à examiner les réformes proposées, notamment celle de la Constitution. Mais pour les Algériens, la question est très simple : avec ou sans commissions, comment Bouteflika pourrait-il rénover quoi que ce soit avec une telle équipe ? Les opportunistes et les rentiers du système sont d'ailleurs favorables à des réformes rythmées par le calendrier électoral tout en refusant une « constituante », qui signifierait que tout ce qui a été construit depuis l'indépendance est caduc et que l'on revient à la case départ. Ces divergences bénéficient à Bouteflika : il donne l'impression d'agir et il laisse se déplacer les controverses au gré des rapports de force.

L'armée pourrait exploiter le mécontentement pour faire plier le président. L'ancien Premier ministre Ahmed Benbitour a prudemment évoqué cette éventualité le 18 mars : « Pour sauver l'Algérie, il faut un changement total du régime, mais celui-ci ne peut pas venir de l'intérieur du système. Pour y parvenir, il faut conjuguer trois facteurs : une pression forte et durable de la société civile, la présence d'une alliance des forces favorables au changement, et une étincelle. » Benbitour a invité le président à tirer les conclusions des expériences tunisienne et égyptienne, à accélérer le changement pacifique et à comprendre que « l'armée et les forces de l'ordre sont et seront du côté du peuple ».

Bouteflika, de son côté, compte s'associer à ses adversaires pour mener à bien sa dernière mission politique. L'amnistie accordée à des milliers d'islamistes emprisonnés (4 000 à 8 000 selon les sources) fait partie de ce plan. Mais sera-t-il couronné de succès ? La crainte d'une violente explosion sociale généralisée et le déséquilibre du rapport de force en faveur des militaires depuis les scandales politico-financiers qui ont décapité le cercle proche de Bouteflika risquent d'avoir raison du président, physiquement affaibli et politiquement cerné.

L'ARMÉE « POUR LA SAUVEGARDE DES ACQUIS »

Tirant un nouveau tour de son sac, Bouteflika a reconnu, lors du Conseil des ministres du 2 mai, le manque de légitimité de l'Assemblée nationale, qui, pourtant, lui avait permis de briguer un troisième mandat ! Un observateur averti de la scène algérienne nous a assuré qu'il s'est tiré une balle dans le pied en dénonçant « la fraude électorale et le bourrage des urnes ». Selon des fuites savamment organisées, il se serait adressé aux ministres dans ces termes : « Je ne veux plus jamais que l'on vote à la place des gens. S'il y a seulement 20 % de votants, eh bien il n'y en aura pas davantage ! Il n'est plus question que quiconque touche ni au taux de participation ni aux résultats. »

La manœuvre est habile : elle vise à rassurer la population sur la sincérité de ses intentions tout en gagnant du temps. Selon son calendrier, la Constitution ne sera examinée qu'après les législatives de 2012, répit précieux que le président compte mettre à profit pour reprendre son souffle. Il a d'ores et déjà chargé le président du Sénat, Abdelkader Bensalah (RND), de mener les concertations avec les partis politiques pour rédiger une nouvelle Constitution et pour proposer d'autres réformes (sur les partis politiques, le découpage et la loi électorale, les collectivités et les wilayas). Toutefois, Bensalah est lui aussi un « apparatchik » et personne ne lui reconnaît la stature impartiale d'un « sage de la République ».

Les Algériens ont d'ailleurs vite découvert le décalage entre leurs attentes et les objectifs réels du président. Exprimant leur malaise et leurs doutes, l'ancien Premier ministre Sid Ahmed Ghozali a observé : « Les quelques modifications qui seront apportées aux lois ne régleront rien et ne changeront pas le pays, alors que la Constitution et les lois sont piétinées par ceux-là mêmes qui sont chargés de les respecter, de les faire respecter et appliquer. » Pour Ghozali, l'immobilisme mène « droit vers le chaos ».

L'armée aura évidemment son mot à dire dans le processus engagé. Bensalah est secondé par le général Mohamed Touati. Ce kabyle surnommé *El-Mokh* (« la tête pensante ») fut le principal idéologue de « l'éradication » et l'un des officiers qui organisèrent le coup d'État contre Chadli en janvier 1992, au nom de la sauvegarde de la République face au péril islamiste. Malgré sa mise à la retraite en 2005, Touati bénéficie toujours de ses réseaux au sein de l'armée et des partis dits de la « mouvance démocratique ». Il est considéré comme un « homme influent et qui ne manque pas de charisme », capable de jouer un rôle central pour concevoir les réformes. Son implication reflète toutefois le paradoxe algérien : c'est à un général putschiste qu'il incombe de participer au redressement d'une dérive autoritaire !

Par la voix de l'ancien officier de renseignements Mohamed Chafik Mesbah, le DRS a fait une présentation du plan présidentiel impliquant qu'il est voué à l'échec. Attribuant la corruption à la seule classe politique, il a attesté que l'armée serait toujours là pour « la sauvegarde des acquis ». L'armée caresse en effet l'espoir de sortir indemne du tsunami régional et se montre en cela plus sereine que la Présidence. Elle sait, elle aussi, que le pays est riche et a les moyens de calmer les tensions. Toutefois, l'opposition ne revendique pas un « changement dans le régime mais un changement de régime », selon les termes d'un sage nonagénaire, Ali Yahia Abdelnour, président d'honneur de la Ligue algérienne des droits de l'homme. En toute hypothèse, les militaires ont prévenu Bouteflika que, contrairement à 1988, ils ne tireront pas sur les manifestants. Le président sait donc qu'il sera le fusible tout désigné en cas de durcissement de la contestation.

Le « fléau terroriste », alibi du pouvoir

Alger semble avoir récolté les dividendes de sa politique consistant à cohabiter avec un « terrorisme de basse intensité », car celui-ci est devenu un « allié objectif » du pouvoir. Il lui fournit son leitmotiv : « Les Algériens sont pour le changement, mais refusent le chaos », et un argument : « L'Algérie n'est pas la Tunisie, ni l'Égypte. Les Algériens ont longtemps souffert du terrorisme et ne souhaitent pas donner l'occasion à ce fléau de se réintroduire dans le pays à la faveur des manifestations. » C'est là un rappel discret du fait qu'AQMI a déjà commis plusieurs attentats suicides, y compris à Alger.

L'argument n'est pas qu'à usage intérieur. La crainte du « fléau » peut servir le régime auprès des partenaires occidentaux susceptibles de cautionner les aspirations démocratiques des Algériens. Selon Alger, des réseaux islamistes continuent en effet de préparer des attentats en Europe, et plus particulièrement en France. Et il est indéniable que, soucieux de sa sécurité et de ses approvisionnements énergétiques, l'Occident a été enclin à soutenir le régime, quitte à renier ses valeurs. On se souvient encore du « soulagement » ressenti à Paris après le coup d'État de janvier 1992 qui priva le FIS de son succès électoral.

Au lendemain de la manifestation étudiante du 12 février marquée par plusieurs blessés et de nombreuses arrestations, le porte-parole du Quai d'Orsay a déclaré : « Ce qui est important, à nos yeux, c'est que la liberté d'expression soit respectée et que les manifestations puissent se dérouler librement et sans violence. » Ces déclarations, pourtant très mesurées, ont suscité une vive réaction à Alger, qui les a qualifiées d'« ingérence ». Paris n'a pas caché son embarras lors du point de presse du 15 février : « La France a toujours observé le principe de non-ingérence et elle revendique une certaine réserve concernant l'Algérie », présentée comme « un cas particulier ».

SI LA JEUNESSE DESCEND DANS L'ARÈNE...

C'est dans ce climat de méfiance au sommet de l'État qu'il convient de replacer le succès d'une manifestation alarmante pour le pouvoir : plus de 10 000 jeunes diplômés et enseignants de l'université ont convergé sur Alger, le 12 avril, bravant l'interdiction de manifester et forçant plusieurs cordons de sécurité au prix de dizaines de blessés. Leurs revendications, portant d'abord sur des réformes de l'enseignement supérieur, l'amélioration de leurs conditions de vie et le limogeage de leur ministre de tutelle, ont rapidement glissé sur le terrain politique quand ils ont appelé à la chute du régime et au départ du président.

Cette apparition des jeunes élites dans l'arène politique était une grande première : elle contrastait avec le désespoir des candidats à l'émigration et les émeutes des jeunes désœuvrés mobilisés par les trabendistes, qui tiennent le marché de l'informel. Mais le sit-in organisé le lendemain par des centaines d'étudiants des grandes écoles devant le ministère de l'Enseignement supérieur a été attaqué à l'arme blanche par des « inconnus ». Le terme fait songer aux nervis employés par Ben Ali en Tunisie, Moubarak en Égypte, Saleh au Yémen et Assad en Syrie, pour instaurer un climat de terreur. Et pour ce qui est des projets envisagés en haut lieu, le président septuagénaire de la Commission des réformes réserve ses « consultations » aux hommes d'âge et il exclut les jeunes d'un débat qui les concerne au premier chef, preuve s'il en fallait qu'au-delà des apparences, il a pour véritable objectif de prolonger le statu quo.

Le raisonnement des autorités algériennes est aussi fruste que dangereux à terme : cela ne nous concerne pas directement puisque la rente pétrolière et le contrôle exercé par l'armée permettent de faire le dos rond en attendant que la vague réformatrice s'épuise. Ce point de vue ressemble à l'attitude de la RDA au milieu de l'année 1989 lorsque le bloc de l'Est a commencé de se lézarder. Un chef d'État âgé, malade, fossilisé dans ses certitudes ; une nomenklatura coupée du pays réel et de ses forces vives, à commencer par la jeunesse. On connaît la suite.

Iran

TIRER PROFIT DU CHAOS RÉGIONAL

L'Iran et la Turquie, puissances islamiques, voisines des États arabes que balaie le tsunami de la liberté, suivent avec passion ce qui s'y passe en cherchant à améliorer, à l'occasion de cette grande redistribution des cartes, leur positionnement géostratégique. Téhéran disposait d'un atout maître : l'échec des Arabes à défendre la cause palestinienne depuis la signature des accords de Camp David par Sadate et Begin en 1979 qui marqua le désengagement de l'Égypte. En dépit de toute la rhétorique destinée à sauver la face et de l'octroi de quelques subsides à une faction palestinienne ou à « l'Autorité » de Ramallah, aucune stratégie concertée ne lui a permis d'exercer des pressions graduelles, politiques, financières ou autres, sur l'État hébreu. Arafat en a fait l'amère expérience : quand, assiégé à Ramallah, il téléphonait à ses pairs arabes pour les appeler au secours et les inciter à intervenir auprès de George Bush pour qu'il fasse reculer les chars israéliens, ils ne décrochaient presque jamais et ne prenaient pas même la peine de le rappeler !

La cause des Palestiniens ainsi abandonnée en haut lieu restait pourtant chère au cœur des peuples arabes et le traitement que leur réservait Israël ne cessait de leur inspirer colère et indignation. Les deux puissances islamiques régionales ont utilisé tour à tour la cause orpheline comme un cheval de Troie leur permettant de pénétrer dans les citadelles où elles étaient ainsi assurées d'éveiller des sympathies et de séduire les opinions. Premier à abattre cette carte, l'Iran de Khomeiny avait chassé la représentation diplomatique israélienne de Téhéran et confié ses bâtiments à l'OLP. Mais la guerre contre l'Irak (1980-1988) et le soutien d'Arafat à Saddam Hussein avaient refroidi les ardeurs de Téhéran, qui donna la priorité à la structuration des minorités chiites dans le monde arabe. Il dota à cet effet le Hezbollah d'un budget colossal. Le Parti de Dieu fit ses preuves face à Israël en chassant Tsahal des dernières positions qu'elle occupait au Sud-Liban en 2000, puis en lui infligeant une défaite pendant la « guerre des 33 jours » de l'été 2006. Abondamment fourni en moyens et en armement, il disposerait de près de 50 000 missiles de différentes portées capables de toucher les points les plus reculés d'Israël.

Le succès du Hezbollah a bénéficié à son parrain iranien, qui ne cesse de tenir des propos d'une belliqueuse arrogance contre Israël, les États-Unis et, surtout, les riches et craintives monarchies arabes du Golfe. En menaçant de « rayer Israël de la carte », le président iranien a suscité jusqu'à la réprobation du Vatican. Fanfaronnade ou réelle volonté ? Adepte de la politique du bord du précipice, Ahmadinejad est convaincu qu'il peut hâter le retour sur terre de l'imam al-Mahdi, « douzième imam caché » des chiites, pour y rétablir la justice et assurer le triomphe de sa religion, et que le programme nucléaire iranien sert ce métaphysique mirage. Malgré son coût ruineux et de très lourdes sanctions internationales, les Iraniens se sont lancés dans l'entreprise. Après le 11 septembre, les Américains les ont débarrassés de leurs deux plus anciens ennemis, le régime sunnite radical des talibans en Afghanistan et celui, nationaliste arabe, de Saddam Hussein en Irak.

La voie était ouverte à Téhéran pour instaurer un « Croissant chiite » qui aligne, de la Caspienne à la Méditerranée, un Irak désormais gouverné par des chiites, une Syrie tenue par les Alaouites et alliée de longue date, enfin un Hezbollah qui, en faisant main basse sur le Liban, procure un accès à la mer et à Israël. Sans parler des autres points d'appui dans la région, minorités chiites des Houthis au Yémen, ismaéliens et chiites d'Arabie et majorité chiite de Bahreïn...

Quand le tsunami arabe s'est levé en Tunisie puis en Égypte, en Libye, à Bahreïn et au Yémen, Téhéran a applaudi des deux mains et proposé son modèle aux insurgés. Mais dès que l'ouragan a atteint la Syrie, l'Iran a accusé les révolutionnaires d'être téléguidés par les sionistes et les Américains afin d'abattre un régime qui s'oppose à Israël. Mettant ses maigres ressources financières à la disposition de la dictature héréditaire des Assad, il lui a dépêché ses unités les plus fiables, spécialisées dans la répression, des snipers pour tenir sous leur feu les principales artères des grandes villes et un matériel moderne pour contrôler Internet et localiser les téléphones émettant vers les satellites. Téhéran ne veut pas imaginer un seul instant la perte de la pièce maîtresse de son « Croissant chiite » et la rupture de la continuité avec le Hezbollah au Liban et les Palestiniens du Hamas et du Djihad islamique. Cette défaite mettrait un terme au rôle de l'Iran comme acteur capital dans les négociations sur l'avenir du Liban, de la Palestine, de l'Irak et de l'Afghanistan, et signifierait la fin du rêve de signer un « Yalta régional » avec une Amérique enlisée et lasse. Téhéran s'y était préparé en intervenant auprès de son voisin afghan pour torpiller la mission des soldats américains et l'International Security Assistance Force (ISAF). À cet effet, l'Iran avait à la fois financé le président Karzai et, oubliant le vieux contentieux, armé ses adversaires talibans. De même, en Irak, il avait soutenu un gouvernement allié et Al-Qaïda, qui a pourtant tué plus de chiites irakiens que de soldats américains. Mais il n'y a rien d'étonnant à cela : Téhéran héberge toujours une centaine de cadres supérieurs d'al-Qaïda, dont sept membres de la famille de Ben Laden. Ils n'ont été libérés de leur résidence surveillée qu'à la fin de 2010, quand l'une des filles du chef terroriste a réussi à s'échapper et à se réfugier à l'ambassade d'Arabie à Téhéran.

Un pays prisonnier de sa théocratie

L'Iran est dans une situation économique très difficile du fait des sanctions américaines et européennes, doublées par celles du Conseil de sécurité de l'ONU. Elles l'empêchent d'accéder à la technologie et au financement que requiert l'exploitation de ses gigantesques ressources en hydrocarbures. La production de pétrole baisse d'une année sur l'autre, et le pays est contraint d'importer la moitié de ses produits raffinés et est dans l'impossibilité de construire des terminaux pour exporter du GNL, alors que les projets de gazoducs vers l'Europe (Nabbucco) et vers l'Asie (IPI) sont au point mort. La vie des Iraniens est devenue un enfer quotidien, ponctué de pénuries et de privations, où règnent le chômage, l'inflation et la répression.

Le brillant avocat franco-iranien Ardavan Amir-Aslani[1] fait valoir « l'Iran des institutions, à l'inverse de ses nombreux voisins ». Mais celles-ci sont piétinées par le concept de wilayet el-Faghih, qui octroie tous les droits au Guide de la révolution. En fait, le vieux pays à la grande culture est prisonnier de sa théocratie, piégé par son orgueil, ses choix stratégiques, et une ambition nucléaire qui rencontre l'adhésion unanime de sa population. Il connaît toutefois une mutation sociale qui ne manquera pas de venir à bout de la mollarchie, usée par un pouvoir absolu depuis 1979. Quand un mollah hèle un taxi dans les rues de Téhéran, il est rare qu'un chauffeur s'arrête tant la caste est détestée !

Les moins de 25 ans représentent aujourd'hui 75 % de la population. « Arrosés » par une cinquantaine de chaînes iraniennes émettant de l'étranger, ils ne rêvent, comme tous les garçons et filles de leur âge, que de

---

1. Auteur de *Iran, le retour de la Perse*, Paris, Jean Picollec, 2009.

mordre la vie à pleines dents. « Quand on visite Dubai ou Abu Dhabi à une heure de vol, on a envie de pleurer », me confie un familier des voyages à l'étranger. Les Iraniens en sont venus à envier des voisins arabes qu'ils surnomment dédaigneusement les *sussmar khor*, (les « mangeurs de reptiles »). Ce rejet de la mollarchie s'accompagne d'un retour aux sources culturelles antiques de la Perse, avec les célébrations fantastiques du Norouz, le Nouvel An iranien, qui fête l'arrivée du printemps le 21 mars. En 2011, le président Ahmadinejad a eu le front de vouloir organiser le deuxième festival international du Norouz à Persépolis, en présence d'une douzaine de chefs d'État ou de leurs représentants. La caste cléricale a refusé des fastes qui eussent rappelés ceux auxquels, jadis, le chah convia Georges Pompidou (il sera représenté par Jacques Chaban-Delmas) et, surtout, exalté l'identité perse au détriment de l'islamique. La distance prise à l'égard de cette dernière apparaît dans les prénoms que les familles donnent à leurs nouveau-nés. Les Ali, Hussein et Hassan reculent au profit des Farhabad, Sohrab, Esfandiar, Ardavan, etc. Sur les pendentifs que les jeunes portent au cou, l'image de l'imam Ali cède la place à des motifs venus de la Perse antique.

Le Wali el-Faghih Ali Khamenei, qui a confirmé la réélection du président en juin 2009, bien avant la fin du dépouillement des urnes, s'est exposé ouvertement à la critique et a perdu sa légitimité. Dans les rues de Téhéran, on a pu entendre clamer : « Après Moubarak et Ben Ali, c'est au tour de Seyed Ali ! » Les slogans des manifestants, qui brûlent les portraits d'un Guide âgé et malade, montrent la décrépitude de la République islamique.

LES ESPOIRS DES PASDARANS

Les revendications populaires dépassent de loin les exigences des figures de proue de l'opposition, Moussavi et Karoubi, bien en peine de dénoncer la doctrine du wilayet el-Faghih, puisqu'ils sont eux-mêmes issus du système. Privés de leur « couverture religieuse » – l'ayatollah Montazeri est mort en décembre 2009 – et assignés à résidence, les deux hommes sont soumis à une surveillance étroite et coupés du monde extérieur. Le régime ne sait trop que faire de ces personnages encombrants, et il ne veut surtout pas prendre le risque de les transformer en martyrs au nom desquels les Iraniens se rassembleraient par milliers pour crier leur colère. D'autant qu'il faudrait éliminer quatre adversaires, car il convient d'ajouter aux deux déjà cités l'ex-président Khatami et la très combative épouse de Moussavi, Zahra Rahnavard, qui a fait l'admiration des opposants lors la campagne électorale de son mari, au printemps 2009. C'est pourquoi le régime a choisi, dans un premier temps, de faire pression sur leur famille en enlevant leurs enfants. Le neveu de Moussavi a été assassiné, fin décembre 2009, en guise d'avertissement.

L'avenir du pays tient à trois échéances cruciales : la mort de l'ayatollah Khamenei (officiellement 81 ans), les élections parlementaires de 2012 et l'élection présidentielle de l'année suivante. Dans le contexte actuel, le succès des Pasdarans (Gardiens de la Révolution) semble inévitable. Ayant déjà mis la main sur une majorité des secteurs clés de l'économie et les organes de répression, ils ont pris le contrôle de l'exécutif à travers le gouvernement de fidèles constitué par Ahmadinejad. Ils entendent réduire le pouvoir de la mollarchie après la mort d'Ali Khamenei et réduire l'influence politique du clergé en remplaçant le Wali el-Faghih par un conseil composé de mollahs dont les avis se neutraliseraient. Le totalitarisme théocratique qui caractérise aujourd'hui l'Iran serait alors remplacé par un totalitarisme militaire incarné par le seul président.

Toutefois, les Pasdarans restent profondément divisés. Le clan Ahmadinejad est composé d'anciens combattants du « Front ouest[1] » et de Bassidjis[2] relativement peu éduqués et à l'idéologie populiste et messianique, inspirée par l'ayatollah Mezbah Yazdi[3]. Il convient de noter qu'à partir de juin 2011, Yazdi a entamé une révision de ses positions et amorcé une prise de distance radicale avec Ahmadinejad. La stratégie de ce groupe reposait jusqu'au printemps 2011 sur l'élection à la présidence d'Esfandiar Rahim Mashaeï, le directeur de cabinet du président et le beau-père de son fils, afin de concentrer la politique intérieure dans leurs mains. Une telle perspective ne saurait écarter complètement Ahmadinejad du pouvoir, bien

---

1. Le « Front ouest » est essentiellement composé d'anciens Pasdarans et Bassidjis qui ont privilégié le combat contre l'ennemi intérieur (Kurdes) au combat contre l'ennemi irakien dans les années 1980.

2. Milice paramilitaire qui opère sous les ordres des Pasdarans.

3. Yazdi veut transformer la République islamique en un gouvernement islamique de nature messianique, guidé par l'inspiration du douzième imam caché des chiites dont le retour est attendu à l'issu du chaos !

qu'il ne soit pas éligible en 2013. Il espère sans doute s'inspirer du parcours de Vladimir Poutine, et tirer les ficelles dans l'ombre du futur président, en attendant son retour aux affaires.

En quête de légitimité auprès du peuple, le président iranien est prêt à faire des concessions tactiques et limitées à la communauté internationale, en engageant des négociations notamment avec les États-Unis dans le but d'obtenir une trêve dans le dossier nucléaire, attirer des investissements occidentaux et pouvoir se présenter en sauveur de la République islamique. C'est dans ce contexte qu'Ahmadinejad a limogé le ministre des Affaires étrangères, Manouchehr Mottaki, fin 2010 et l'a remplacé par Ali Akbar Salehi. De cette manière, le président iranien espérait d'une part obtenir un compromis nucléaire, grâce à Salehi, ancien chef de l'Organisation iranienne de l'énergie atomique ; et, d'autre part, instaurer une diplomatie parallèle, ce qui lui avait déjà été reproché par Mottaki lui-même.

LE BRAS DE FER AVEC L'OCCIDENT

À l'extérieur, face à des États arabes déstabilisés et aux prises, dans un bras de fer qui s'éternise, avec les puissances occidentales, l'Iran cherche à tirer profit d'un chaos régional qu'il a longtemps appelé de ses vœux. L'une des conséquences du tsunami arabe pourrait être un rétablissement des relations diplomatiques avec l'Égypte, rompues depuis 1979, dont d'aucuns voient le prélude dans le récent passage de deux navires de guerre iraniens par le canal de Suez. L'hypothèse reste néanmoins fragile : l'Égypte postrévolutionnaire va se retrouver en compétition avec l'Iran, notamment sur le dossier palestinien. La signature via la médiation égyptienne d'un accord entre le Fatah et le Hamas, jusque-là soutenu et financé par Téhéran, révèle les nouvelles ambitions d'une Égypte qui compte peser de manière différente sur son voisinage, quitte à éloigner l'Iran des problématiques régionales. La République islamique se félicite du rapprochement entre le Hamas et le Fatah, mais elle risque, à long terme, de perdre avec le premier l'un de ses meilleurs instruments palestiniens. D'autre part, l'Égypte reste gouvernée par des hommes qui ont façonné sa politique étrangère des trente dernières années et qui, même s'ils ont conscience que leurs intérêts ne reposent plus sur un alignement systématique sur Washington, restent proches de l'Arabie au point de l'avoir soutenue lors de l'envoi de troupes à Bahreïn et donc peu enclins à sourire à Téhéran.

En Afrique de l'Ouest, l'Iran a lancé une offensive diplomatique doublée de trafics en tous genres. Une saisie d'armes en juillet 2010 a provoqué la rupture des relations avec la Gambie en novembre, puis avec le Sénégal en février 2011. La cargaison était sans doute destinée aux groupuscules indépendantistes armés de la Casamance. Des informations révélées par Wikileaks confirment les soupçons de l'existence d'un trafic d'uranium entre l'Iran et plusieurs pays d'Afrique, dont la République démocratique du Congo. Selon un conseiller à l'ambassade de Suisse en Tanzanie, ce trafic est « connu », même s'il ne peut être prouvé. En avril 2010, on a évoqué un trafic analogue avec le Zimbabwe et l'Ouganda, alors que le président Ahmadinejad effectuait une tournée sur le continent africain.

S'appuyant sur l'expansion du chiisme en Afrique de l'Ouest, Téhéran a longtemps fait du Sénégal une base d'influence, notamment grâce à la présence d'une importante diaspora chiite libanaise. Par ailleurs, devant les efforts américains pour contraindre ses voisins à l'isoler économiquement et politiquement, la République islamique multiplie les avances aux pays émergents hostiles aux États-Unis, notamment dans leur « arrière-cour sud-américaine ». Tous deux autocrates et populistes, Hugo Chavez et Ahmadinejad ont le même objectif économique : assurer, via l'OPEP, un prix du pétrole élevé et créer une vaste coalition capable de vaincre « l'impérialisme américain » afin de faire émerger un « nouvel ordre mondial ». Dans le même esprit, les liens se sont renforcés ces dernières années avec le Venezuela en matière militaire et de renseignement. Un article du journal allemand *Die Welt* a même évoqué, le 16 mai, la construction d'une « base de missiles secrète » sur le territoire vénézuélien, information qui n'a pas été confirmée du côté américain.

Avec la Chine, les relations ne cessent de se renforcer, principalement pour des raisons tenant à la realpolitik : Pékin a besoin de son deuxième fournisseur de brut pour sa croissance économique et Téhéran a besoin de la Chine, membre du Conseil de sécurité, pour éviter l'isolement au sein des Nations unies. La Chine, bien que ne disposant pas de la technologie la plus avancée dans le secteur pétro-gazier, a remplacé nombre de compagnies pétrolières étrangères lorsqu'elles se sont retirées de certains contrats en raison des sanctions, et elle est devenue la deuxième source d'importations de Téhéran, si bien que les Iraniens se plaignent d'une « invasion » de produits chinois sur leur marché. Enfin, Pékin livre régulièrement des armes et des technologies à la République islamique.

LE GUIDE DE LA RÉVOLUTION CONTRE LE PRÉSIDENT

Ahmadinejad et Mashaeï ont tenté de marginaliser le clergé en plaidant pour une attitude plus en phase avec la jeunesse : assouplissement du port du voile islamique et des règles de la mixité ; primauté identitaire des valeurs persanes par rapport aux valeurs islamiques. À leurs yeux, la République islamique n'a pas besoin d'un Guide, puisqu'elle a un président en lien direct avec l'imam caché. Dans une société d'un nationalisme outrancier, lasse des donneurs de leçons de morale islamique, une campagne ciblée sur l'exaltation de la nation et une certaine « laïcité » pourrait trouver un écho.

En 2011, la mollarchie et plusieurs chefs des Pasdarans, dont le propre frère du président, ont frontalement attaqué ce dernier et son conseiller, couple qualifié de « déviant ». Le Guide a réduit Ahmadinejad au rang de simple collaborateur et Mashaeï est menacé de procès et d'arrestation. Si Ahmadinejad devait exercer son mandat jusqu'à son terme, ses prérogatives seraient réduites. Il avait le choix de se soumettre ou de se démettre, à l'issue d'un bras de fer engagé avec le Guide en mai 2011. Or, après une grève du pouvoir de dix jours, il a fini par se soumettre et rejoindre son poste, délesté de ses illusions.

Ces luttes intestines pour le pouvoir ont éclaté au grand jour lors du conflit qui a opposé en avril Ahmadinejad à Khamenei à propos de la destitution d'un énième ministre, Heydar Moslehi, en charge des Renseignements. Cette fois-ci, le Guide a réaffirmé avec force la suprématie de son pouvoir sur celui du président. Une campagne de diffamation sans précédent s'est abattue sur le clan d'Ahmadinejad, qualifié de « groupe perverti », et des arrestations de ses proches ont été ordonnées pour « sorcellerie ».

Depuis le début des crises, les dirigeants iraniens prédisent l'avènement d'un Moyen-Orient islamique hostile à Israël et aux États-Unis. Si comme ils le souhaitent les révoltes arabes se soldent par une poussée de l'islam radical, voire une réédition de leur révolution islamique de 1979 dans plusieurs pays, il va sans dire que l'islam radical sunnite sera un rival idéologique et géopolitique pour l'Iran chiite. Mais ce n'est pas là le scénario le plus probable. En revanche, si la chute des régimes autoritaires laisse place à une transition démocratique, la mollarchie sera menacée de disparition. Les forces vives du pays veulent en effet clore le chapitre ouvert par le mot de Khomeiny : « Que l'Iran brûle pourvu que l'islam triomphe ! » Né de la contestation de la réélection frauduleuse du président en juin 2009, le « Mouvement vert » pourrait reprendre de la vigueur, enhardi par le succès des soulèvements arabes. Les Iraniens supportent de moins en moins l'instrumentalisation de la religion à des fins politiques et répressives, et ils rêvent d'un changement. Le régime, pour assurer sa survie, intensifie la répression, mais la fracture avec la société est de plus en plus béante. Et l'expérience du tsunami prouve que quand un pouvoir oppressif est assiégé par le mécontentement d'un peuple, il ne se tire pas d'affaires en se bornant à gagner du temps.

Turquie

LE RETOUR DE L'EMPIRE OTTOMAN ?

Ironie de l'histoire, le rival régional d'un Iran qui se souvient de ses racines perses est l'héritière d'un autre empire défunt : la Turquie. Mais celle d'Erdogan plutôt que celle d'Atatürk, autrement dit une Turquie qui aurait, elle, à la différence de l'Iran, trouvé un équilibre idéologico-politique autour d'un islamisme démocratique encore à inventer du côté de Téhéran.

Il n'en reste pas moins que les deux pays usent, à l'égard des Arabes, de recettes très proches, dont la première est la prise en charge de la cause palestinienne que leurs autocrates avaient abandonnée. De même que Téhéran joue de l'atout chiite du Hezbollah, la Turquie cherche à s'allier avec les régimes sunnites pour favoriser la création d'un État palestinien. Le Premier ministre Recep Tayyip Erdogan entend neutraliser les surenchères iraniennes en tenant un discours cohérent, tant sur Israël que sur la Syrie. Il a magistralement obtenu l'indispensable visa pour accéder aux cœurs arabes lors du sommet économique de Davos, en 2009, où il a bruyamment claqué la porte de la conférence, alors qu'il débattait avec le Président israélien Shimon Peres, à propos de l'attaque israélienne contre Gaza. Le secrétaire général de la Ligue arabe, Amr Moussa, présent à la tribune, n'a pas bronché et, d'un seul coup, la cote de popularité d'Erdogan a atteint des sommets auprès des Arabes.

L'année suivante, la Flottille de la liberté pour Gaza a été interceptée dans les eaux internationales par l'armée israélienne, qui a tué neuf pacifistes turcs à bord du *Avi Marmara*. Israël a refusé de s'excuser et d'indemniser les victimes ; en rétorsion, Erdogan a expulsé son ambassadeur à Ankara et interrompu la coopération militaire avec l'État juif inaugurée pourtant dès les années 1950.

La volte-face turque à l'égard d'Israël constitue le pendant du changement d'attitude vis-à-vis d'une Europe dont les portes restent obstinément closes. Elle s'inscrit dans une stratégie diplomatique de renversement des alliances : à l'ancien ancrage occidental, au sens large, succède un tropisme arabo-asiatique. C'est pourquoi Erdogan a vanté l'exemple d'une république laïque et gouvernée par les islamistes depuis trois mandats lors de sa tournée de septembre 2011 dans les pays arabes qui ont réussi leur révolution. Quelques mois plus tôt, il avait comparé son pays à une « étoile polaire » indiquant la bonne direction. Au Caire, les Frères musulmans égyptiens accoururent en nombre à l'aéroport pour l'accueillir en brandissant des banderoles appelant à un « Califat islamique en Égypte et en Turquie ». Ils ont vite déchanté quand il a fait l'éloge de la laïcité, bien qu'il ait répété que « l'État civil laïc et démocratique n'est pas un État hostile aux religions », au Caire, mais aussi en Tunisie et en Libye. L'essentiel, disait-il à ses auditeurs, est de construire un État moderne fondé sur trois piliers : une nouvelle administration efficace, la promotion de l'enseignement et une bonne gouvernance ennemie de la corruption. Furieux, les Frères musulmans, qui confondent laïcité et athéisme, ont aussitôt rétorqué en expliquant que « chaque pays a sa propre expérience et ses particularités ». En fait, leur vision de la laïcité repose sur une escroquerie. Le Tunisien Slah Jourchi, expert des mouvements islamistes, a exposé, lors d'un séminaire international réuni par la FIDH à Tunis en mars 2011, les racines du conflit qui oppose islamisme et laïcité : « Ses origines remontent à l'Égypte des années 1930, quand un candidat islamiste aux législatives, pour ôter toute chance de succès à son rival, l'intellectuel Loutfi Essayed, chantre de la séparation du spirituel et du temporel, activiste anticolonialiste et premier directeur de l'université du Caire, a défini la démocratie comme la forme de gouvernance laïque qui promeut le sexe et combat la foi. Essayed n'avait aucune chance de l'emporter. »

Quel étonnant parcours aura accompli Erdogan depuis qu'il citait en public, le 6 décembre 1997, les vers de Ziya Gökalp, un des fondateurs du nationalisme turc : « Les minarets sont nos baïonnettes, les coupoles nos casques, les mosquées nos casernes et les croyants nos soldats » ! Cet élan lyrique lui avait valu la prison et la perte de son fauteuil de maire d'Istanbul. Pourtant, comme le rappelait la jeune patronne du quotidien libanais *An Nahar*, Nayla Tueni, dans un éditorial du 19 juillet 2011, le « modèle

turc » a ses limites : « Le patriarche des orthodoxes vit quasiment en résidence surveillée et ne peut recevoir des visiteurs sans autorisation préalable [...] ; l'unique séminaire
destiné à former des prêtres a été fermé ; les prêtres étrangers ont défense de prendre en charge des paroisses comme
si Ankara cherchait à en finir avec la présence chrétienne,
avec la disparition des derniers prêtres en vie... Les Arméniens n'ont toujours pas reçu les excuses de la Turquie
pour les massacres de 1915, alors qu'elle voudrait intégrer
l'Union européenne qui ne cesse de s'excuser pour la
Shoah. » L'auteur concède toutefois que « la minorité juive
de Turquie connaît un traitement particulier, en raison
de son rôle dans le rapprochement entre la Turquie, les
États-Unis et Israël ». Il n'est pas sûr que ce point soit
toujours d'actualité. Ajoutons que le sort des journalistes
en Turquie est peu enviable : une soixantaine d'entre eux
sont emprisonnés, kurdes pour la plupart.

Au début du soulèvement libyen, Ankara a tenté de
s'opposer aux initiatives de Nicolas Sarkozy et a soutenu
Kadhafi, surtout dans l'espoir de sauver ses 15 milliards
de dollars d'investissements et ses 25 000 expatriés. À
Benghazi, le consulat de Turquie et les navires turcs
acheminant de l'aide humanitaire ont été attaqués par
des manifestants. La volonté turque de ménager les deux
camps a abouti à l'adoption d'une position floue, voire
incohérente, tant par rapport à l'OTAN qu'au sein des
pays arabes. Accusée de favoriser le Guide libyen, la Turquie n'a appelé qu'en mai au départ de Kadhafi, dans
ce qui ressemblait à un réajustement tardif, mais nécessaire, de sa position par rapport à ses partenaires internationaux.

La Syrie, pomme de discorde avec l'Iran

Il peut paraître surprenant que la dernière édition du « Livre rouge », signé par le Conseil national de sécurité turc, range l'Iran parmi les « menaces » au même titre qu'Israël. Cela tient certes aux visées nucléaires des deux pays, mais surtout à la question de la Syrie, devenue un sujet de discorde entre Ankara et Téhéran dont les intérêts sont opposés. La chute d'Assad est synonyme d'un déclin déshonorant de l'influence iranienne au Proche-Orient, en dépit de ses très gros investissements. En revanche, son maintien permet à Téhéran de continuer à jouer un grand rôle régional, alors que la Turquie veut supplanter son influence et dispose d'arguments et d'atouts supérieurs. Outre que la dictature minoritaire des Assad est usée et détestée, la majorité de la population hait l'Iran, associé comme le Hezbollah au pouvoir des Alaouites. Une frontière de près de 840 km accroît encore le poids de la Turquie, aussi forte de richesses, d'alliés et de relais internationaux que sa rivale est isolée et désargentée.

La Turquie se distingue de l'Iran par son dynamisme économique. Classé au 17e rang mondial, son PIB est au premier rang régional. La réussite du pays tient d'abord aux profondes mutations qu'il a connues depuis trente ans. La société est devenue largement urbanisée et éduquée, tandis que le développement de la classe moyenne a permis l'ouverture d'un espace public dans un pays pourtant très nationaliste et méfiant vis-à-vis de l'étranger. La Turquie a rejoint le « club des riches » qu'est le G20 et n'hésite plus à faire entendre sa voix au sujet de la réforme financière mondiale.

La Turquie et la Syrie avaient entamé leur rapprochement à la fin des années 1990 après des décennies de relations exécrables. À l'occasion de la guerre en Irak, la Turquie devint l'un des premiers fournisseurs de Damas. Ankara fut l'initiateur d'une zone de libre-échange avec la Syrie en 2007, rejointe par le Liban et la Jordanie en 2010. Des accords sont passés ou encore en cours de négociation sur les points de friction traditionnels que sont le statut des Kurdes et le partage des eaux fluviales. Les Turcs étaient donc parvenus à pacifier leur frontière avec les Syriens – alliés traditionnels de l'Iran mais désireux de ne pas dépendre exclusivement de ce pays.

La situation a bien changé et le duel s'annonce féroce. Le Guide iranien a d'ores et déjà mis en garde le Premier ministre turc : il tombera s'il prête son territoire à l'OTAN pour attaquer Damas. Allusion à peine voilée aux radars antimissiles installés par l'OTAN et tournés vers... l'est. On est loin de l'époque où la Turquie était une bouée de sauvetage pour un régime syrien qui, humilié par son expulsion du Liban, cherchait un avocat auprès de l'Occident pour contrebalancer son alignement sur Téhéran et organiser des pourparlers avec Israël. Jamais en peine de gestes symboliques, Erdogan a adopté au printemps 2011 une orpheline syrienne, la petite Zeinab. La rupture intervint le 21 septembre quand, après une rencontre à New York avec Obama, le Premier ministre assura « désespérer » d'Assad et annonça des sanctions. Après avoir appelé le régime syrien à adopter les réformes indispensables pour répondre aux aspirations de son peuple, Erdogan s'était entretenu très régulièrement avec le président syrien au téléphone. Plusieurs officiels turcs, dont Davutoğlu et le responsable des renseignements, avaient pris le chemin de Damas à plusieurs reprises, tandis que des versions traduites en arabe de la législation turque étaient fournies à la Syrie pour aider à la modification éventuelle de ses propres lois.

Le pouvoir turc souhaite maintenir ouverts les canaux de dialogue avec des représentants de l'opposition, notamment les Frères musulmans syriens, officiellement interdits dans leur pays mais dont le dirigeant, Riyad al-Shaqfa, a tenu une conférence de presse à Istanbul le 1ᵉʳ avril 2011. Le 2 mai, Erdogan a haussé le ton en mettant Damas en garde contre un « nouveau massacre de Hama ». Par ailleurs, les manifestations contre la répression des aspirations de son peuple par le régime syrien ont été autorisées en Turquie et elles bénéficient d'une couverture médiatique normale, tandis qu'en prévision d'un afflux de réfugiés, Ankara a annoncé l'aménagement de camps à la frontière avec la Syrie et maintient le régime d'exemption de visa entre les deux pays. Enfin, pour des raisons évidentes, la Turquie prête une attention toute particulière à la question kurde en Syrie et à la possible « balkanisation » du pays. En avril 2011, l'annonce de la naturalisation de plus de 250 000 Kurdes syriens par Damas n'a pas étouffé leur contestation.

La crise donne à la Turquie l'espérance de trouver une formidable occasion d'avancer ses pions. Au risque de se heurter à Israël et à Chypre, donc à l'Union européenne dont l'île fait désormais partie. Ankara compte remplacer l'influence iranienne en Syrie et s'estime mieux fondée à le faire dans cette ancienne province de l'Empire ottoman.

Les références à cette histoire prestigieuse, l'exaltation de la puissance et d'une certaine tolérance qui la caractérisaient décomplexent de nouvelles classes moyennes et supérieures attachées à leurs racines islamiques. D'où le revirement stratégique sur la scène régionale, conçu par Ahmet Davutoğlu, ancien principal conseiller du Premier ministre, devenu son ministre des Affaires étrangères en 2009. La Turquie moderne s'était traditionnellement comportée comme en forteresse assiégée. Le pari a donc été de s'appuyer sur le *soft power* turc, sa culture et son poids économique, pour développer avec ses voisins des relations apaisées, désamorcer les conflits et assurer la sécurité du territoire en même temps que le rayonnement du pays à l'étranger.

Illustrant cette politique, Erdogan, dans sa tournée en Égypte, en Tunisie et en Libye de septembre 2011, s'est fait accompagner de 200 hommes d'affaires. La même année, il a été le seul chef d'un État islamique à se rendre à Mogadiscio, capitale de la Somalie frappée par une terrible famine. L'année précédente, il s'était rendu sur les lieux des catastrophiques inondations du Pakistan pour manifester la solidarité de son pays. Cette stratégie a été mise en œuvre auprès de la Grèce, la Russie, l'Arménie – bien que le processus de réconciliation soit aujourd'hui en panne – et l'Iran.

La République turque était souvent tenue pour le cheval de Troie des Américains dans le monde arabe. Le rapprochement actuel n'en est que plus spectaculaire. Il s'est opéré à propos de la cause palestinienne, qui est propre à mobiliser tant la rue arabe que l'électorat de l'AKP (Parti de la Justice et du développement) en Turquie.

Barack Obama a réservé à la Turquie, en 2009, sa première visite officielle en terre musulmane. Elle est à ses yeux la meilleure riposte à opposer aux prétentions régionales de la République islamique d'Iran et au djihadisme d'al-Qaïda. Puissance musulmane à la fois moderne et démocratique, elle représente, aujourd'hui, une promesse pour nombre de peuples arabes. Le mouvement islamiste historique incarné par Ennahdha en Tunisie a ouvertement évoqué la Turquie et l'AKP comme ses sources d'inspiration. Bien qu'il n'ait pas immédiatement réagi à cette référence, le Premier ministre turc est sorti de sa réserve, le 1er février, en appelant au changement en Égypte et en présentant son pays comme à même de l'aider dans sa quête de liberté. La popularité d'Erdogan auprès de la rue arabe atteste de l'efficacité de sa stratégie. Des sondages divers le mettent régulièrement en tête des figures politiques préférées des citoyens arabes. Le logo de son parti (une ampoule électrique) aurait inspiré le parti islamiste marocain éponyme (Parti de la justice et du développement), qui brandit une lampe à huile comme emblème.

La presse internationale et les acteurs politiques locaux n'ont pas manqué de faire référence à la Turquie en 2011 dans leur traitement du tsunami arabe. Son exemple permet aux islamistes de rassurer les pays étrangers, essentiellement les Occidentaux, en présentant une alternative au régime « à l'iranienne » qu'ils redoutent plus que tout au monde. C'est ainsi que, bien que divisés, les Frères musulmans ont eu le pragmatisme de se référer à l'AKP pour se situer dans un mouvement révolutionnaire qu'ils n'avaient pas initié. En Égypte, le poids prévisible de l'armée sur la future scène politique n'est pas sans rappeler l'histoire contemporaine de la Turquie.

L'objectif des islamistes arabes est d'intégrer le système politique à venir dans les meilleures conditions possibles, et donc d'accepter les règles démocratiques, selon le processus qui a porté l'AKP à la tête de la Turquie. Ce précédent laisse penser que seule l'expérience politique légale dans un cadre laïque peut amener l'islam politique dans les pays arabes à une salutaire révision doctrinale.

Israël

Gagner du temps pour la colonisation

Sans que sa politique s'en trouve pour l'heure modifiée, le tsunami arabe inquiète particulièrement Israël, qui voit tous les équilibres régionaux remis en cause à grande allure. L'incertitude sur l'avenir y entretient la crainte d'une instabilité qui profiterait en premier lieu aux islamistes ou à des mouvements nationalistes hostiles à l'État hébreu. Des peuples ayant su abattre le mur de la peur face à leurs propres régimes le franchiront d'un bond s'ils jugent le comportement israélien à la fois arrogant et injuste. En 2011, Israël se retrouve confronté à la sécurité de ses frontières, à la fois avec l'Égypte, la Jordanie, la Syrie, le Liban, et assiste à la dégradation de ses relations avec la Turquie, amie de soixante ans. Pendant ce temps, l'Iran profite du détournement de l'intérêt international à son endroit pour accélérer son programme nucléaire.

Israël n'a qu'un souci : gagner du temps et poursuivre la colonisation, en amusant la galerie diplomatique par sa participation à un fantomatique « processus de paix ». Depuis la signature de l'accord d'Oslo en 1993, le nombre de colons établis sur des territoires confisqués aux Palestiniens, à Jérusalem-Est et en Cisjordanie, est passé de 230 000 à plus de 500 000. Sur ce plan, tout se passe comme si les travaillistes, le Likoud et Kadima avaient pour programme commun de garder le même rythme dans l'effort de colonisation. Israël cherche en effet à créer des faits accomplis et, pour en avoir le temps, à repousser l'aboutissement des négociations avec les Palestiniens. Il estime que ses voisins arabes n'ont pas les moyens de lui faire la guerre, et que ses alliés occidentaux, les États-Unis en tête, fermeront les yeux. Il parie sur le temps pour imposer l'une des deux formes d'« État palestinien » qui lui conviennent : soit son installation en Jordanie – où les Palestiniens sont majoritaires – après la chute de la monarchie hachémite, soit un État croupion en Cisjordanie et à Gaza, sorte de conseil municipal élargi, bornant ses prérogatives à la gestion des crèches, l'entretien de la voirie et la distribution de l'eau et de l'électricité. Le droit au retour des Palestiniens n'est pas à l'ordre du jour. Les intéressés en sont conscients, mais ils ne veulent pas abandonner cette carte hors d'un accord de paix définitif et sans bénéficier d'une contrepartie substantielle.

Pourtant, l'actuelle « accélération de l'histoire » pourrait annoncer à l'État juif un avenir meilleur, avec l'aspiration de plusieurs de ses voisins à la démocratie. En quelques mois, le séisme a bouleversé la donne géostratégique régionale. Fin 2010, Israël envisageait de neutraliser le programme nucléaire iranien par des bombardements, alors que cette opération était plus délicate et périlleuse que celle qui, en 1981, avait anéanti le programme nucléaire de Saddam Hussein, Osirak, ou encore, en 2007, la destruction de la centrale de Deir Ezzor, en Syrie. L'Iran, bien plus éloigné d'Israël, a en effet dispersé ses centres nucléaires, les a installés à proximité de centres urbains, en a enterré certains et gardé d'autres au secret absolu en les soustrayant aux inspecteurs de l'AIEA. Enfin, Téhéran dispose d'une capacité de riposte bien plus inquiétante que celle de l'Irak ou de la Syrie, avec ses missiles à longue portée capables d'atteindre leur cible avec plus ou moins de précision, mais aussi les missiles du Hezbollah aux frontières nord de l'État hébreu et ceux du Hamas à Gaza. En outre, les réseaux du renseignement iranien sont en mesure d'agir contre les intérêts d'Israël partout dans le monde en s'appuyant sur les minorités chiites. Or nul ne peut songer sans frémir à un duel israélo-iranien au dessus du golfe Arabo-Persique, donc des gisements du pétrole et de gaz qui irriguent l'économie mondiale. Que de fois Téhéran n'a-t-il pas répété qu'il fermerait le détroit d'Ormuz en cas de conflit, privant la planète du tiers de ses approvisionnements en hydrocarbures, et menacé les monarchies arabes de « onze mille missiles dès la première minute » d'une agression à laquelle elles se seraient peu ou prou associées !

COLÈRE DES ÉGYPTIENS ET ÉLOIGNEMENT DES TURCS

Les révoltés de la place Tahrir au Caire n'avaient à aucun moment lancé de slogans anti-israéliens ou brûlé

le drapeau frappé de l'étoile de David. Or ce climat a
brusquement changé en septembre 2011 : l'ambassade de
Tel-Aviv au Caire a été dévastée par des manifestants
voulant venger la mort dans le Sinaï de six soldats égyptiens quelques semaines plus tôt, quand les Israéliens les
confondirent avec des terroristes qui venaient d'attaquer
leur territoire. Des rapports de bon voisinage exigeaient,
pour le moins, des « excuses », ne fût-ce que pour calmer
l'opinion publique égyptienne. Mais Israël, qui ne s'excuse
jamais, s'en est tenu à des « regrets ». Sans l'intervention
musclée des forces spéciales égyptiennes dépêchées en dernière minute suite aux appels pressants de Barack Obama
au maréchal Tantawi, six gardes israéliens de l'ambassade
auraient été lynchés par la foule. L'État hébreu avait eu
le même comportement à l'endroit d'Ankara après avoir
provoqué la mort de neuf citoyens turcs à bord de la
flottille cinglant vers Gaza.

Autre motif de mécontentement pour les Égyptiens :
la vente de leur gaz à l'État hébreu à un prix très inférieur à celui du marché. Après la révolution, le gazoduc
qui l'achemine a été maintes fois plastiqué dans le Sinaï,
qui échappe partiellement au contrôle du Caire. Les
Israéliens, craignant la réédition en Jordanie de l'attaque
de leur ambassade malgré les mesures de sécurité dras-
tiques prises par Amman, ont retiré leurs diplomates.

En renouant avec les pires années de son isolement
international, Israël fait grand tort dans la région à ses
alliés occidentaux, dont l'image se dégrade. Ils doivent
désormais se justifier devant les peuples arabes, et non
plus s'entendre avec leurs seuls dictateurs, et ils sont à
court d'arguments pour défendre le statu quo. Ils savent

que le mouvement ne peut pas s'arrêter aux portes de la Palestine ! Obligé d'avaler force couleuvres de Netanyahou au sujet de la colonisation, Obama dilapide le capital de confiance et de sympathie engrangé auprès du monde islamique avec lequel il voulait réconcilier l'Amérique pour faire oublier Irak et Afghanistan. Peu à peu, sa voix devient aussi inaudible que celle de George W. Bush dans le monde arabe. Et les prouesses oratoires de Netanyahou devant le Congrès à Washington ne peuvent que le faire trembler pour son deuxième mandat, tant pèse lourd dans la balance électorale le lobby juif de l'American Israel Public Affairs Committee (AIPAC). Déjà, Shimon Peres, aujourd'hui chef de l'État, soupirait lors de la deuxième intifada : « Si Bush soutient Sharon, que puis-je faire ? » À l'occasion de la demande de reconnaissance de l'État palestinien par l'ONU, en septembre 2011, le Centre Peres pour la paix de Yafa a publié, en vain, un argumentaire en cinquante points pour plaider la cause de la création d'un État palestinien indépendant, dans l'intérêt d'Israël et de la préservation de son caractère juif, et afin « qu'il ne puisse pas ressembler à l'ex-Yougoslavie ».

Israël dispose d'appuis allant jusqu'à la complicité au sein du monde occidental, qui n'exige pas de son protégé de respecter les résolutions de l'ONU, lui fournit sa meilleure technologie militaire et, malgré quelques remontrances de circonstance, son soutien diplomatique, et ne le sanctionne jamais. À un diner d'État à Élysée, j'ai eu pour voisin un important acteur de la diplomatie française qui estimait qu'il fallait accorder à l'État hébreu

« une ou deux générations » pour qu'il soit admis définitivement dans le paysage régional, avant de signer une paix définitive. Cet état d'esprit est encore plus présent à Washington auprès des élites et dans certaines Églises, et en Allemagne où « l'effet Shoah » s'exerce toujours. Dispensant de bonnes paroles aux Arabes, l'Occident soutient donc Israël dans la poursuite de ses « conquêtes » territoriales. Le dernier directeur de cabinet d'Ariel Sharon, Dov Weisglass, avait écrit que son gouvernement allait reprendre la conquête territoriale « arrêtée en 1948 ». Cette intention a pris la forme du « Mur de sécurité » qui annexe *de facto* de nouveaux territoires palestiniens au nom de la sécurité du pays.

DES INQUIÉTUDES EXCESSIVES

Pour justifier son intransigeance, Israël se plaît à dénicher et à mettre en exergue les déclarations des islamistes les plus radicaux. Si leur existence est indéniable et si les Palestiniens ont élu le Hamas en 2006, à cause notamment du discrédit du parti d'Arafat, il est non moins vrai que l'islamisme militant sera plus aisément combattu et vaincu par des Arabes alliés de l'Occident.

Méconnaissant cette évidence, les Israéliens continuent à éprouver un sentiment de vulnérabilité et à s'inquiéter de leur avenir. Ceux qui possèdent deux passeports tiennent à les conserver, et l'on se demande régulièrement ici ou là si le pays existera encore au siècle prochain. L'échec de Tsahal en 2006 face au Parti de Dieu dans la « guerre des 33 jours » a accru ces craintes : l'armée n'a pas su trouver la tactique adéquate face à un ennemi sans casernes ni adresse « connue », et ses raids aériens contre la banlieue sud de Beyrouth, capitale du Hezbollah, n'ont pas même réussi à faire taire sa radio et sa télévision, ni à réduire les tirs de ses missiles. Or, depuis lors, la milice aux ordres du Wali el-Faghih iranien a été équipée de missiles en quantités considérables, dont la précision n'est pas connue, mais dont la portée permet d'atteindre tous les points du territoire israélien, y compris la centrale nucléaire de Dimona dans le Néguev.

Une autre forme de menace serait l'apparition, en Galilée, d'un « printemps palestinien » des Arabes de nationalité israélienne. S'il se produit, comment y répondre ? Par la répression violente, quitte à ressembler à Kadhafi et à Assad, ou par des concessions douloureuses pour l'État hébreu ? Des réfugiés palestiniens dans les pays voisins peuvent être autorisés par ceux-ci à franchir la frontière israélienne dans une tentative de « retour pacifique », les clés de leurs maisons, abandonnées lors de leur fuite en 1948, spectaculairement accrochées à leur cou ! Le 15 mai 2011, le jour de commémoration de la *Nakba* (« catastrophe »), l'exil des Palestiniens qui a précédé la création de l'État d'Israël, Tsahal a répliqué aux tentatives d'intrusion sur son territoire depuis le Liban et la Syrie en tuant au moins 16 personnes. En organisant ce franchissement de la frontière du Golan, le régime d'Assad lui adressait un message : s'il ne plaidait pas sa cause auprès de ses alliés occidentaux, il paierait cher son « lâchage ».

Une paix plus que jamais possible

Même s'il croit, ou feint de croire, le contraire, Israël dispose pourtant de l'occasion historique et des moyens de faire enfin la paix avec ses voisins. Pays phare des start-up, son économie est florissante, avec une croissance qui oscille entre 4 et 5 % par an depuis 2005. Sa jeunesse, dynamique, confiante et optimiste, semble vouloir confirmer la légende selon laquelle toute « mère juive » veut faire de son fils un P-DG...

La prospérité économique et le soutien financier américain – près de 2,5 milliards de dollars par an – permettent à Israël de consacrer 8 % de son PIB à ses dépenses militaires, lui procurant une suprématie incontestable. L'industrie militaire, à la pointe du progrès, se situe au 5ᵉ rang des exportateurs mondiaux, juste derrière la France. Certes, il faut porter au passif des inégalités sociales dont ont témoigné récemment des manifestations de masse, la très faible productivité des 900 000 juifs orthodoxes qui bénéficient de privilèges et de dispenses considérables – il est vrai qu'ils prient pour Israël ! – et l'intégration difficile du million de Russes et de ressortissants d'autres pays de l'Est. Mais ces ombres limitées ne suffisent pas à noircir le tableau.

L'essentiel est ailleurs : la paix avec des voisins débarrassés de leurs tyrans est aujourd'hui possible. Depuis des décennies, ce qui lui a manqué le plus est la médiation du « juste courtier » appelé de ses vœux par Sadate, et dont seuls les États-Unis peuvent jouer le rôle. Hélas, bien qu'animés des meilleures intentions, les présidents américains se sont heurtés à des obstacles de politique intérieure qu'ils n'ont pas pu – ou voulu – surmonter. Il était plus facile d'écouter la voix d'Israël et de son lobby que celle d'Arabes divisés, désorganisés et discrédités par des régimes peu reluisants.

Aujourd'hui encore, l'Amérique manque de vision et de courage pour imposer une paix qui garantisse la sécurité de son protégé tout en donnant aux Palestiniens l'État qui leur est dévolu par les résolutions de l'ONU. Pourtant, si une paix digne de ce nom, respectant les droits des Palestiniens, venait à être instaurée, Israël verrait s'ouvrir un véritable « boulevard » dans ses rapports avec son environnement arabe. Pour garantir sa sécurité, l'État juif pourrait contracter une assurance tous risques auprès de l'OTAN et obtenir des mesures de limitation et de surveillance mutuelle de l'armement de chaque État de la région. L'expérience a été tentée avec succès, depuis 1979, dans le Sinaï, où l'armée égyptienne ne peut stationner qu'un nombre limité d'unités.

Ce scénario positif suppose l'action d'une poignée d'hommes d'État capables de prendre et d'imposer des décisions courageuses. C'est en vain qu'on les cherche aujourd'hui du regard. Mais le pire n'est jamais sûr et, là comme ailleurs, il est bon de ne jamais renoncer à ses rêves.

Épilogue

Au terme de cet essai, je n'aurai pas la témérité de prétendre en tirer des prédictions qui tiendraient autant de la boule de cristal que du pari sur un champ de courses. Pourtant, le tsunami arabe appelle quelques constatations. La première est qu'en toute hypothèse, la région mettra très longtemps à retrouver sa stabilité après un bouleversement de cette ampleur. Outre que le séisme peut engendrer des répliques, beaucoup de ses effets se manifesteront avec retard. Rien n'est exclu, pas même, hélas, le rétablissement de statues que l'on croyait abattues ou l'apparition de dictatures plus « présentables ». Et, même s'il est permis de rêver, le terrain se prête mal à l'apparition de démocraties exemplaires : la Tunisie ne sera pas le Danemark.

Les paysages politiques qui s'ébauchent ont un trait commun : la présence de plus en plus ouverte et de moins en moins clandestine de formations islamiques qui sont, presque partout, les seules forces organisées. Elles bénéficient d'un ancrage dans la population qui devrait faciliter leur succès dans des consultations honnêtes. Faut-il pour autant craindre qu'elles submergent la jeunesse, les élites libérales modernistes et les petits partis nouveaux venus ? Ce déferlement triomphal de barbus relève plus d'un fantasme inverse à celui d'une démocratie sortie tout armée des sit-in du printemps arabe. Même si les expériences en cours tournent mal, l'armée risque de prendre le gouvernail avant les fameux barbus. Les islamistes belliqueux, hors l'espace pakistano-afghan, sont loin d'avoir le vent en poupe, et leurs chefs sont éliminés l'un après l'autre, le dernier en date ayant été, en septembre, Al-Awlaki au Yémen.

Le facteur décisif de la transformation du monde arabe qui s'amorce sous nos yeux est ailleurs : à la fois démographique et technologique, il est étroitement lié à la jeunesse et à Internet. Cette alliance, phénomène majeur de la civilisation contemporaine, a permis le soulèvement de peuples qui, opprimés depuis des décennies, ne pouvaient ni ne savaient comment briser leurs chaînes. Descendre dans la rue pour exiger le départ du tyran revenait, jusqu'à une date récente, à courir sans le moindre espoir de succès au-devant des balles et de la torture.

L'apparition et la diffusion mondiale de moyens de communication modernes a inversé le rapport de force : les téléphones portables, Internet, Facebook et Twitter, les liaisons instantanées avec le monde entier par satellites transmettant des vidéos ont permis à la fois aux manifestants de se concerter et d'organiser leur action et au monde extérieur d'assister en direct aux atrocités ordonnées par leurs maîtres. Or dans les peuples insurgés, une jeunesse de plus en plus impatiente et nombreuse partage les valeurs qui sont celles des jeunes de tous les pays : distance critique à l'égard de l'ordre ancien, refus de se plier sans examen aux injonctions d'une hiérarchie traditionnelle ou religieuse, enfin audace et mépris du danger. Comme le dit Rodrigue dans un vers célèbre, les jeunes « pour leurs coups d'essai veulent des coups de maître ». Pourrait-on mieux définir l'action d'une jeunesse qui, sous nos yeux, a commencé à abattre les dictatures enracinées grâce à la révolution technologique ?

Remerciements

L'auteur tient à remercier celles et ceux qui, au sein de l'Observatoire des pays arabes, l'ont aidé à écrire cet ouvrage, en effectuant des recherches de textes et de documents, en apportant des précisions relatives à des faits ou des dates, en relisant le texte et en y apportant leur regard critique. Je citerai en particulier Coraline Marquaille, Marine Messina, Charles Vappereau, Marc Goutalier...

Aussi, l'auteur exprime son immense gratitude à des acteurs politiques – ils ont souhaité garder l'anonymat pour des raisons évidentes – qui lui ont fait confiance en partageant leurs précieuses informations confiden-tielles.

Table des matières

I
LES RAISONS DE LA COLÈRE

II
SIX PEUPLES EN QUÊTE D'AVENIR

III
UN PAYSAGE RECOMPOSÉ

Cet ouvrage a été imprimé
par CPI Firmin-Didot
Mesnil-sur-l'Estrée
pour le compte des Editions Fayard
en octobre 2011

Photocomposition Nord Compo
Villeneuve-d'Ascq

N° d'édition : 35-57-3056-3/01 - N° d'impression : 106426
Dépôt légal : novembre 2011
Imprimé en France